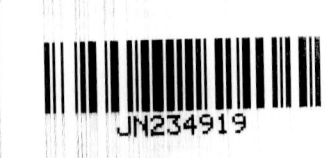

4日で使える 実践！ 超ビジュアルシンキング

ダン・ローム Dan Roam 小川敏子訳

Unfolding the Napkin
The Hands-On Method for Solving Complex Problems with Simple Pictures

講談社

魔法の杖を使いこなす達人である
ソフィーとセレステへ

CONTENTS 目次

はじめに 『超ビジュアルシンキング』を実践するために

第1日目　見る

第2日目　視る

第3日目　想像する

第4日目　見せる

カバー写真……………山田和幸
ブックデザイン………日下潤一
本文デザイン…………浅妻健司+狩野正博+赤波江春奈

はじめに
『超ビジュアルシンキング』を実践するために

『超ビジュアルシンキング』の実践用テキストをつくる目的とは？

わたしは25年にわたり世界各地で企業のリーダーのお手伝いをしてアイデアづくりに携わってきた。その経験を通じてつぎの3つのことを学んだ。

1 新しいアイデアを思いつくには、シンプルな絵を描くことが最強の方法である。
2 アイデアをすばやくふくらませ、吟味するには、シンプルな絵を描くことがいちばんだ。
3 自分のアイデアを誰かに効果的に伝えるには、シンプルな絵を描くのがもっともよい。

そのシンプルな絵を描けるようになろう、というのが本書の目的であり、絵を描くためのさまざまなツール、ルール、コンセプトが登場する。

問題を解決するための絵を描くガイドブック

本書は『超ビジュアルシンキング』の続編である。『超ビジュアルシンキング』ではシンプルな絵を活用してビジネス上の問題を解決する方法と、その絵を描くためのツールとルールを紹介した。

実際にビジネスの現場で絵を活用して問題を解決する際には、どのようなプロセスをたどれば効果を発揮するのか。その点を2冊目の本書を通じてぜひとも理解を深めていただきたい。本書では前作『超ビジュアルシンキング』で紹介したツールとルールをすべて取り上げ、1つずつ段階を追いながら絵を使った問題解決を実践していく。

つまり『超ビジュアルシンキング』は絵を使った問題解決の入門書、本書は実践のためのガイドブックというわけである。

『超ビジュアルシンキング』は絵を活用した問題解決の入門書であり、本書は実践のためのガイドブックである。

4日間でしっかり習得

本書は4日間かけて絵による問題解決を学ぶ構成となっている。段階を追って図解しながら、「絵なんて描けない」というレベルから「世界を救うための名案を絵でご覧にいれます」というレベルにまで引き上げる。

4日間というコースにした理由は2つある。第一は、すべての内容をしっかりと吸収するにはそれだけの時間がかかることがこれまでの経験でわかっているから。第二の理由は、これから見ていくように絵による問題解決のプロセスそのものが4つのステップでできているからである。そのステップを1つずつ学んでいくことでプロセス全体をよりよく理解できる。

だが仕事を持っている人が通常の業務を4日間中断して新しいことを学ぶとなると、おおごとだ。心置きなくワークショップに取り組むには2種類の対処の仕方がある。棒方式でいくか、ニンジン方式でいくか。

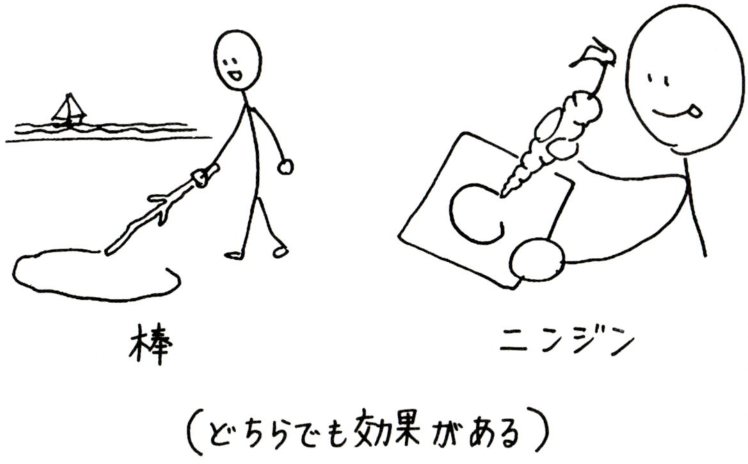

棒方式はワークショップの豊富な内容に注目し、ニンジン方式は日々の業務に取り入れながら学べる点に注目する。

棒方式は「これこの通りワークショップの内容は豊富で、どれひとつとっても重要なことばかり。そのすべてをたった4日間で確実に自分のものにできる。さあ、気持ちを集中してペンを手にとろう」という考え方だ。

これに対しニンジン方式は「適切にステップを踏んでいけば、『通常の業務を中断する』必要はまったくないはず」という考え方だ。本書は、みなさんが日々の仕事を続行しながら学べる構成になっている。仮想のケーススタディだけに取り組むのではなく、ご自身がビジネス上で直面している問題に実際に取り組んでいただきたい。ビジュアルシンキングの効果を実感するためにも、そして現実の問題解決をスタートさせるためにも。

『超ビジュアルシンキング』を絵であらわせば

本書は『超ビジュアルシンキング』で扱った内容をすべて網羅し、しかもより詳細に、そして読者が参加する形で理解していただけるようになっている。『超ビジュアルシンキング』を読んでいらっしゃらない方のために、ざっと内容を説

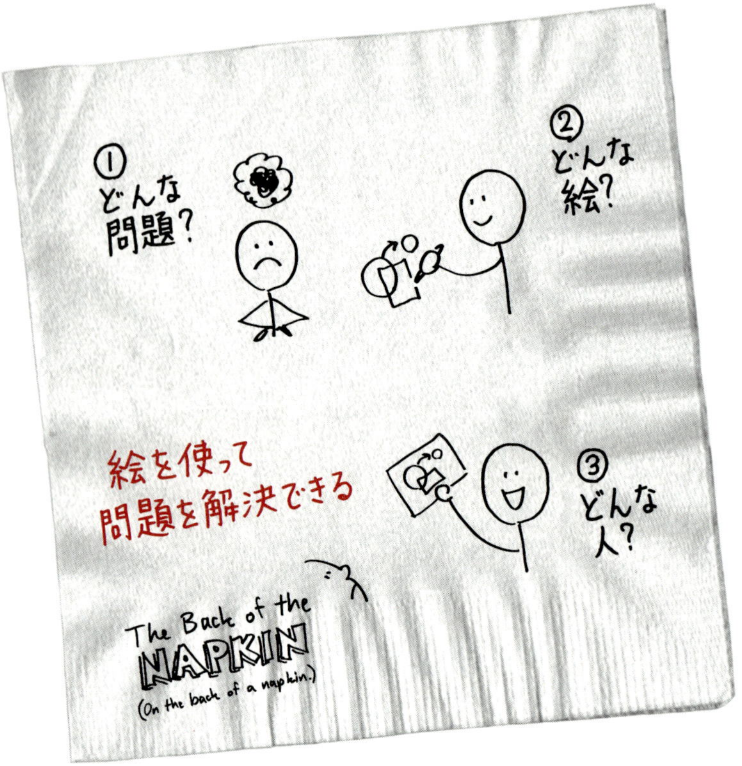

『超ビジュアルシンキング』を図解してみる。絵を使って問題を解決しよう。

明しておこう。

ビジネスで問題に直面した場合、シンプルな絵をつくることで必ず解決できるはずだとわたしは確信している。『超ビジュアルシンキング』では3つの基本的な問いかけでこれを定義した。絵を使ってどんな問題を解決できるのか、どんな絵で解決できるのか、どんな人が絵を描くのか。

こたえはつぎの通りだ。

1 どんな問題を解決できるのか？　あらゆる問題を解決できる。わたしたちは言葉で問題を表現できる。絵を使えば言葉よりもはるかに明確に問題をとらえることができる。

2 どんな絵を使うのか？　シンプルな絵を使う。四角、円、直線、人物、矢印を描くことができれば、本書のなかに登場する絵はすべて描ける。

3 どんな人が絵を描くのか？　誰でも描くことができる。わたしたちには生

どんな問題を解決できるのか？あらゆる問題を。どんな絵を使うのか？　シンプルな絵を。どんな人が？　誰でも。

まれながらに絵で問題を解決する才能が備わっている（自覚があっても、なくても）。問題解決に必要な絵はひじょうにシンプルなので、あなたがいまいる部屋に歩いて無事に来られるだけの視力があれば、必ず絵を使って問題を解決できるはずだ。

『超ビジュアルシンキング』では3つの問いかけに対するこたえをあきらかにし、シンプルな絵で複雑な問題を解決するために役立つプロセスとさまざまなツールを紹介した。これをマスターすれば、誰でも速やかに問題解決に取り組める。

1年前、わたしはある企業の会合に出席したのだが、あらためて絵の絶大なパワーを実感する1日となった。ビジネスの現場で絵を取り入れて考えれば、ものごとがはるかに容易になる。その実例を目の当たりにしただけではない。絵を使えば絶大な効果があったはずなのに、それができなかった例を目の当たりにしたのである。

昨年の夏、金融業界の大手企業――仮にアメリカンウェイ社★と呼ぶ――の幹部会に招かれ、年次総会でビジュアルシンキングのワークショップを行うことになった。アメリカンウェイ社は記録的な業績を達成して新年度を迎え、そのまま好調の波を全社的に維持するために、幹部会は啓蒙《けいもう》的な講座を開催することにしたのだ。絵を活用した問題解決法に関心を抱いた彼らの招待を受け、わたしはよろこんで応じることにした。

★この社名は仮名である。本書でご紹介するエピソードはすべて実話だが、先方の希望に沿って一部の社名は実名を伏せている。了承を得られた場合のみ、実在の社名とした。

わたしはワークショップを心待ちにしていた。企業の財務担当の管理職というと、特定の絵（株価のチャート）以外は見る価値などないと思い込んでいるケースが少なくない。絵に対してそのように懐疑的な人々に、どんなシンプルな絵でも問題解決ができるとわかってもらうには、またとない機会になるはずだった。こちらとしても巨大金融企業の内部を知るチャンスと期待していた。

ビジネスが死んだ日

ワークショップ当日の朝、アメリカの金融市場が大暴落した。2008年の経済危機はその前の週に拡大し、米国財務省はウォール街を救済するために7000億ドルの公的資金を投入するという法案を連邦議会に提出した。審議は難航した。先が見えない状況でダウ工業平均株価は22%下落し史上最安値を記録したのである。だが週明けとともに――ワークショップの週だ――公的資金の投入が始まった。月曜日に市場は持ち直し、1日のうちの上げ幅は過去75年で最大となる。誰もが安堵して深い吐息をつき、最悪の事態は脱したと確信した。

が、それも水曜日までだった。

その朝、滞在中のホテルの部屋で目覚めたわたしはプレゼンテーションに向けて最終的な見直しをするためにノートパソコンを立ち上げ、それからテレビのニュースをつけた。まだ早朝だというのに市場はふたたび血を流し始めていた。コンピュータとテレビに交互に目を走らせながら、これから行うワークショップの内容に参加者がどれほど集中してくれるだろうかと案じた。なんといっても金融業界が自分たちのすぐ外側でガラガラと音を立てて崩れている状況なのだ。

その時あることに気づいた。ワークショップで見せる絵の一部を変更すれば架空の例を使った演習ではなく、現実世界の問題に取り組める。「わたしたちの新しい現実はこれこの通り」と描く実習にするのだ。ビジュアルシンキングのツールとルールを使い、問いかけの内容さえ変えればそれができる。

タブレット・コンピュータの画面でプレゼンテーション用の絵の数枚に手を加えた。コンセプトの紹介を主軸に置いたワークショップの内容を現実に即したものに変更するのに30分もかからなかった。わたしはアメリカンウェイ社のくわしい財務状況の知識はなかったが、構うことはない。わたしをのぞけば、部屋に集まる全員がよく知っているはずだ。これまでの経験から、幹部たちに適切なフレームワークとスタート地点を提供すれば、あとは彼らにまかせればいいとわかっていた。アメリカンウェイ社の現在と未来の絵ができあがるはずだ。わたしが描くよりもはるかにいい絵が。

いよいよワークショップが始まり、わたしはビジュアルシンキングのツールを実演してみせた後、出席者に少人数のチームに分かれてもらい、それぞれのアイデアを絵にしてもらった。昼食の時間までに壁には何十枚もの絵が貼られた。市場でなにが進行しているのかを描いたもの、それに対してアメリカンウェイ社としてなにができるのかを描いたものも。その日の朝のニュースは深刻だったがビジュアルシンキングは大成功にちがいなかった。幹部たちはいっこうに部屋から出ようとしなかった。彼らは壁の前を移動しながら絵を指さしては話を続けた。

しかし昼食時にはさらに悪いニュースを知らされた。ワークショップを行っていた3時間のうちにダウ平均株価は700ドル下がり——せっせと蓄えていた儲けがすべて消えてしまうほどの数字だ——なおも下がり続けているという。危機は遠のくどころではなく、もはやこの急落を止める術はないと思われた。何ヵ月にもわたってもだえ苦しんでいた世界の金融界は、いよいよ最後の時を迎えたのだ。これではアメリカンウェイ社の命運もいつ尽きてもおかしくない。

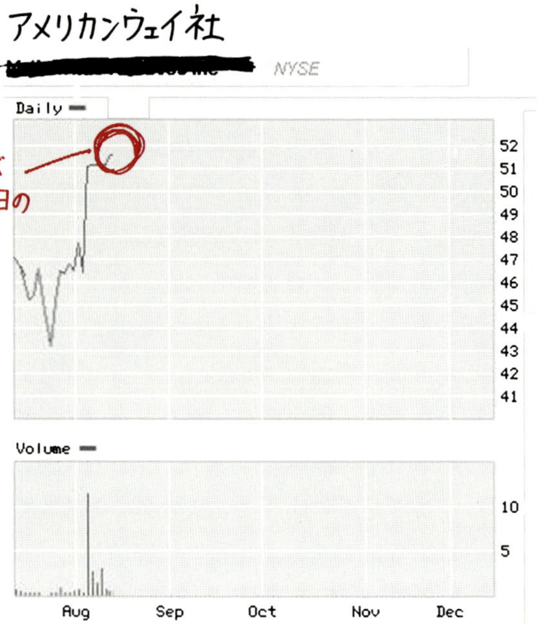

招待を受けた日にはアメリカンウェイ社の株は過去最高の高値で売買されていた。

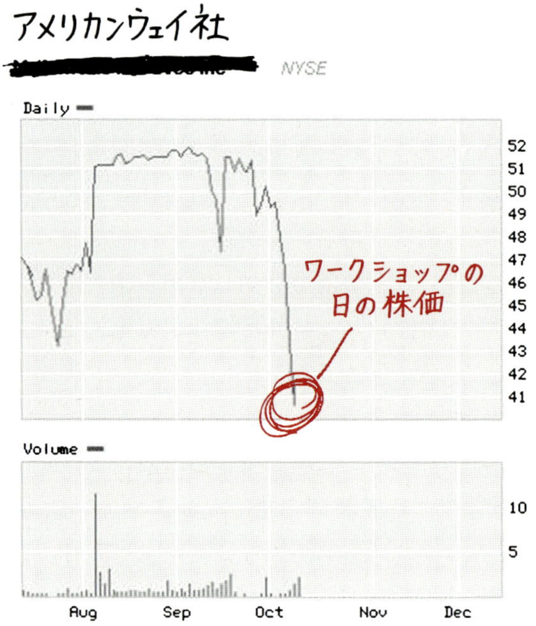

ワークショップ当日の昼食時には、すでにアメリカの経済は暴落していた。

ボスよ、こういう状況にわれわれはどう対処するのですか？

昼食後、わたしは部屋のいちばん後ろの席に着いた。これから同社のCEOであるマイクが話をすることになっていた。このワークショップには幹部社員が全員集合している。そして経済は崩壊しようとしている。部屋のまんなかに体重350キロ以上はあろうかというゴリラが居座っているような状況だ。CEOはどう取り組むつもりなのか。

ワークショップを即刻中止して全員を職場に戻し、バリケードを補強して火を消し止めることを命じるだろうか？　上級幹部のうちトップの少数をひそかに呼び集め、ホテルにでもこもって対応策の構想を練るように指示するのだろうか？それともなにごともなかったかのようにふるまい、今日の予定を消化するのか？

危機に瀕した状況で実際にどのようにリーダーシップが発揮されるのか、わたしはその場に居合わせた唯一の社外の人間として見守っていた。

思った通り、マイクは準備してきた話の内容を白紙に戻した。壇上にあがると部屋のなかをゆっくりと見回し、状況についてじつに率直にわかりやすく、しかも内容の濃い話をした。すばらしいスピーチだった。

マイクは1時間、真摯に語った。自分をふくめこの部屋にいる誰ひとりとして、これほど急速に進む大規模な危機を経験したことがないと社員たちに語りかけた。そしてこう述べたのだ。1年後にアメリカンウェイ社の事業が存続しているかどうかは確約できない。しかしこれまで一丸となってみごとな計画を立てほぼ完璧に遂行してきた。だからこそ、この嵐を乗り切るチャンスがあるとしたら、それをまっさきにつかむのはアメリカンウェイ社だと確信している。

マイクはさらに続けた。これからわが社になにが起きたとしても、責任は今日この部屋にいるわたしたちにある。この困難な時期を切り抜けて無事に生き延びることができた時、それはまさにこの部屋にいるみなさんによって実現したといえる。もしもわが社の命運が尽きることになれば、それを招き寄せるのはここにいるわれわれの決断にちがいない。

全員の注目を集めたところでマイクは具体的な戦術に話を切り替えた。アメリカンウェイ社が生き延びる方法として妥当と信じる4つの重要な戦略を挙げ、要点を述べたのだ。第一は、従来からわが社がもっとも得意としてきた層にすべての取引を集中させるという戦略だ。さいきん取引の拡大をめざして富裕層と大衆市場への進出を図っていたが、それを取りやめ、わが社の取引の中核である中間層にあらためてターゲットを絞り込む。第二に、アメリカンウェイ社は商品開発において「ファストフォロワー」の位置にあり、市場リーダーよりもはるかに有利な立場であるのだと認識しよう。リスクを伴うイノベーションへの投資は他社にまかせ、その成り行きに注目し、成功したものだけを模倣する。第三に、顧客のニーズを限りなく敏感に察知する。自分たちに問いかけるのではなく、ひたすら顧客に耳を傾ける。最後に、本社機能だけを残し、その他の事業運営はすべて本社に統合する。国内の事業所の業務が重複している状態を見直して経費を削減するということだ。

きびしい叱咤激励であり、これ以上ないほど率直な言葉だった。部屋にいた全員がしっかりと受け止めるべき言葉だ。マイクはCEOとしての務めをみごとに果たしたのである。部隊を招集し、明確な展望をはっきりと伝え、1人ひとりが咀嚼《そしゃく》できるように噛み砕いて説明した。社員ではないわたしまで、財務上の思い切った方針転換にぜひとも協力したい気分で部屋を出た。

しかしマイクの話には困った問題が1つだけあった。マイクの部下のある幹部がその日の夕刻に非公式の調査をしたところ、驚くべき結果があきらかになったのである。マイクの話をきいた誰もが明快で情熱的で率直な内容であったと感じていたというのに、それから1時間後、自分自身は実際にどう行動すべきであるのかを理解していた者は、なんと1人もいなかったのだ。

チェックポイント 1

この話はまだ続くのだが、ここでいったん中断して、読者のみなさんの理解度を確認しておきたい。マイクが述べたアメリカンウェイ社の基本的な戦略について、これまでのページを読み直さずにできるだけたくさん書いてみよう。

ドキッとしたあなた、ハッとしたあなた、「どうしよう!」と思ったあなた、「会議に出てはみたもののクラブ」にようこそ。じゅうぶんな能力がありながら会議で言葉で示される膨大なデータを処理しきれず、重点を置くべき箇所をつかみそこなっている人々のためのクラブだ。まずはつぎの課題に挑戦していただきたい。マイクがあげた戦略をいくつ思い出せるだろうか。

いくつ書けただろうか？　1つ？　それで結構。まさかと思うだろうが、あの部屋にいた社員の平均値はあなたと同じだった。2つ書ければ申し分ない。3つも書ければたいしたものだ。4つすべてを記憶していたなら驚異的だ（5つ書けたとしたら、ちょっと変だ。マイクは4つしかあげていない）。

確かにこのやり方はフェアではない。課題を出すことをあらかじめ断っていないし、どの部分に注目すればいいのかを指示したわけでもない。しかし、それはマイクも同じである。思い出していただきたい。彼は立ち上がって話をしただけだ。やる気を引き出すりっぱなスピーチだったが、幹部たちがいっせいにメモを取る姿を見たという記憶はない。そしてマイクが強調した事柄をいつまでも記憶しておけるような、明確でわかりやすい視覚的な手がかりはなかった。唯一あるとしたら、マイク自身の姿だけである。

マイクの戦略をいくつ思い出せたのかはともかく、この課題からはある教訓が得られる。つまり、良質な話は人を引きつけてやる気を引き出すが、言葉には限界があるということだ。言葉そのものに問題があるわけではない。ただ、言葉だけではじゅうぶんではない。それが問題なのである。

言葉だけではじゅうぶんでないとしたら、なにを加えるべきなのか？

マイクがスピーチをした翌朝、同社の幹部から電話がかかってきた。彼は会議の後で非公式の調査を実施していた。緊急の会議に出席してほしいという依頼である。行ってみると、昨日のワークショップにも参加していた上級幹部6人がフリップチャートに絵を描いていた。マイクのスピーチを書き起こしたものをわたされた。4つの戦略の部分にマーカーで印がついている。例の非公式の調査をした幹部がわたしに説明した。マイクのメッセージを明確にし、幹部たちがめざすべき方向を強く意識するためのシンプルな絵を描きたいので協力してもらいたい、と。

　なるほど、そういうことかと了解した。それから1時間かけてわたしたちは絵を描きながら話し合った。そうしてつぎの4つの絵が完成した。

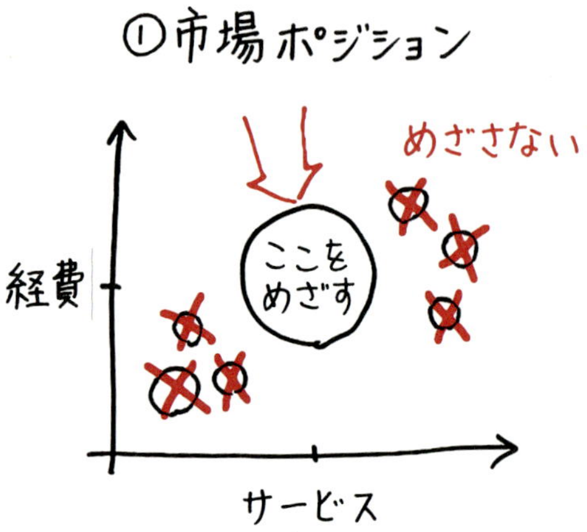

わが社が得意とする中間層の市場に立ち戻る。あえて「ファストフォロワー」になることを選ぶ。

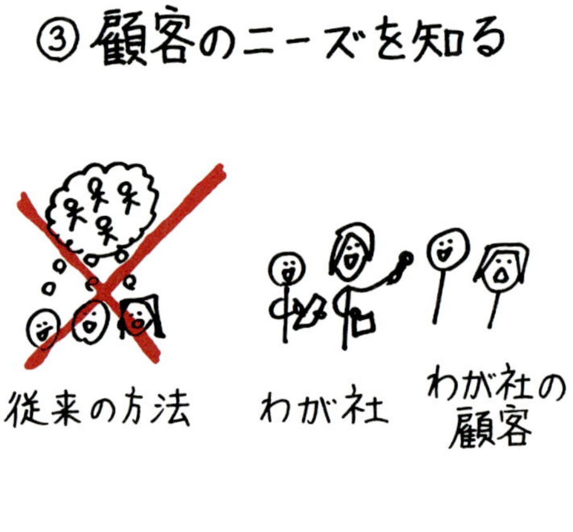

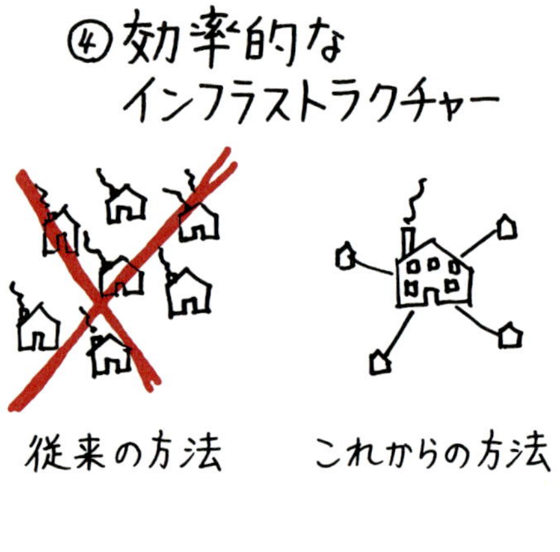

自分たちの希望を優先することなく、顧客のニーズに耳を傾ける。複数の組織を一本化する。

この絵は当日中に幹部に配布された。どれもシンプルで明確で、ぱっと見てわかる絵であり、それに対するフィードバックは圧倒的に肯定的なものだった。スピーチをきいて励まされやる気を引き出された人々が、マイクの言葉の意味を今度は目でとらえたのだ。まさにマイクのビジョンを目で見ることができたのである。

絵の真価はこういうところで発揮される。絵を描く、絵を見る、絵について話し合う。どれもみな、わたしたちの思考力、記憶力、実行力をぐんと引き上げてくれる。すでにそのことを知っている人には、問題解決に絵をいっそうスムーズに活用する方法を提供したい。絵を描く自信がない、あるいは不安であるという人には本書は基盤づくりからお手伝いしよう。絵のパワーを自分自身で納得し、同僚にもわかってもらうためのツールを惜しみなく紹介していこう。

ロスト・イン・トランスレーションにならないために

まずはこのワークショップの目的をはっきりと理解するために、ある課題に挑戦しよう。それからいよいよワークショップをスタートする。

さいきん、初めての土地を訪れたことはあるだろうか。知り合いが1人もいない、地理がまったくわからない、通りの標識すら理解できないような土地を。ここでは、土地勘のない場所で目的地に到達するための方法を考え、あるシンプルな事実を学び取っていただこう。これは初めて接するアイデアを提示された時に、それを理解する方法を考える訓練だ。ある〈場所〉に向かって正しい進路を取る方法を考えることは、ある〈問題〉を正しく理解する方法を考える上でたいへんに有意義なのである。

具体的に理解していただくために、これからモスクワの街を歩いてもらおう。わたしは以前に仕事の関係でモスクワに滞在したことがある。歩くには快適な街だ（特定の季節に限られるが）。初めてあの街で迎えた朝の気分は忘れられない。未知の街の探検に乗り出すわくわくした気分と、通りの暗がりに迷い込んで永遠に行方不明になってしまう恐怖感が入り交じっていた。あの冒険を、ぜひともみなさんに経験してもらいたい。

いまわたしたちはモスクワ中心部のセントジョージホテルに滞在していると想定してみよう。前日に到着し、起きてみるとうららかな陽気の春の朝である。朝食をとりながら、長い散歩をしてみようと意見が一致した。この街の感触をつかむためにはそれがいちばんよさそうだ。わたしは根っからの宇宙飛行士マニアなので、世界初の宇宙飛行に成功したユーリ・ガガーリンを記念してつくられたガガーリン博物館に行こうと提案した。博物館がこの街にあることは数年前になにかで読んで知っていた。しかし具体的な場所はさっぱりわからない。

朝食後にわたしたちはコンシェルジュのデスクに行き、ガガーリン博物館への行き方をたずねた。すると、博物館はかなり遠いのでリムジンを予約したらどうかとコンシェルジュはまっさきに提案した。それを断り、歩いて行きたいのだと伝えた。

「わかりました」とコンシェルジュが行き方を教えてくれた。

説明方法 1　言葉

コンシェルジュはつぎのように説明した。「徒歩で2時間以上かかりますが、道順をお教えします。正面のドアを出て右側に進むと、すぐに川に着きます。もちろんモスクワ川です。川岸に着いたら左に曲がってください。川岸をそのまま数分歩くと左手にクレムリン宮殿があらわれます。その前を通り過ぎると右側に大きな橋が、左側に聖ワシリー聖堂が見えてきます。その聖堂をめざして歩いてください。聖堂を左手に見ながら通り過ぎます。道なりに右の方向に進んで丘をのぼって行くと古い建物がたくさんあるので、その前を通り過ぎてさらに進みます。ちなみに、これは街でいちばん古い建物です」

「すぐに広い道路に出ます。ルビャンスカヤ広場といって、中央に緑地帯があります。その通りを左に折れて丘をのぼり、10分も歩くとルビャンカの前に出るはずです。かつてKGBが使っていたこの建物を見落とすことはまずないでしょう。ネオバロック様式の大きな黄色い建物ですから。たくさんの鉄の扉が厳重に取りつけられています。どう考えてもなかに入りたいと思うような建物ではないですね。ルビャンカの前を過ぎたらすぐに右に折れてスレテンカ通りを進んでください。ここまで来たら、あとはかんたんです。このままずっと歩いて行けばガガーリン博物館に着きます。ただし、進むにつれて通りの名が変わります。最初はスレテンカ通りですが、サドーヴォエ環状道路を横切るとプロスペクト・ミーラ、つまり平和通りになります」

「プロスペクト・ミーラをそのまま3キロから4キロ進むと街の北部にさしかかります。30分くらいでリシュスカヤ駅の巨大な交差点に来ますが、とにかく直進してください。さらに40分行くと道が二手に分かれます。右側がプロスペクト・ミーラ、左側に行けばオスタンキンスカヤ通りです。プロスペクト・ミーラをそのまま2分ほど歩いて行けば左手にガガーリン博物館が見えます。これで到着です。どうぞ博物館を楽しんできてください」

説明方法 2　チェックリスト

別の説明の仕方も考えてみよう。たとえばコンシェルジュが紙とペンを取り上げ、しばらく思案してからチェックリストを書く（通りの名前は英語とロシア語の両方で書くと想定する）。

✓モホヴァヤ通りを右折。
✓モスクワ川の河岸で左折。
✓赤の広場で左折。
✓ワルワールカ通りを右折。
✓ルビャンスカヤ広場を左折。
✓スレテンカ通りを右折。
✓サドーヴォエ環状道路を横断。
✓プロスペクト・ミーラを直進。
✓リシュスカヤ駅を通り過ぎる。
✓オスタンキンスカヤ通りとの分岐点を通過してそのままプロスペクト・ミーラを進む。
✓左手にガガーリン博物館の入り口がある。

「この道順で行けば2時間あまりで博物館に着くでしょう」といってコンシェルジュがリストをわたす。

説明方法 3　マップ

　こんなケースも考えられる。コンシェルジュがモスクワのマップを手に取り、「ここが現在地です」といいながらいちばん下の方に印をつける。それから上の端のあたりにも印をつけ、「ここが博物館です」といって2つの地点を線で結ぶ。「約2時間で着きます」とコンシェルジュがわたしたちにマップをわたす。

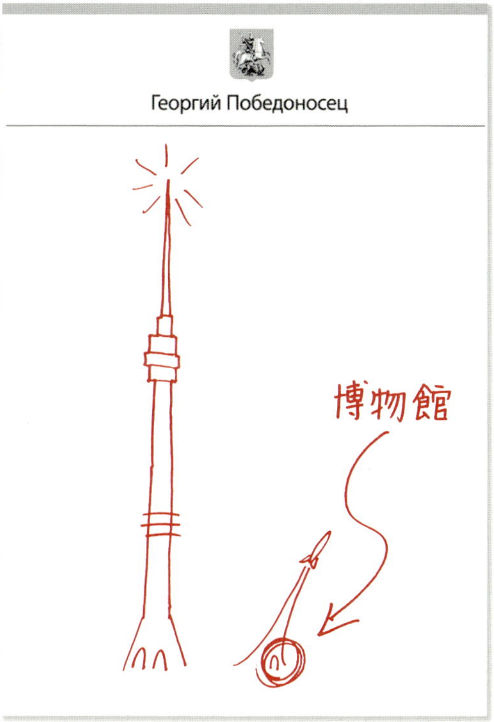

ホテルのメモ用紙を
利用した説明方法。

説明方法 4　目印

最後に、こんな方法も考えられる。コンシェルジュはペンを取り、ホテルのメモ用紙に塔の絵を2つ描く。

そしてこんなふうに説明する。「外に出て左側を見ると、ずっと先の方にこの塔が見えます。それをめざして歩いてください。そうすれば博物館に着きます」

どの方法を選ぶのか？

4種類の説明の仕方はどれも正しい。どの道案内に従ったとしても、理屈の上では同じ時間で同じ場所にたどり着くはずである。ここでわたしから質問だ。もう一度4つの説明方法を見直して考えていただきたい。もしもほんとうにモスクワにいたとしたら、あなたはどの説明方法を選ぶだろうか？

正しい解答はないが、わたしの場合はつぎのように考える。

選択肢 その1。言葉による説明。

言葉で道案内してもらうのは楽しい。くわしい描写もあり、いかにもおもしろそうな道のりに感じられる。が、並外れた記憶力がない限り、歩き出して2回ほど通りを曲がったあたりで、つぎの道順を思い出せないだろう（マイクのスピーチはまさしくこのパターンだった）。

選択肢 その2。チェックリスト。

チェックリストに従って行くのは単純明快で、ややこしいことはなにもない。ただ、自分はどちらに向かっているのかという感覚が得られない。チェックすべき項目が順番に書いてあるだけなので、方向感覚がないまま目的地に到着する。チェック項目がすべて正しいのであれば、それを順番通りに忠実に実行すればそれで問題はないはずだ。が、全体の構成がわからないままでは、1つでもチェッ

クすべき項目をまちがえたり、抜かしてしまったりすれば迷子になってしまう。そしてその地点からあらためてスタートを切ることはできないだろう（パワーポイントを使った典型的なプレゼンテーションもこれによく似ている）。

選択肢 その3。マップ。

マップを見れば街全体の様子がすべてわかる（全体のなかの個々のつながりがわかる）。どの道を通ればいいのかも一目瞭然だ。わたしたちが求める以上にくわしい情報が提供されている。おかげでマップをなくさない限りどこからでも目的地への行き方がわかる。ただし自分はマップのどこにいるのかを〈わかっている〉必要がある（わたしはマップを「どこ」をあらわす絵と呼ぶ。本書では数多く登場し、実際につくってみる）。

選択肢 その4。目印。

目印を使う方法はあまりにもあっさりしているようだが、自分がどこをめざしているのかという見通しをこれほどはっきりと示す方法はない。どこをどう通って行くのかは自分の選択にすべてまかされている。めざすゴールがつねに見えていれば道に迷う心配はない（本書ではこれを「構想を示す絵」と呼び、これまた数多く登場する）。

この課題についても、正しい解答というものはない。ここで重要なのは、あなたが4つの選択肢のうちからどれを選ぶのかである。その選び方から、あなたがどんな人で、問題を解決するにはどんな方法を好むのか、問題を解決する際に本書をどんなふうに活用すればいいのかが、よくわかる。

あなたが選んだのが選択肢1（言葉での説明）であれば、言葉に絵を組み合わせると驚くほどパワーアップすることを理解していただけるだろう。選択肢2（チェックリスト）を選んだ方は、よりいっそう説得力に富み実行に移しやすい方法を提案できるようになるだろう。選択肢3と4を選んだ人（マップと目印）はすでに発揮している能力、つまりものごとを見る能力と絵を使ってそれを説明する能力をさらに磨いていくために本書を活用していただけるだろう。

さてここまでわたしは中立的な態度をとってきたが、わたし自身の選択をあきらかにしよう。ビジネスで直面する問題を解決するには――目の前にいまある問題にあなたとチームが取り組む際には――視覚的な選択肢（マップと目印つきの絵）がベストだとわたしは確信している。しかしこうした絵はビジネスの現場でほとんど使われていない。だからこそ本書を書く必要があると考えたのだ。

本書ではこれから、わたしが絵の力を信じる理由について、問題を解決するための絵をわざわざつくる意義について、適切な絵を描く方法について、短時間のうちにそのような絵を描く方法について、述べていきたい。

本書はどんな人向けに書かれているのか？

本書はビジネス上の問題に直面している人すべてを対象としている。つまりビジネスに携わる人すべてだ。絵を描く自信のある人、ない人（ご心配なく、描けます）、「視覚」を活用している人も、そうではない人（ご心配なく、じゅうぶんに活用できます）も。どんなタイプの人であっても本書を活用すれば、問題に注目し、パターンを見抜き、解決法を考え、解決法を他者に示す能力を伸ばすことができる。

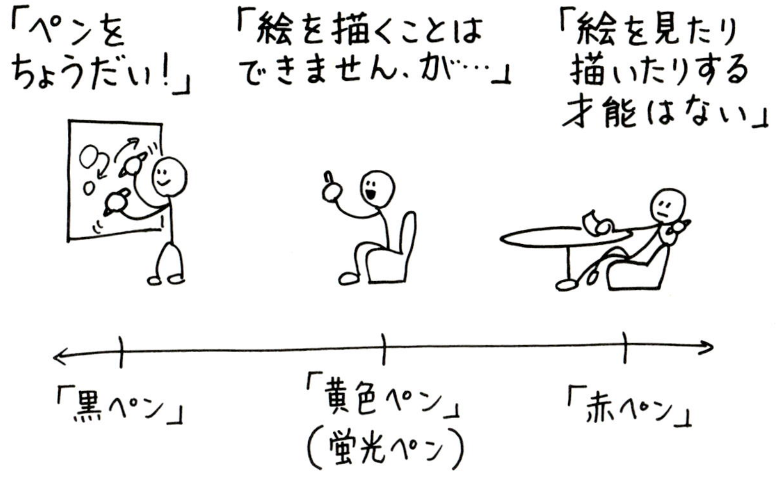

程度のちがいはあっても、じつは人は誰でもビジュアルシンキングをしている（これについてはワークショップの第1日目にくわしく説明しよう）。

どんなコースなのだろうか？　なにを学ぶのだろうか？

　このワークショップは読者のみなさんに参加してもらう形で進め、視覚を活用して考え、コミュニケーションを取る能力を高めていく。核となるのは普遍的なツールキットである。これはビジュアルシンキングで問題を解決する際に使うツールをまとめたものであり、多様な刃を備えたアーミーナイフのようなものだ。ひとつひとつのツールの意味を理解し、問題の種類に応じてどのように使えばいいのかを学んでいく。

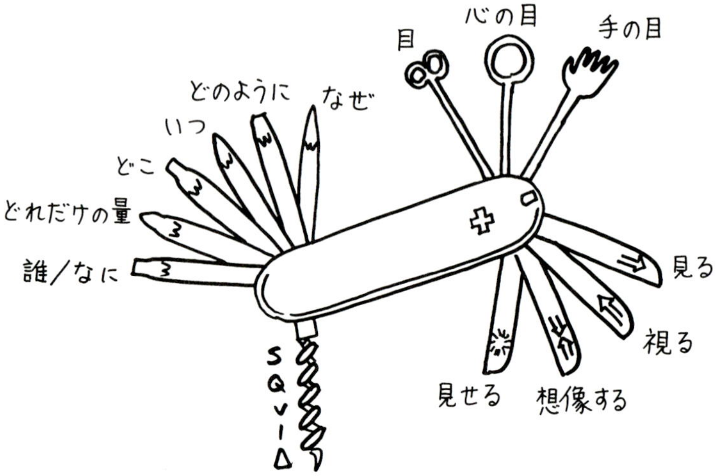

これがビジュアルシンキングのツールキットだ。ツールを1つずつ見ていく。

守備範囲は？

　扱う内容は多岐にわたる。できればそのすべてを記憶にとどめておいていただきたい。そのためにわたしはこのワークショップの隅から隅まで完璧に整え、終了時には内容がすっかり身についているようにあらゆる努力を惜しまない。わたし自身、長いリストやさまざまなプロセス、ものごとのつながり具合を憶えることが苦手だ（だからこそ本書を書いた、ともいえるのかもしれない）。わたしだけではなく、たいていの人は苦手に感じているだろう。わたしは本書の内容をほぼすべて記憶し、活用している。ということは、みなさんにできないはずがない。

どこで取り組めばいいのか？

あなたが気に入った場所であればどこでもご自由に。わたしからのアドバイスは、邪魔が入らず2時間ずっと座っていられる場所だ。勤務先、仕切りで区切られた仕事のスペース、図書館、キッチンのテーブルでも構わない。

日常の業務を忘れて集中するために、たとえばタヒチのターコイズブルーの南太平洋をみおろす土地に建つ私立の学校に入ると想像してみよう。周囲は低木が多いジャングルだ。ここは礁湖にあり、ビジュアルシンキングの学校がある丘のすぐ下は砂浜だ。とてもちかいので休憩時間には降りていける。といってもこれはあくまでわたしが夢想するワークショップの場所だ。あなたにとってもっとすばらしい場所があれば、そちらを想像していただきたい。

タヒチのビジュアルシンキング学校でワークショップを行おう。ただし、これはあくまでわたしの場合であり、みなさんはどこでも好きな場所を選んでいただきたい。

ワークショップはいつ行うのか？

実際に顔を合わせてワークショップを行う場合は4日間かかる。本書を使えばどれだけ時間をかけてもかまわない。ただし、どんな場合でも本書の順番通り第1日目からスタートして第4日目まで進めていくことを強くお勧めする。この教材は1日ごとに学んだ内容を積み上げていく方式なので、順番を無視するとコンセプトそのものが理解できなくなる。

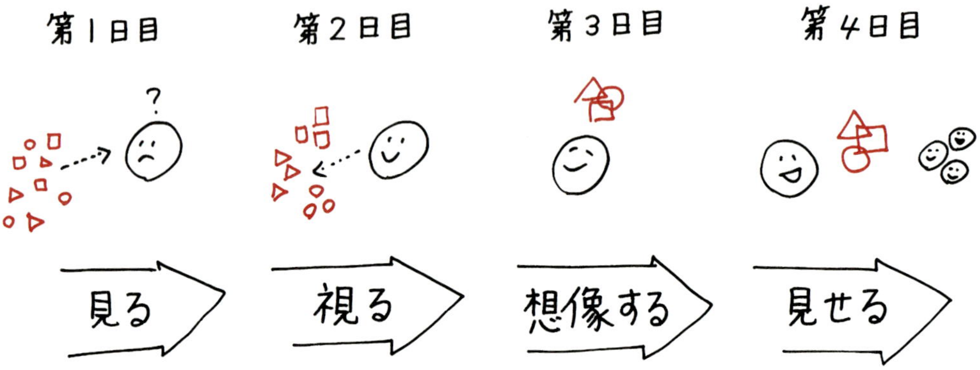

4日間を通じて段階を追って学べる内容となっている。本書を最大限に活用するには順番通りに読み進めていくことがいちばんである。

どんな仕組みになっているのか？

ワークショップの構造はきわめてシンプルだ。ビジュアルシンキングの方法を一から説明し、例を示し、いっしょに例題に取り組んだ後はみなさんが独力で課題をこなす。ワークショップを終えるまでに、たくさんの問題を絵で解決しているはずだ。この経験は、ビジネスのどんな場面でも絵を効果的に活用できるという自信につながる。

シンプルな絵とともにビジュアルシンキングの方法を1つずつ紹介していく。みなさんとともにその絵を検証し、つぎにみなさんに実際に描いてもらう。

なぜ時間をかけて取り組む必要があるのか？

いまの世の中は日々ありあまるほどの情報に満ちあふれ、グローバル化が進み、多種多様な場面での情報伝達が求められている。言葉だけではもはやじゅうぶんではない（もちろん言葉だけでじゅうぶんだった時代などこれまでにもなかったが、それは本書の主題ではない）。真に画期的なアイデアを発見し、それを直感的に展開し、他者と共有して効果をあげるためには絵が欠かせないのである。

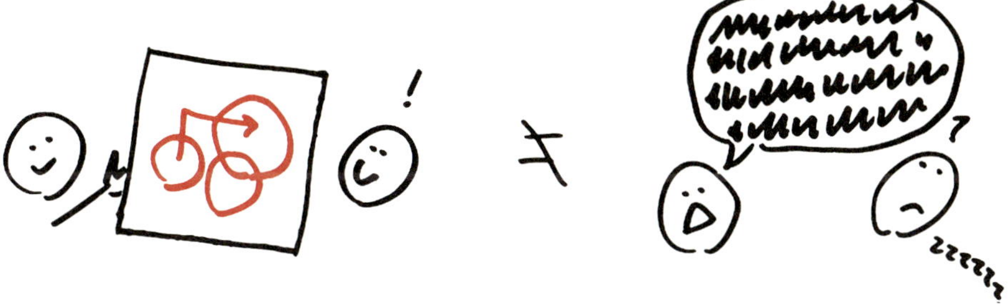

絵を使えば（時には言葉と組み合わせて）言葉だけを使うよりもはるかに有効である。

用意していただくもの

ワークショップに必要なアイテムはつぎの3つである。全部そろったところでスタートしよう。

1　本書　ワークショップでもっとも活躍するのが本書である。直接絵を描き込んでいくので、たいていすっかりくたびれてしまう――もちろん、それが本書の使命だ。

2　絵を描くための道具　あなたの魔法の杖を用意してワークショップに臨もう。わたしのお気に入りはごく平凡なHBの鉛筆、油性マジック、サインペンだ。

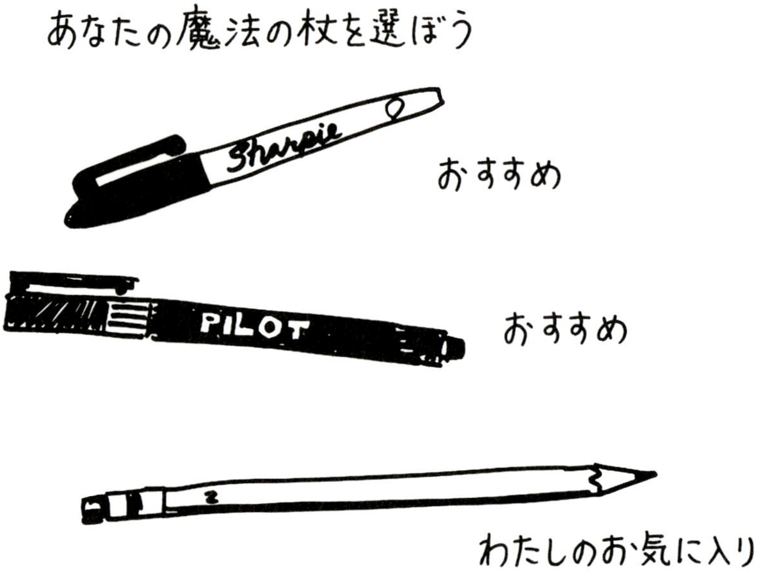

3　**絵を描くキャンバスがわりとなるもの**　本書では絵を描く場面を3種類に区別し、それにふさわしいキャンバスについて取り上げていく。(a)「パーソナル」な会議、(b)「参加型」の会議、(c)「プレゼンテーション」形式の会議と呼ぶことになるのだが、いまのところは簡単にS、M、Lと分けておこう。このワークショップには3つのうちパーソナル、つまりスモールがあればじゅうぶんだ。具体的には紙や個人用のホワイトボードということになる。紙は紙ナプキンでもノートでもなんでもいい。本書のなかにも絵を描くスペースがあり、巻末には白紙のページを少し用意した。この際、小型の個人用ホワイトボードを入手するのもいいだろう。ネットで注文できる他、オフィス用品を扱う店ならどこででも手に入る。「パーソナルボード」とも呼ばれ、3ドルから20ドルで手に入る。サイズ、メーカーはお好みで。

アイテムがそろえば、いよいよスタートだ。では、ワークショップでお目にかかろう。

第1日目　見る

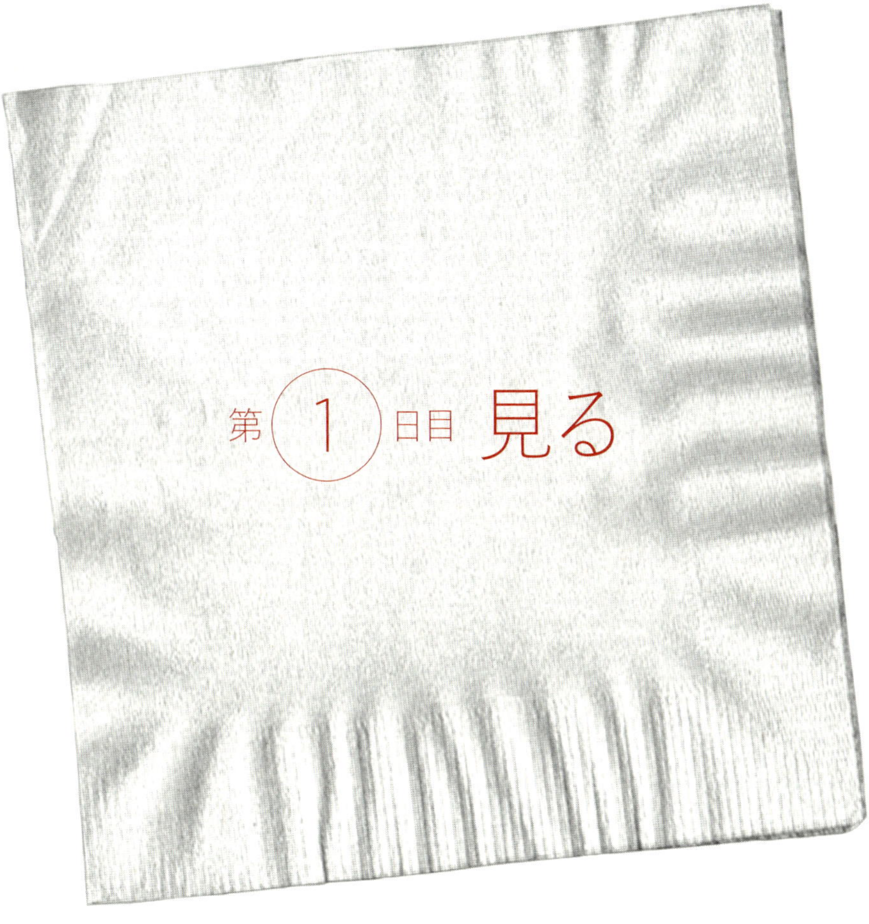

これからの4日間、あなたの仕事の世界の一端に触れる機会をいただき、心より感謝申し上げたい。最初に申し上げておくが、これから学んでいくアイデアの数々は標準的なビジネスのどこをさがしても見当たらない。どこのビジネススクールでも教えていないし、『エコノミスト』誌を見ても載っていない。CEOにもほとんど知られていない。なんともったいないことだろう。

あなたがどんな仕事に就いているとしても――CEO、プロジェクトマネジャー、会計士、エンジニア、コンサルタント、デザイナー、教師、看護師、郵便配達員、パイロット、フットボール選手など、どんな仕事であっても――本書のアイデアを業務に取り入れていただくことができる。組織の一員であっても、資格を生かして働いている人であっても、問題の解決に取り組む際には――ビジネスの世界に身を置いている限り、これは避けられないはずだ――本書で紹介するツールの威力を実感できるだろう。

『超ビジュアルシンキング』を出版して以来2年になるが、わたしはこうしたアイデアを、さまざまな分野のビジネスのリーダーと共有してきた。たとえばボーイング社のプロジェクトマネジャー、ファイザー社の科学者、Google社のプログラマー、マイクロソフト社のエンジニア、ウォルマート社のマーケッター、米議会の上院議員といった人々と。大半の場合、その場に到着するまでわたしは彼らの業務内容にくわしいわけではなかった。それでも、どんなケースでもビジュアルシンキングによる問題解決の実力が認められ、もっと知りたいと要請された。

こうしてこれまで多種多様な業務に携わるビジネスマンに提案してきたシンプルなアイデアを、いまあなたと共有したい。わたしの提案はつぎの通りである。

いま直面している問題は絵で解決できる。

これから4日間かけて取り組んでいくのは――もちろん、その後も引き続き仕事に取り入れていただければと願うが――絵を使った問題解決法である。

しかし、いま誰かが目の前に立って「わたしたちの問題は絵を使えば解決しますよ」などといい出したら、すぐには信用しないだろう。現代社会で直面する問題ときたら生半可なことでは解決できそうにないものばかりなのだから。それでも、あわてずに問いかけるくらいの余裕は持っていたい。「絵で問題を解決するのは名案かもしれないですね。とりあえず3つの質問にこたえてもらえますか。絵で解決するのに向いている問題は、どんな問題なのでしょうか？　どんな絵を使うのでしょうか？『わたしたち』とは誰を指しているのでしょうか？」

これは、実際にわたしが受けた質問である。すばらしい問いかけだったので——どんな問題なのか、どんな絵を使うのか、どんな人に向いているのか——そのままこのワークショップの検討課題として取り入れている。これからの4日間のワークショップではさまざまなアイデアをご紹介していく。絵で問題を解決する際の知られざる知恵、注目すべき5つのポイント、6つの方法で見るテクニックなど、たがいに関連するアイデアを取り上げていくわけだが、手っ取り早くそのすべてを要約するにはこの3つの質問にこたえるのがぴったりだ。

3つの質問へのこたえへと進む前に、ペンとホワイトボードあるいはノートや紙ナプキンを用意しておこう。さっそく書いたり描いたりしてもらうことになる（もちろん本書に直接書き込んでもかまわない）。

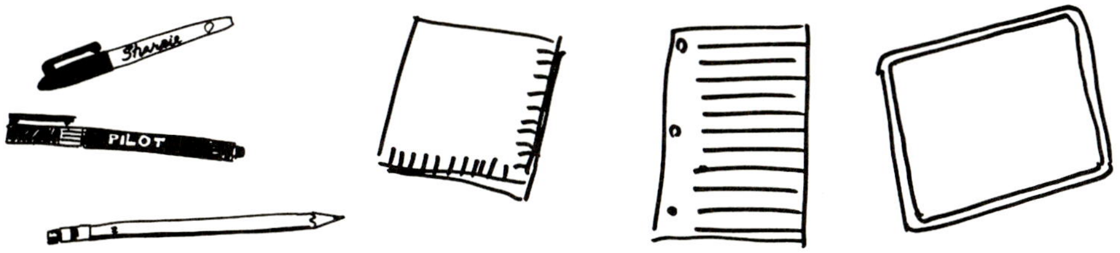

1 どんな問題？

絵で解決できるのはどんな問題だろうか？　ひとことでいえば、あらゆる問題だ。具体的には、戦略、プロジェクトマネジメント、資源の割り振り、政治、金融——絵を活用すれば〈即座に解決できるとは限らないが〉、問題をはるかに明確にとらえることができる。

演習　問題を３種類に分ける（S、M、L）

あなたが抱えているビジネス上の問題を３つ、３分以内で下のスペースに書いてみよう。気軽に書いていただいて結構。これはまだウォーミングアップなので、すぐさま解決に結びつくわけではない（とりあえずいまの段階では、と申し上げておこう）。

まず小さな問題を書いてみよう。困ってはいるが、さほど深刻ではない。解決するに越したことはないが、仕事上の被害はあまりないという問題。

わたしの場合。お気に入りのペンをつぎからつぎへとなくしてしまう。

あなたの場合。＿＿＿＿＿＿＿＿＿＿＿＿＿＿＿＿＿＿＿＿

つぎに、中程度の問題を書いてみよう。危機的な脅威をもたらすものではないが、複数の人、あるいは仕事の複数の部分に影響を及ぼす問題。

わたしの場合。わたしは３ヵ月ごとの納税を毎回、期日までに済ませることができない。

あなたの場合。＿＿＿＿＿＿＿＿＿＿＿＿＿＿＿＿＿＿＿＿

最後に、大きな問題を書いてみよう。仕事に深刻な影響を及ぼし、解決は困難を極めると思われる問題。

わたしの場合。わたしの取引先企業はどこも支出を切り詰めている。これが今後も続けばわたしの会社は２年以内に資金不足に陥るだろう。

あなたの場合。＿＿＿＿＿＿＿＿＿＿＿＿＿＿＿＿＿＿＿＿

2 どんな絵？

あらゆる問題を扱うというのであれば、それを解決するための絵はひじょうに複雑にちがいない、描けるようになるには何年もかかるだろうと思うかもしれない。しかしそうではない。わたしたちが扱う絵はごくシンプルだ。円、四角、矢印さえ描ければ、本書に登場する絵はほぼすべて描くことができる。さらに、棒に手足がついた人の姿とニコニコした顔が描ければ、問題解決に使う絵のパーツはすべてそろう。

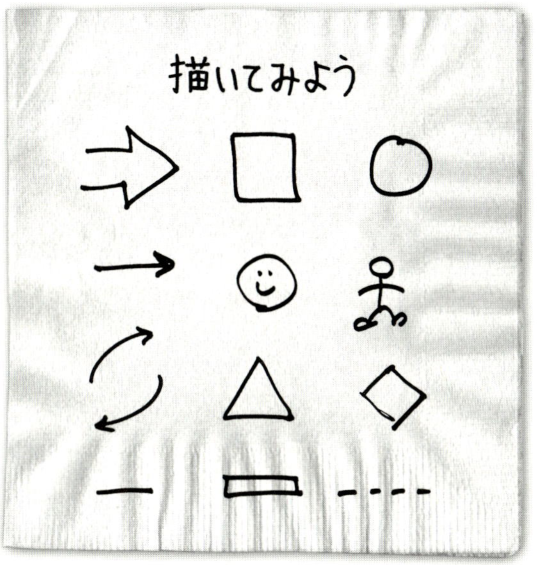

演習　わたしたちが使う絵

例として示した形のうち数個を下のスペースに1分で描いてみよう。見ばえを気にする必要はない。なにを描いたのか、あなたにしか理解できなくても大丈夫。

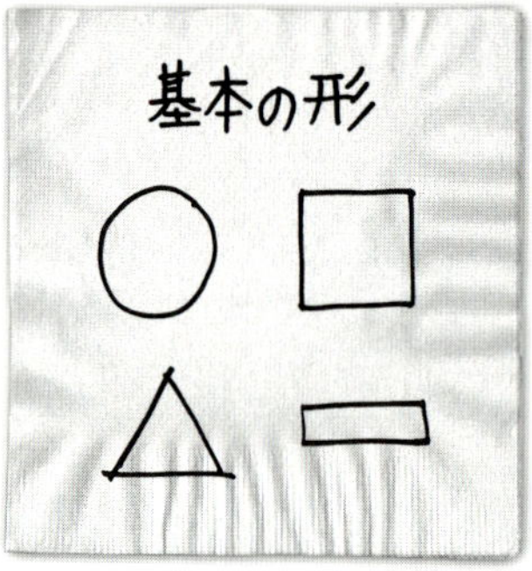

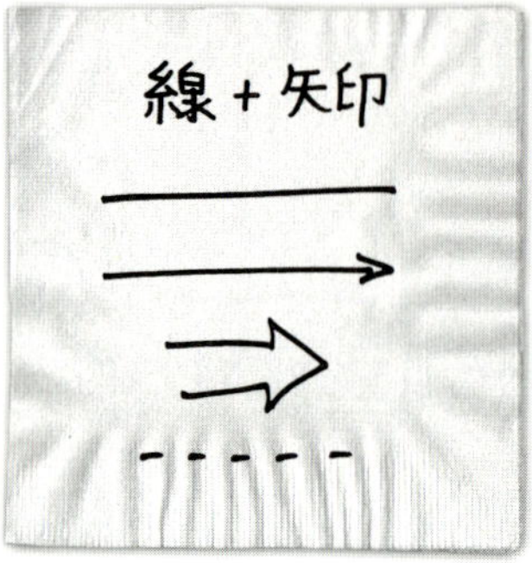

3 どんな人？

簡単な形を描いたあなたは、すでにこの問いへのこたえを出している。どういうことかって？　いま絵を描いたのは？　こたえは簡単だ。〈全員〉である。自分はビジュアルシンキングに向いて〈いない〉と思い込んでいる人も、絶対に絵は〈描けない〉と信じ込んでいる人も、問題を解決するためのすばらしい絵をつくることができる。このわたしが請け合う。こう断言できるのは、どんな人でもすでにりっぱにやりこなしているからだ。状況を見る、パターンを見抜く、そのパターンをもとに新しいなにかを考え出す、その結果をほかの人に見せる。こうしたことを誰もがやりこなしている。

演習　「自分」を描く

棒に手足をつけて人の形を描き、さらに髪の毛、メガネ、帽子、服などを加えてあなたの絵をつくろう。人の絵はこの先も使うので、その都度手早く描けるようにシンプルな形にしておくほうがいい（本書では何度も描くことになる）。

4日間のワークショップの流れ　なにを学んでいくのか

このワークショップでは、ビジュアルシンキングを構成する4つのステップを軸に学んでいく。第1日目、つまり今日は見る力を高めることからスタートする。具体的には、自分の周囲の状況から視覚的に情報を収集する仕組みについて理解し、視覚をうまく利用すればより効果的に問題解決ができることを学ぶ。

第2日目には〈視る〉ことについて学ぶ。〈視る〉とは、いま直面している問題のなかに解決につながるパターンを見抜くプロセスを指す。3日目は心の目に焦点を合わせ、問題のパターンを材料として新しいアイデアを発見するプロセスを学ぶ。4日目は発見したアイデアを他の人々に見せることについて学ぶ。

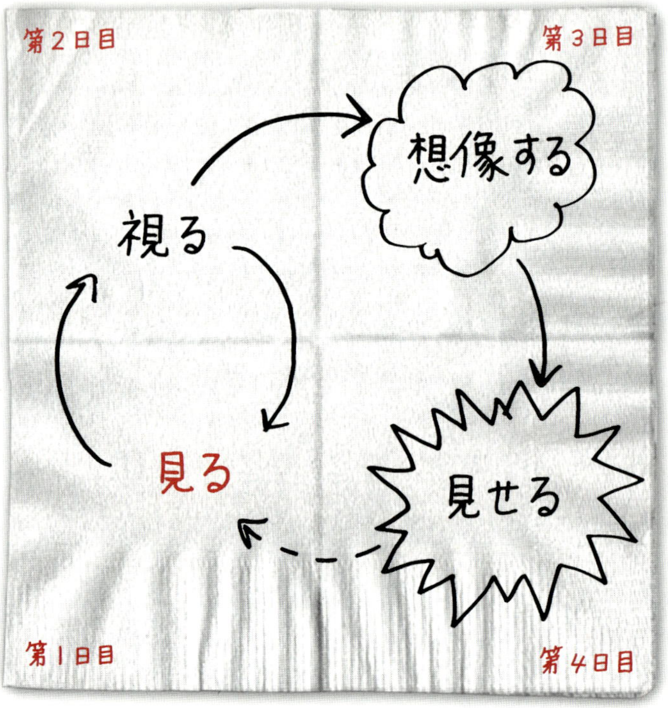

4日間のワークショップの流れ。
1日ずつ、見る力、視る力、想像する力、見せる力を高めていく。

ビジュアルシンキングの知られざる知恵

ワークショップでは毎日1つ基本的なテーマを設け、それを中心に学んでいく。このテーマを「絵で問題解決する際の知られざる4つの知恵」と呼ぶことにする。なぜ「知られざる知恵」と表現するのか？　その理由は2つある。第一に、これまでにこうした内容を一度も目にしたことがないから。第二に、ひじょうに重要であると強調するためだ。自分自身でひとつひとつの知恵を拾い上げ、手のひらで転がし、しげしげと眺め、じっくり考え、意味を理解しながら吸収していただきたい。そしてひとつひとつの知恵をしっかりとつなぎ合わせていっていただきたい。知恵と知恵が自然に引き寄せるような形で。

ここで、さきほど書いたわたしたちの問題を取り上げてみよう。

知られざる知恵　その1

問題を絵であらわすことができる人は、問題を解決できる可能性がもっとも高い。

あなたは問題を解決する自信があるだろうか？　わたしは自分の小さな問題（ペンをなくす）を解決する方法は簡単に思いつく。中程度の問題（納税が遅れる）を解決できるかどうかはなんともいえない。大きな問題（みながお金に困る）を解決する自信はまったくない。つまりわたしが問題を解決できる確率は約50%だ。決して自慢できる数字ではない。

では見方を変えてみよう。問題を述べた時点で（わたしはペンをなくす。納税の期限に遅れる。お金に困りそう）解決法もなんとなく見えている（これからはペンをなくさない。期限内に納税申告をする。もっとお金をつくる）。これは結構なことだ。解決策のイメージをつかめないまま問題を「解決」することは無理だろう。

が、ほんとうに問題を解決しようというなら、それだけでは足りない。〈変えられるのはどこの部分なのか？〉〈実際にかかわっているのは誰なのか？〉〈これはどれくらいの時間、どれくらいの金額の話なのか？〉〈いつまでに望ましい状態にする必要があるのか？〉〈そもそも、なぜこのような状態になったのか？〉これは問題の解決に向けて「状況を定義する」ための問いであり、こたえを導き出すにはたいへんな労力が必要となる。そしてビジネスにおいて労力を必要とすることには、かならず費用がかかる。

むろん、ビジネス上の問題を解決するには費用がかかることは誰でも知っているにちがいない。では、状況を定義するためだけにかかる費用について、果たしてどれだけ考えているだろうか？　これはむずかしい作業であり、じつは問題を解決するよりもむずかしい。問題を解決するには、問題を構成しているパーツをそろえる必要がある。それはつまり解決に向けて問題をじゅうぶんに理解するという意味だ。さらに、関係者、事実、時間に関する情報、構成要素を適切に示すことができれば、解決方法は〈すでに〉そこに示されている可能性が高い。わたしたちに必要なのは、それを見出す方法を学ぶことだ。

ではここで1つ質問を出そう。ビジネスにおいて、お金を手にするのはつぎのどちらだろうか。「わたしは問題に気づいている」という人、それとも「わたしは問題に気づき、それを〈このように〉とらえ、〈このような〉解決法を考えた」という人だろうか。わたしがペン、税金、お金の問題を解決するために限られた資金を使うとしたり、自分自身に与えようとは思わない。なにしろ、わたしはじゅうぶんな情報をそろえていないので、問題を正確につかんでいるのかどうかも定かではない。

ここでもう一度知られざる知恵その1を書いてみる。今回は、費用の配分について書き添える。

問題を絵であらわすことができる人は、問題を解決できる可能性がもっとも高い。

あるいは

最高の絵を描いた人がお金を獲得する。

知られざる知恵その1は、このようにシンプルそのものである。本気で問題の解決に取り組むつもりであれば――もっと率直にいえば、〈資金を得たいのであれば〉――その問題をもっとも明確にあらわす絵を描いて見せるのがいちばんである。

とてもわかりやすい例を紹介しよう。

めざすは首都ワシントンDC

2008年の大統領選挙を数ヵ月後に控えたある日、首都ワシントンDCに呼ばれて話をすることになった。依頼してきたのは米国上院民主党政策委員会のあたらしい政策ディレクター、ダグ・スタイガーだった。民主党の上院議員首席補佐官たちは複雑なコンセプトをできるだけ明快に伝える方法を模索しており、わたしのアイデアが目にとまったというわけだ。わたしは快諾してワシントンDC行きのフライトを予約した。

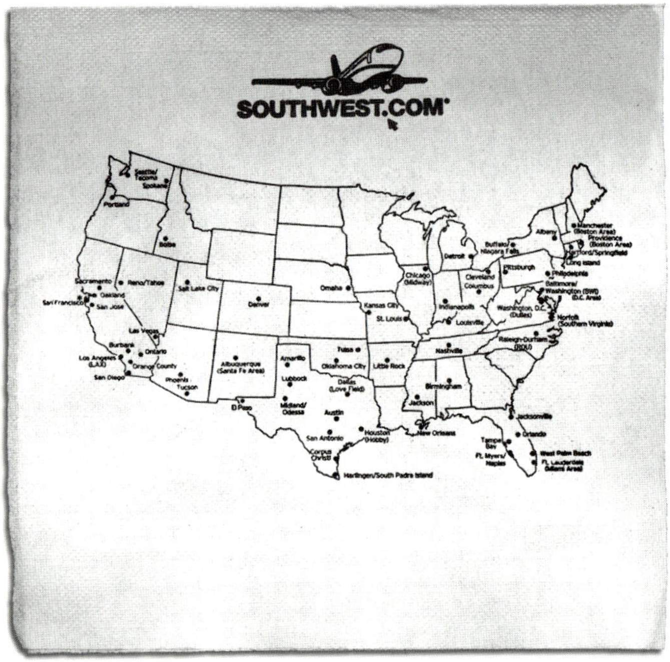

サンフランシスコと首都ワシントンDCを線で結んでみよう。★

★なぜサウスウエスト航空のナプキンにフライトの地図を描くのかと疑問に思う方もいるかもしれない。サウスウエスト航空は史上もっとも成功している航空会社であり、同社はじつは1枚の紙ナプキンに描かれた絵からスタートしたのである。くわしい事情は『超ビジュアルシンキング』をご覧いただきたい。

こういう場合には事前に必ず、その業界で過去に問題解決のために描かれた絵を探す。この時には、政治的あるいは政策的にきわめて重要な役割を果たしたスケッチをさんざん探した。おかげで、ジョージ・ワシントンが測量技師として訓練を受けており、地図をつくることが得意だったこと、ジョン・F・ケネディは冷戦時代に世界の運命を左右する重大な決断をくだす際に大量の紙にびっしり落書きをしたこと、ロナルド・レーガンは閣議の際に落書きしていたことがわかった。しかし政治に大きな影響を与えたすばらしい「紙ナプキンの絵」の物語はけっきょく見つからなかった。

ワークショップの後にダグからきいた話は、まさにわたしが求めていたものだった。1974年に、経済学者のアーサー・ラッファーは2人の共和党議員と首都ワシントンDCのバーで話をしていた。政治の話題に変わるとラッファーはペンを取り出して絵を描き始めた。もちろんカクテルナプキンに。まず横に1本線を引きながら彼は説明した。「この軸は市民の所得のうち政府がどれだけ税金として徴収するのかを0%から100%まであらわしている」

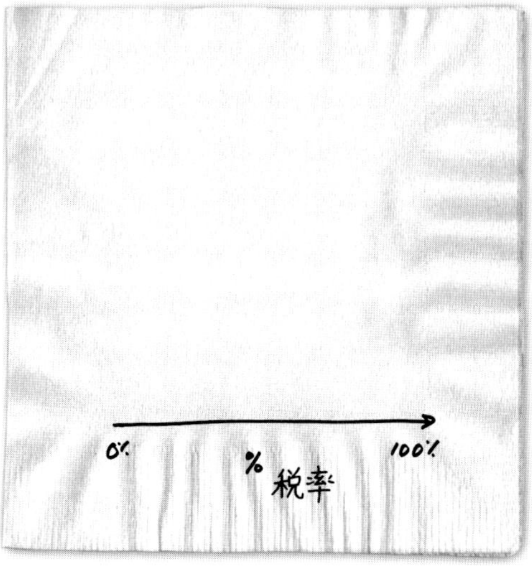

彼はさらに縦に1本線を引き、「この軸は政府が徴収する税の総額です。0から始まる」と説明した。

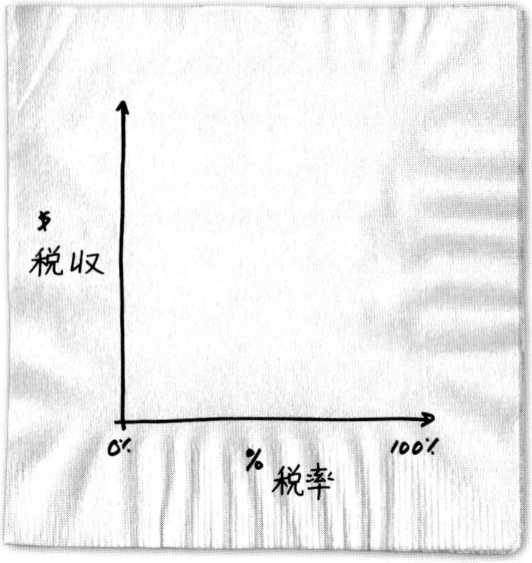

そして2つの軸が交わった箇所に点を描き込んだ。「政府の徴収額が所得の0%の場合、金額は0です」。横軸にもう1つ点を描き——ずっと離れた端のほうに——こう続けた。「もしも政府が100%徴収することになれば、〈これまた〉金額は0です。全額を税金として納めろといわれたら誰も働かなくなるでしょうから」

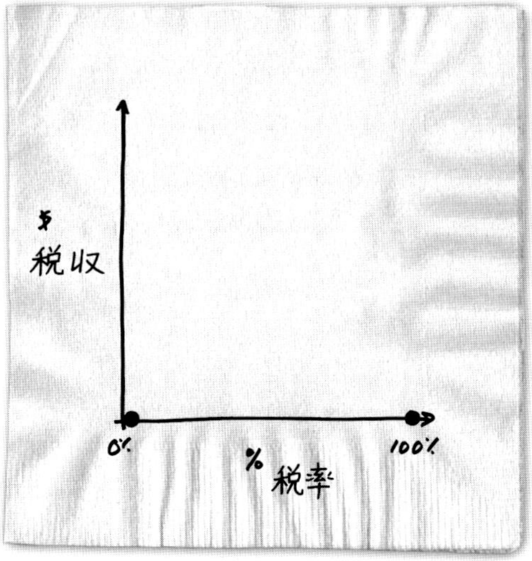

ラッファーは2つの点を線でつないだ。線は最初の0の点からスタートしてカーブしながら右の方にあがっていき、グラフの上端にちかづく。そこから今度は下降しながらもう1つの0の地点に到達する。

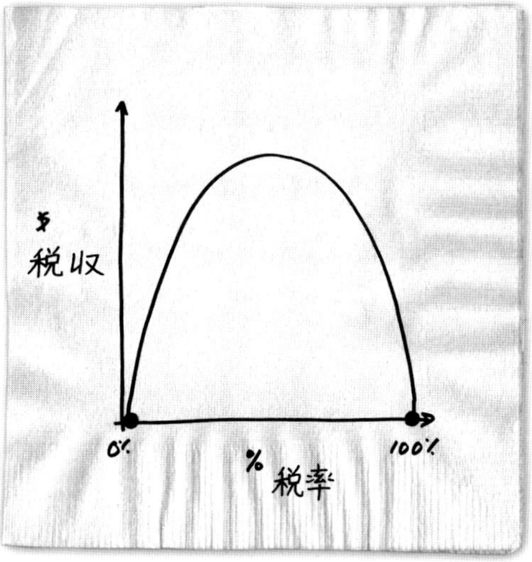

「わたしは税収はこのような曲線を描くはずだと考えています。所得の0%の場合は0で100%の時も0ですが、上のこの部分で税率を〈下げれば〉政府が徴収する税金の総額は〈増える〉のです」。彼はグラフのいちばん高い箇所を指した。

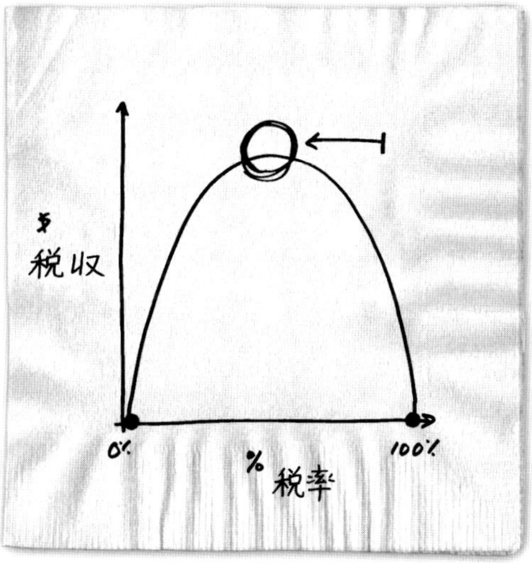

ラッファーが描いたこのグラフはラッファー曲線として有名になった。もしもバーでラッファーと同席していたのが別の人物であれば、単なる学問的なモデルのままだったかもしれない。そこにいたのはジェラルド・フォード大統領の首席補佐官ディック・チェイニーとドナルド・ラムズフェルドだった。彼らはラッファーがナプキンに描いた絵にたいそう興味をそそられ、ホワイトハウスに持ち帰ってフォード大統領に見せた。それから何年か後にはラッファー曲線はロナルド・レーガン大統領が基盤としたサプライサイド経済学として有名になった。その理論の本質は減税を主張するものだった——とりわけもっとも所得の多い人々への減税を。結果として政府の税収は増加したのである。

ナプキンに描かれた絵はシンプルだったが、その小さな絵は重税がもたらす〈問題〉とサプライサイド経済学がもたらす〈解決策〉を鮮やかに描きだしていた。そしてこの絵は30年にわたるアメリカの経済政策の基本を示すものとなった。

ナプキンに描いた絵など重要ではない、などとは口が裂けてもいえないということだ。

〈最高の絵を描いた者は資金を獲得する〉

さあ、絵を描こう。

ナプキンに初めて絵を描く

これからひとつひとつ段階を踏んで「超ビジュアルシンキング」の絵を実際に描いてみよう。そして重要なことをひとつひとつしっかり身につけていこう。

これからナプキンに描いていくのは、絵を使った問題解決に必要なツールキットだ。このワークショップで描く絵のうちもっとも重要な絵なので、このページには印をつけておこう。本書でご紹介するビジュアルシンキングのツールすべてが含まれており、この先この絵を何度も参照することになるはずだ。

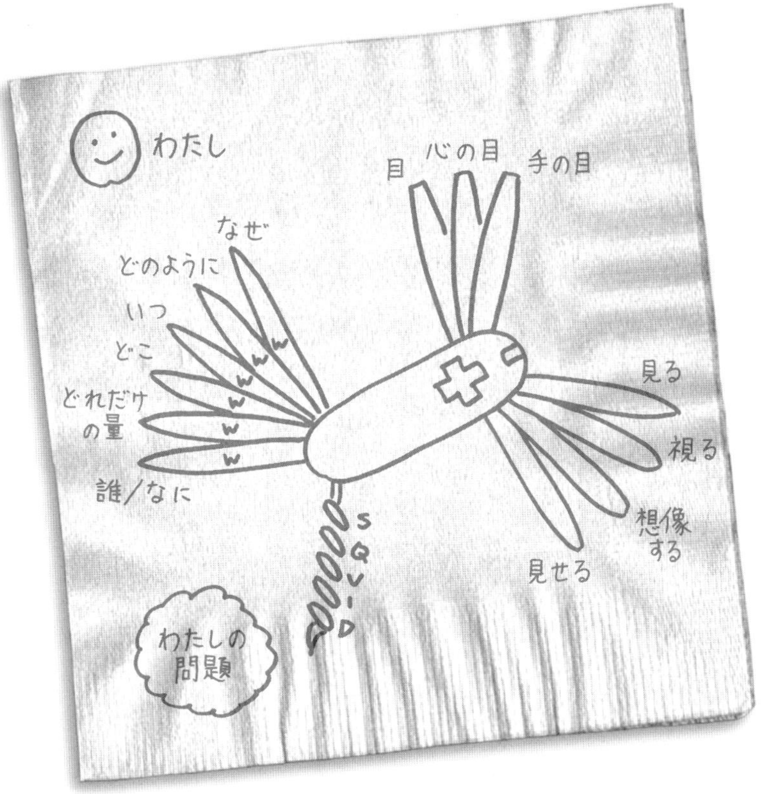

少しずつ描いていこう。このページには印をつけて、後で参照できるようにしておこう。

まず円を1つ描いて名前をつける。問題を解決するための絵を描く場合は、必ずこの方法で描き始める。ここではナプキンの上方の左側の隅に円を描き、「わたし」と名づける（せっかくなので、あなたに少し似るように描いてみよう——さきほどの、棒に手足がついた人物の絵を使うチャンスだ）。

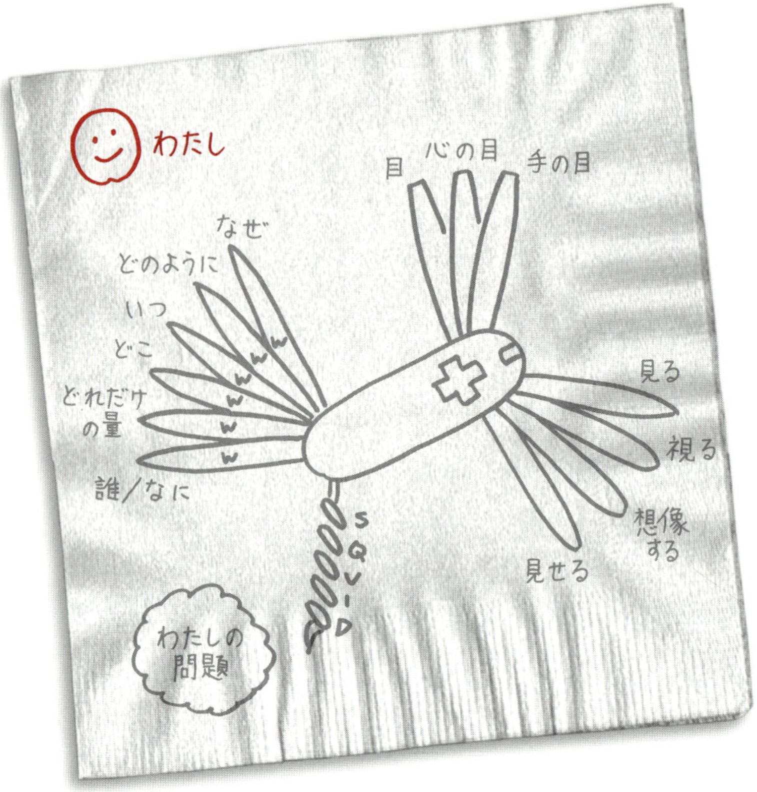

どんな絵でも、円を1つ描いて名前をつけるところから始める。この絵の場合は、「わたし」と名づける。

どんな絵でも最初の線を描くことが、いちばんむずかしい。真っ白なキャンバスを前にすると、どうしてもひるんでしまうものだ。たとえそれがただのナプキンであってもひるんでしまう。ともかく円を1つ描いて名前をつけることで自分に勢いをつける（「わたし」「あなた」「わたしたち」「ライバル」「今日」「明日」「利益」「損失」「わが社の商品」など、頭に浮かんだ言葉を書き込む）。うっかりしていると「絵を描くのはとてもむずかしい」という障害物の前で立ち往生してしまうが、最初の円を描いたらしめたもの。障害物を首尾よくかわして先に進める。

つぎに左下の隅にもう1つ円を描こう。さきほどの円よりも少し大きく、雲のようにモクモクとした形にしてみよう。これには「わたしの問題」と名づける。

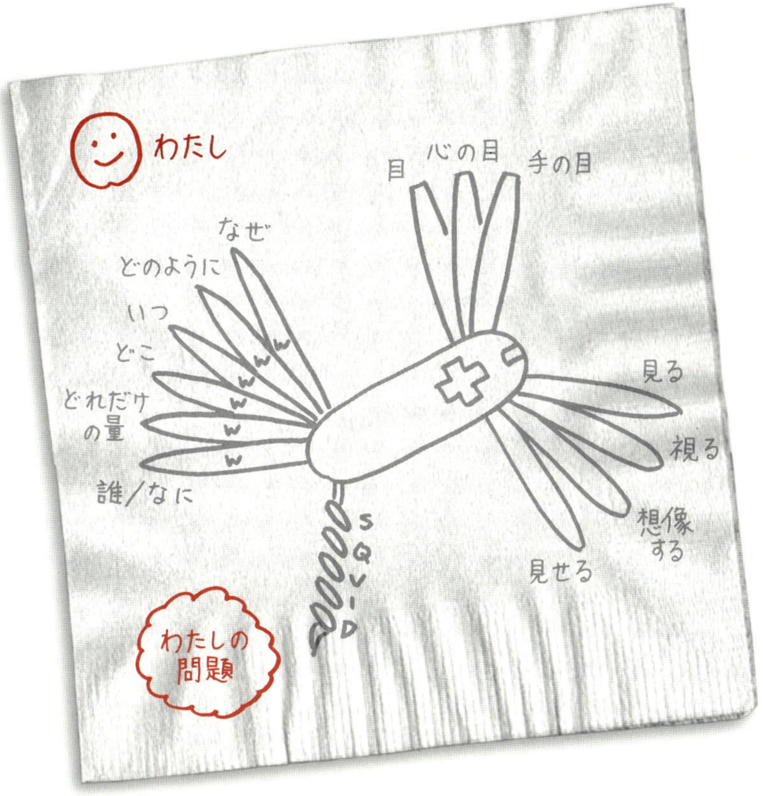

2つ目の円を描く。雲のような形にして「わたしの問題」と名づけよう。

意外なことに、こうして円を2つ描いただけでわたしたちの脳の働きに弾《はず》みがつくのだ。〈つぎはどうなるのだろう？〉〈どんなふうにつながっているのだろう？〉〈これからどこに向かうのだろう？〉脳はつぎからつぎへと問いかける。これはごく自然な状態であり、視覚的な情報がインプットされるとそれに反応するようにできているのだ。絵を描くのにかかったのはわずか10秒だが、その絵にわたしたちはみごとに惹きつけられ、つぎの展開にわくわくしている。

このわくわくを継続させるために、つぎは脳に変化球を放ってみよう。2つの円を単に結ぶのではなく——わたしたちの頭は結びたがっている——3つ目の円を描く。今度は楕円形を。ナプキンの中央にホットドッグのような形を描いてみよう。これには名前を〈つけない〉。

3つ目の円を描く。中央にホットドッグのような楕円形を。これには名前をつけない。

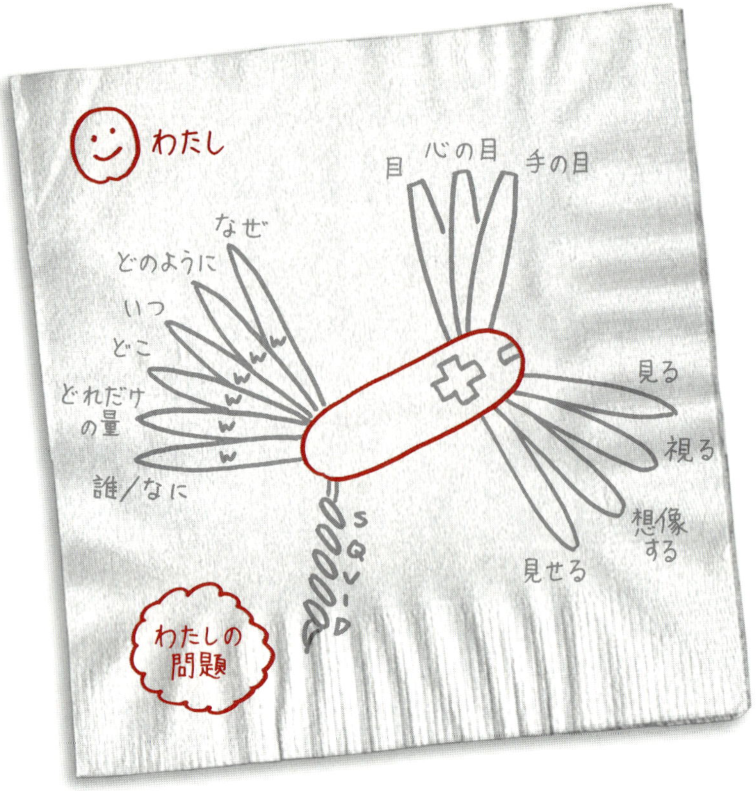

ここでいったん手を止めて、今なにを描いているのかを説明しよう。わたしはコンサルタントの仕事をスタートした当初、コンサルタントとは実際になにをするのかうまく説明できなかった。何年も続けるうちに、ようやくわかってきた。コンサルタントとは注文に応じて問題を解決する仕事なのである。ビジネスの会合に呼ばれ、データと疑問を提示され、どんな内容であってもすぐに問題の解決に取りかかることを期待される。同じ〈タイプ〉の問題への慣れというものはできてくるかもしれないが、具体的な内容となるとほぼ毎回異なる。

どんな問題解決にでも活用できるツールキットがあればいいのではないかとわたしは思いついた。どこにでも携行できるツールキットがいい。会議に出席し、話をきいて、その場で適切なツールを選んで自信をもって問題解決のプロセスを始められる、そんなツールだ。いまさっき描いたホットドッグは、わたしたちのツールキットなのである。

しかしあれこれ説明するよりも、ぱっと見てすぐにツールキットとわかるよう

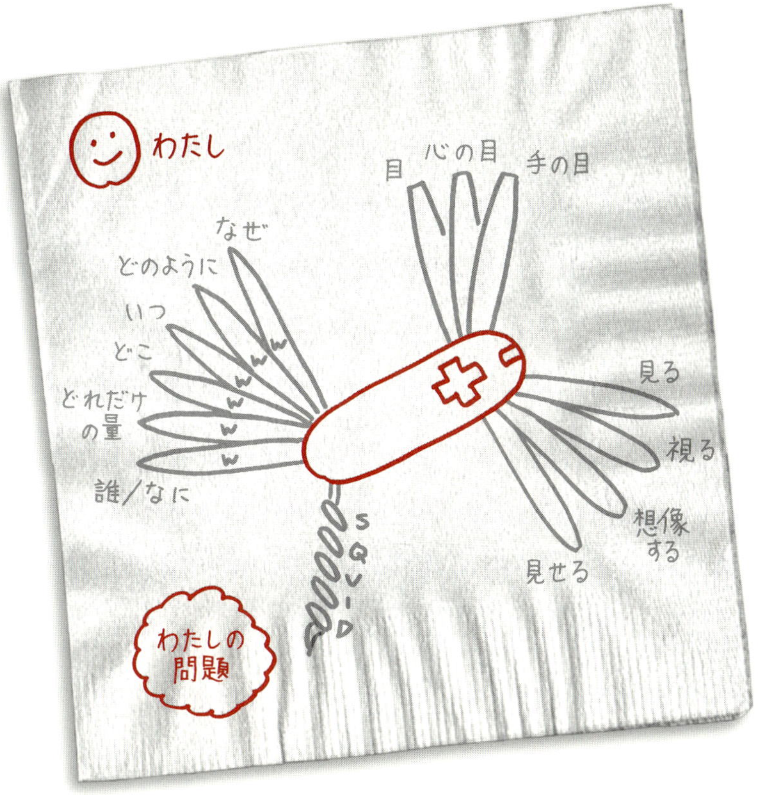

なるほど！　問題解決のためのツールキットは仮想のスイスアーミー・ナイフなのだ。

にする方法がある。小さな十字形を1つ描こう。これでおわかりだろう。これは仮想のスイスアーミー・ナイフだ。

　スイスアーミー・ナイフをよく知らないという読者もいるかもしれない。これはポケットサイズのコンパクトなナイフで、たくさんの刃が装備されている。そのひとつひとつが用途に合わせて少しずつ異なった形状をしている——ロープを切る、木を切るのこぎり、魚のウロコをとる、ワインの栓を抜くといった用途に使う。何十年も前からスイスアーミー・ナイフといえば、携帯できる万能ツールの代名詞だった。伝えられているところでは、スイスアーミー・ナイフ1本あれば、丸太小屋を建てられるそうだ。ハイイログマを撃退することも、リラックスして爪のお手入れをすることもできるそうだ。そしてなんと、たった1つのスイスアーミー・ナイフで飛行中の航空機を修理できるというのだ。ただし運輸保安局がスイスアーミー・ナイフの海外への持ち出しを許可してくれれば、の話だが。

要するに、わたしも〈そういう〉ツールが欲しかった。そのツールの「刃」を活用してビジュアルシンキングで問題にアプローチすればいい。ポケットナイフを会議に持ち込めば厄介な事態になるに決まっている。だから頭のなかに入れて持ち運びするツールキットでなければならない。包括的で記憶しやすくシンプルなものがいい。このツールキットにはツールが4セット、それぞれの刃は3、4、5、6なので一度記憶すれば忘れない。この4セットはビジュアルシンキングで問題を解決する際の具体的な方法をあらわしている。まずは3のツールセットから見ていこう。

最初の3枚の刃はわたしたちに「生まれつき搭載されている」ツール

スイスアーミー・ナイフ（楕円形）の右上方に、3枚の刃を描こう。最初に紹介するツールはわたしたちに生まれつき搭載されているものだ。それは目、心の目、手の目であり、ビジュアルシンキングという洗練された問題解決に欠かせないツールだ。

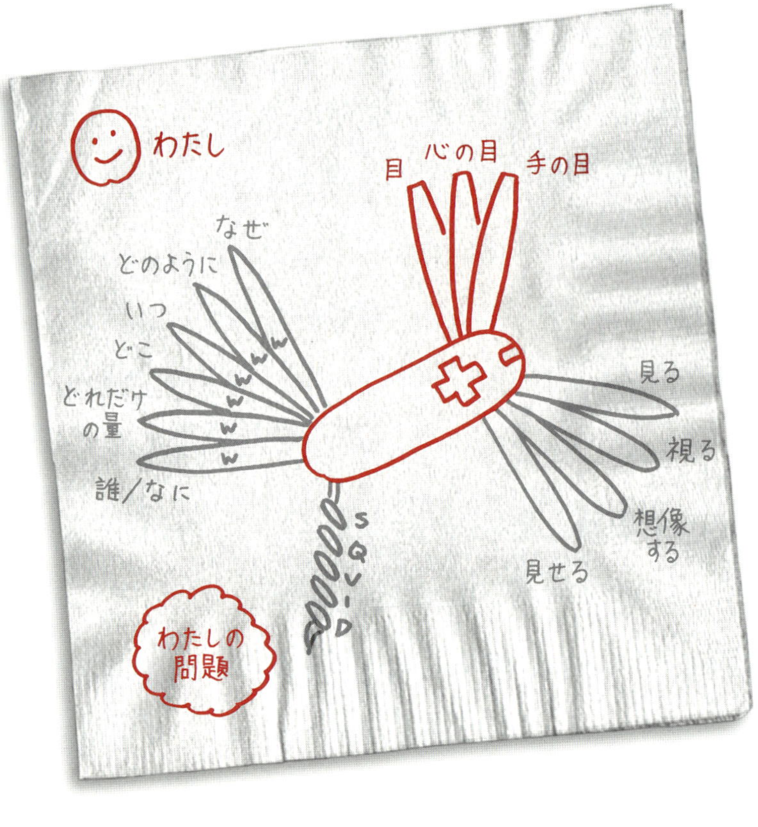

最初の3枚の刃を描き込もう。これはわたしたちに「生まれつき搭載されている」ビジュアルシンキングのツールだ。

ひとつひとつのツールについてここで細かい説明はしないが、1つだけいっておこう。まちがいなく、わたしたちはこうしたツールをうまく使いこなせるようになる。

嗅覚、味覚、触覚、聴覚、視覚から得た情報を脳で処理する際に、ニューロンの75%ちかくが視覚からの情報のために使われている。75%といえばかなり多いのではないだろうか。といっても人間の脳はパーセンテージを言葉で示されることが苦手らしい。だからただ数字を考えるのではなく、〈見て〉みようではないか。

演習　75%とは、ほんとうのところはどれくらいなのか？

わたしたちが感覚から取り入れた情報をわたしたちの脳が処理する働き全体をこの4人であらわすことにしよう。では目から取り入れた情報の処理だけを受け持つのは、このうちの何人だろう？

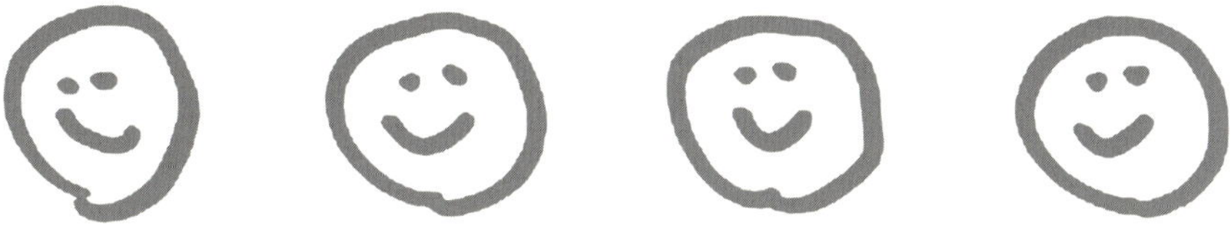

情報の処理を受け持つのは何人だろうか？

別の描き方をしてみよう。表の空欄に５つのマークのうちどれか１つを記入していこう。ただし視覚ニューロンとそれ以外の感覚ニューロンとが正しい比率になるように記入しよう。

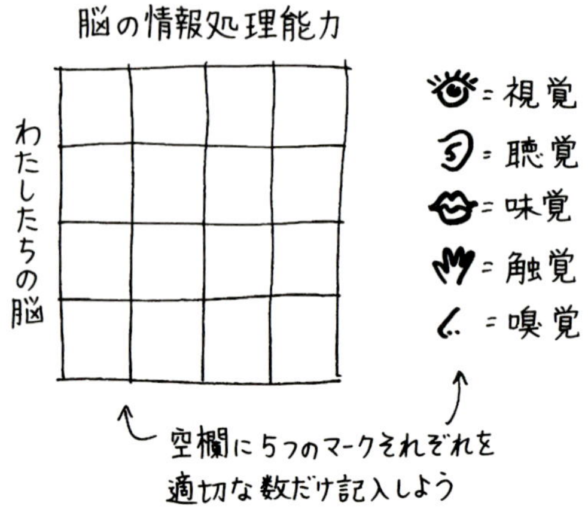

表はこんなふうにできあがるはずだ。

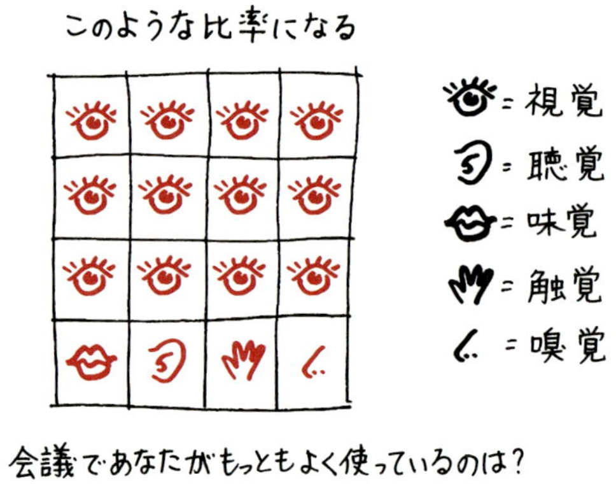

完成した表を見て考えていただきたい。脳がこのように情報を処理する仕組みになっているのに対し、わたしたちはふだんの会議で「視覚」をどれだけ活用できているだろうか？

「わたしはビジュアルシンキングに向いていない」という発言がこの先あなたから、あるいは知り合いから出るようなことがあれば、いま描いたばかりの表を思い出していただきたい。わたしたちはみな、ビジュアルシンキングに向いている。誰がなんといっても、そういうふうにできているのだ。それを思い知らせてくれるのが最初に描いた3つの刃である。わたしたちは目から視覚的な情報を取り入れ、その情報をじゅうぶんに吟味し、なにかおもしろいアイデアが生まれないかと心の目で確かめる。そして手と視覚を使ってそのアイデアを伝える（たとえ大雑把な形でも）。この3つの刃を思い出せば、すでに持っている宝を活用すればいいのだと気づく。そう、わたしたちは生まれながらにビジュアルシンキングを推し進めるすばらしいエンジンを搭載しているのだ。

といっても視覚的な情報の処理の仕方は人それぞれ異なる。また、視覚的な情報への依存度も人によってちがう。考え方もばらばらだ。当然だろう。才能も能力も1人として同じ者はいない。同じ世界にいても少しずつ見方はちがう。そんなわたしたちが共有できるアプローチの仕方をここでは探っていきたい。

あなたのペンは何色？　黒、黄色、それとも赤？

わたしはこれまで数えきれないほどのビジネスの会合に出席し、絵を使った問題解決に人がどんなふうにアプローチするのかを見てきた。その豊富なデータから、あきらかにいくつかのタイプがあると気づいた。たとえばどんどん絵を描いていく人々、そしてペンを取り上げることすら嫌がる人々だ。

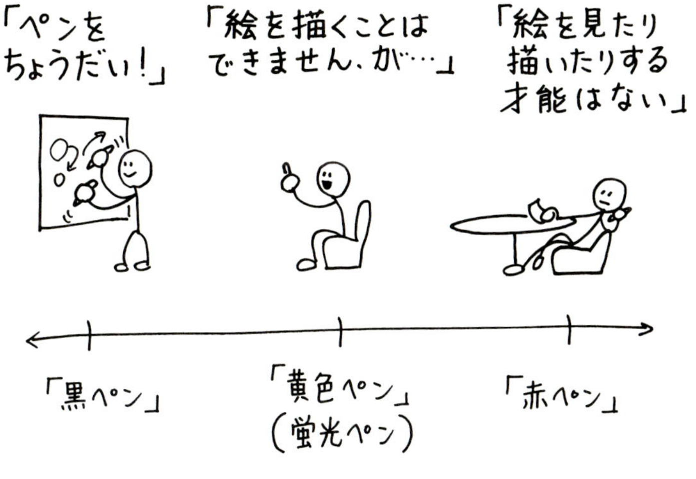

ビジュアルシンキングで問題を解決しようとする時には、誰でも必ずどこかに当てはまる。

「ペンを
ちょうだい！」

1　第一のグループをわたしは黒ペンの人と呼ぶ。彼らは会合が始まって２分もたたないうちに、もう待ちきれないとばかりにホワイトボードに飛びついて黒い太いペンで絵を描き出す。彼らは視覚に訴える比喩やたとえを駆使してアイデアを表現することを好み、自分のアイデアを要約したり実行したりする際には自信をもって簡潔な絵を描いて活用する。

「絵を描くことは
できません、が…」

2　第二のグループは黄色ペンの人たちだ。彼らは黒ペンの人たちがホワイトボードになにかを描いているのを見て満足する。少々励まさないと彼らは描こうとはしない。いざ立ち上がってホワイトボードのところに行くと、ここのつながりが抜けているといって黒ペンの人の絵になにかを描き足す。だから彼らは黄色ペン、すなわち蛍光ペンの人たちなのである。ほかの人の絵に描き加えたり、いちばん強調すべき部分に手を加えたりする。黄色ペンの人たちは必ず「わたしは絵を描くことはできません、が……」と最初に断るが、彼らがいったん描き始めると、魅力的なアイデアがあらわれ、隠れていたつながりが見えてくる。

「絵を見たり
描いたりする
才能はない」

3　最後のグループをわたしは赤ペンの人々と呼ぶ。彼らは後ろの方で静かに座っている。黒ペンの人々と黄色ペンの人々がホワイトボードにせっせと描いているのを見ているうちに、彼らはじっとしていられなくなってくる。じつは赤ペンの人たちが黙っているのは理解できていないからではない。いま描かれているものがひじょうにくだらないと思っているから、口を出さないのだ。絵があまりにもお粗末で、かえって問題を悪化させているので彼らはじりじりしている。赤ペンの人は細かい部分と事実関係を曖昧《あいまい》にしておけないタイプなので、シンプルな絵などもってのほかと受け止める。実際にその通りであることも少なくない。確かにホワイトボードに描かれる絵にはお粗末なものもたくさんある。しかしわたしたちはその絵を見ることができる。それが重要なのだ。

ほんとうに問題を解決するための絵をつくるには、すべての色のペンの人が参加する必要がある。まずは黒ペンの人がなにかを描いて全員が見る。そこからプロセスがスタートする——どんなにお粗末な絵でもかまわない。黄色ペンの人がその絵にさまざまなつながりや考慮すべき要素を加える。さきほどとはかなり絵の様相が変わってくるはずだ。それから——おっとまずい、ここで流れが止まった。赤ペンの人は重要な事実と詳細を把握しているのだが、彼らはシンプルな絵が嫌いときている。彼らはホワイトボードに描き加えるだろうか？　大丈夫だ。赤ペンの人は黒ペンの人と黄色ペンの人の絵に耐えられず、威勢よく立ち上がって、絵の半分を消したかと思うと、新しく描き直す。できあがった絵は〈真相〉に迫るほぼ完璧なできばえとなるにちがいない。

さて、あなたは何色のペンのタイプだろうか？

これからそれを調べてみよう。

あなたのペンは何色？

つぎの質問に対しベストの回答を1つ選んでみよう。

A　あなたはいまブレーンストーミングのセッションに参加しており、会議室には大きなホワイトボードがある。あなたは、

1　ボードのところに行って、円と四角を描き始める。
2　ボードのところに行き、項目ごとのリストを書き始める。
3　すでにボードに描かれていることに補足し、より明確にする。
4　ホワイトボードのことなど考えない——わたしたちには、他にやるべき仕事があるのだ！
5　ブレーンストーミングのセッションは大嫌いだ。

B　ペンを渡され、あるアイデアを絵にしてくれと頼まれた。あなたは、

1　もっとたくさんペンをくれと頼む。できればあと３色はほしい。

2　すぐに絵を描き始め、なにができあがるのかと見る。

3　「わたしは絵を描くことはできませんが……」といって、ヘタクソなものを描く。

4　いくつか言葉を書いて、それぞれを四角で囲む。

5　ペンをテーブルに置き、話し始める。

C　誰かに、何ページにもわたる複雑な集計表のプリントアウトを渡された。あなたはまず、

1　ぼうっとしてしまい、そのまま集計表が消えてしまえばいいと思う。

2　パラパラとめくり、なにか興味深いものはないかと見てみる。

3　項目欄に目を通し、どんな分類をしているのか確認する。

4　マス目のなかに共通のデータはないかと探す。

5　第２四半期の営業費の実績は予算を下回っていることに気づく。

D　会議からもどる途中、空港のバーでばったり同僚に出くわした。仕事の内容を同僚にきかれた。あなたは、

1　紙ナプキンをつかみ、ウェイターにペンを貸してくれと頼む。

2　スティックシュガーを利用して組織図をつくってみせる。

3　機内持ち込み用の鞄からコンピュータを取り出しパワーポイントで作成した資料を見せる。

4　「お代わりを頼んだほうがいい。もう少し時間がかかるから」という。

5　もっとおもしろい話題に変える。

E　あなたが宇宙に漂う宇宙飛行士だとしたら、〈まっさきに〉やりたいことは、

1　深呼吸して、いま見ているすべてを目に焼きつける。

2　カメラを取り出す。

3　いま見ているものを言葉で表現してみる。

4　目を閉じる。

5　宇宙船に戻る方法を探る。

選んだ項目の数字を合計してあなたの点数を出そう。

点数	あなたのペンの色
5-9	ペンをわたしてくれ！（黒ペン）
10-14	わたしは絵を描くことはできません、が……（黄色ペン）
15 以上	絵には興味がない（赤ペン）

あなたはどのタイプにあてはまるだろうか？　想像した通りだっただろうか？　それとも意外な結果だろうか？　まったく予想外だったとしたら、それはなぜなのだろう？　これまでこのテストを何百回も試してみたが、ほぼ毎回、ペンの色別の人数分布をグラフにするときれいな山型を描く。おおまかにいってどんな会議でも出席者の4分の1は黒ペンのタイプ、半数は黄色ペン、残りの4分の1は赤ペンという結果になる。ちょうどこのような感じだ。

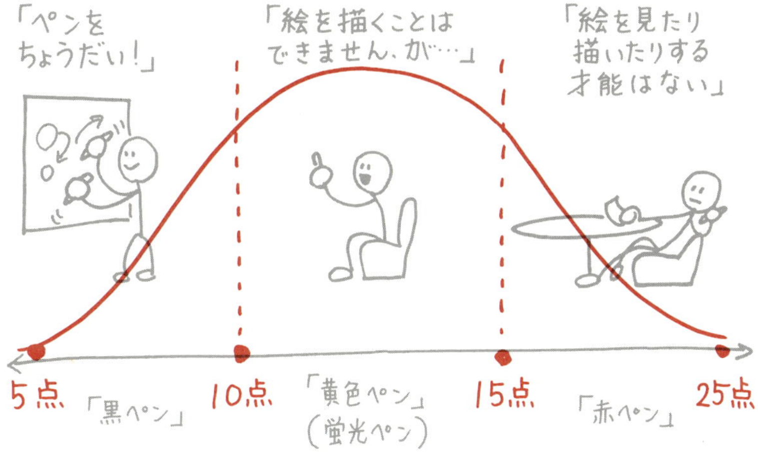

たいていの会議では人数分布をグラフにすると山型を描く。あなたはどこに該当するだろうか？

わたしがこの自己診断テストを勧める理由はたくさんある。第一に、問題を解決する際に自分にとって自然なアプローチの仕方について、一風変わった視点から考える機会となる。第二に、解決すべき問題にアプローチする方法は――視覚に訴える方法であってもなくても――1つだけではないと気づかせてくれる。第三に、ものごとを考え伝える方法は山ほどあるのだとあらためて気づかせてくれる。これほど可能性に満ちているというのに、ビジネスの場で行われているプレゼンテーションとなると、9割がつぎのような感じになってしまうのはなぜなのか？

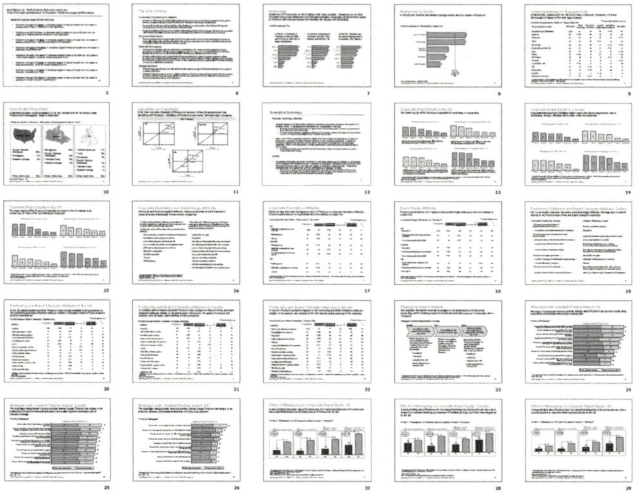

問題を解決するには、多種多様なアプローチの仕方があるというのに、ビジネスのプレゼンテーションとなると、大半がこのようになってしまうのはなぜなのか？

過去3年間、わたしはマイクロソフト社の多くのプロジェクトに携わってきた。1984年以来ほぼ一貫してアップル派だったわたしは、ワシントン州のレドモンドにあるマイクロソフトの本社をまるで悪の帝国のように思っていた。が、実際に行ってみるとまるでちがっていた。マイクロソフトの人々と同社の業務のあり方にすっかり魅了されている自分に、われながら驚いた。だから裏切るようで申し訳ないのだが、ここではパワーポイントに断固異議を唱えておきたい。いや、もっと正しくいうと、悪いのはソフトウェアだ。そして悪いのはそれを使うわたしたちだ。

パワーポイント自体に悪いところは1つもない。ほかのソフトウェアと同じく、単なるツールに過ぎない★。家が崩れてもかなづちを非難する人はいないように、わたしたちのコミュニケーションがうまくいかないのをパワーポイントのせいにすべきではない。問題はわたしたちの側にあるのだ。パワーポイントを使えば使うほど、わたしたちは怠惰になっていく。かつては手間取っていたこと（書く、タイプする、絵を描

★アンチ・パワーポイント派の多くの人々とちがってわたしは始終このプログラムを利用している。そして、シンプルで明確なプレゼンテーションを行うためのツールとしてひじょうにうまくできていると感じている。このワークショップの第4日に、「ライブ」で絵を描くための最高のプログラムをご紹介するのだが、それがどんなものかわかるだろうか？　なんと、パワーポイントなのである。

く、アウトライン、インデックスカード、ポストイット、フリップチャートなど）がサクサクとこなせるようになり、おかげで2時間もあれば有意義なプレゼンテーションが楽々とできあがるはず、などと考えてしまう。

はっきりいおう。それは無理だ。

いや、できないことはない。しかしそれでは、準備の過程で考えるという作業を放棄してしまっている。ほんとうにいうべきことを考えていない。いくらでも言葉を増やせるとなると、なにがほんとうに重要なのかを考えようとしなくなる。それよりも「ほんの2ページ」付け足せばすむ。なにより恐ろしいのは、プレゼンテーションをきく側の反応に無頓着になることだ。

ビジネスの打ち合わせや会議に出席すると、判で押したように誰かがパワーポイントという鉄壁のソフトウェアを起動させ、スクリーンに映し出された文字を延々と読み上げていく。出席者は1人残らずげんなりしている。彼らのなかからつぎにプレゼンテーションをする人物が立ち上がってなにをするかといえば、さきほどの人物と〈まったく同じ行動を取る〉のだ。なんたることか。これではビジネスの問題を解決することも意思の疎通もうまくいかないだろう。このやり方ではうまくいかないとわかりきっているのに、いざ自分の番になると前に進み出てまったく同じことをしている。これではアインシュタインが定義した狂気、つまり「同じことを繰り返し行い、ちがう結果を期待すること」と変わらないではないか。だからこそ、新しい方法でアイデアを考え、検証し、提示する必要があるのだ。

そこでいよいよ〈絵を使う方法〉の出番である。

毎日のセッションは途中でランチ休憩が入る。ここで内容ががらっと変わるという意味であり、それまでの内容を振り返って理解できているかどうかを確かめるにはちょうどいい。もちろん電子メール、フェイスブック、ツイッターをチェックしたり、しっかり腹ごしらえをするための時間でもある。

問題解決とコミュニケーションの中核にビジュアルシンキングを据えるとなると、絵というもののとらえ方を一から変える必要がある。黒ペンの人は生まれながらに備わっているビジュアルシンキングのツールを、これまではとっさのインスピレーションにしたがって使っていたが、これからはそうはいかない。黄色ペンの人はこれまでのように誰かが絵を描き始めてくれるのを待っているわけにはいかなくなる。赤ペンの人は部屋の後方に陣取って、ほかの人が描いた絵のあまりの素朴さにあきれる、といった態度ではいられない。そして全員が、ビジュアルシンキングを容易に、効果的に、一貫して実践するためのしっかりとしたプロセスをマスターする必要がある。

スイスアーミー・ナイフにもう一度話を戻そう。ここに新しく4つの刃を描き込む。この刃はそれぞれ「見る」「視る」「想像する」「見せる」というステップをあらわす。わたしたちが学んでいくビジュアルシンキングは、この4つのステップで構成されている。

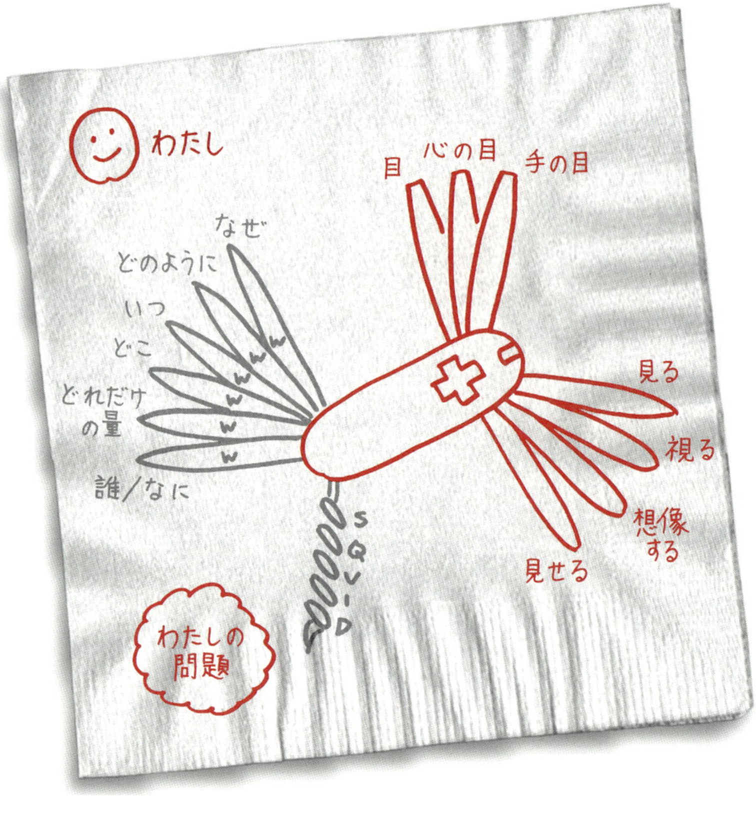

つぎの4枚の刃を描いて「見る」「視る」「想像する」「見せる」と名前をつけよう。わたしたちのビジュアルシンキングのプロセスを構成するステップだ。

ポーカーゲームの仕組み

『超ビジュアルシンキング』ではポーカーゲームを例にとってビジュアルシンキングのプロセスをご紹介した。

ここでもう一度振り返ってみる。カードゲームをする時には、配られたカードを〈見る〉ところから始まる。見るとは、自分の目の前になにがあるのかをひと通り見渡す半受動的なプロセスだ。ゲームを始めるには、手元にどんなカードがあるのかを知っておく必要がある。

最初に自分のカードを〈見る〉。

カードをめくり、どんなカードであるのかを確認してからゲームがスタートする。が、まだやるべきことがある。そのカードでどんなパターンができるのかを〈視る〉のだ。視るとは、いま手元にどんなカードがあるのか、そこからなにかパターンができるかどうかを積極的に認識するプロセスだ。ポーカーの場合には手にしたカードの数字と絵札の種類を確かめ、スーツを確かめ、強い組み合わせができそうかどうかを確かめる。

つぎに、このカードでどんなパターンができるのかを〈視る〉。

だが視るだけではまだ足りない。手元にあるカードを確認したら今度は心の目を使い、勝つための組み合わせを完成するにはさらにどんなカードが必要なのかを〈想像〉し、まだ配られていないカードのなかからそれが手元に来るチャンスを想像しなくてはならない。さらに、いま見えているものだけを頼りに、他のプレイヤーの手元にどんなカードがあるのかを考えてみる。

第三に、どんな組み合わせがあるのかを心の目を使って〈想像する〉。

最後に〈見せる〉ことが必要となる。とんでもないはったり屋でもないかぎり、ゲームの対戦相手にこちらのカードの組み合わせを見せないまま勝つことはできない。

ゲームに勝つには、自分がつくったパターンを最後に〈見せる〉必要がある。

つぎにあげるさまざまな理由から、わたしはこのポーカーの例をよく使う。まず、たいていの人はポーカーというゲームに多少は親しんでいる。そして実際に目の前にトランプがなくてもゲームの様子を想像しやすい。ひとつひとつのステップのちがいがはっきりわかる。特定の順序でステップを踏んでいく必要がある。つまり、意識して努力しなくても目が実行するステップ（見る）、パターンと詳細な情報だけに注目するステップ（視る）、心の目を積極的に働かせるステップ（想像する）、少しばかりショーマンシップを発揮しなくてはならないステップ（見せる）の４段階だ。

ビジュアルシンキングのプロセスは、つぎのような流れで進む。

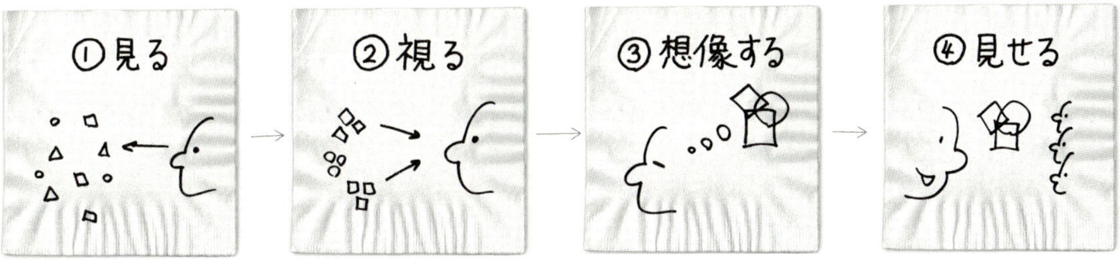

そこになにがあるのか？
自分にはなにが見えるのか？
どこまで見えているのか？

自分はなにを視ているのか？
前に視たことはあるのか？
どんなパターンを発見できるのか？
目立つものはどれか？
なにか欠けているものはないか？

こうしたパターンをうまく扱う方法はあるだろうか？
欠落部分を補うことはできるのか？
自分はじゅうぶんに視たのか。それとももう一度もっとたくさん見る必要があるのか？

わたしが視たのはこの通りである。そこからこういう意味を導き出した。
これはわたしの予期したものだろうか……それともちがうのか？
あなたも、わたしが見た通りに視えるだろうか？

ビジュアルシンキングのプロセスは「見る」「視る」「想像する」「見せる」という４つのシンプルなステップであらわすことができる。

4つのステップで道を横断。

4つのステップで仕事上の書類を作成。

4つのステップで複雑な構成のデータを説明。

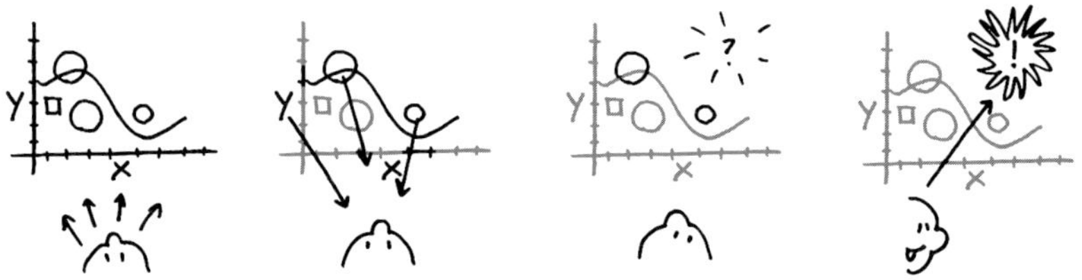

うれしいことにビジュアルシンキングは、視覚と行動を組み合わせる活動にはほとんど使える。

ステップをはっきりと区切っているので、一度に1つのステップだけに集中できる。視覚を活用してものごとを理解するというと謎めいたプロセスにきこえるかもしれないが、4つのステップをマスターして実践し、上達していけば、問題に直面した時にきっと自信をもって役立てることができるだろう。

ビジネス上のどんな問題であっても、「見る、視る、想像する、見せる」という一定のプロセスにしたがっていけば分解しやすくなる。つまり、やっかいな問題に見舞われても、それを解決するための台本がすでに手元にあるようなものだ。(1) 問題を見てみよう、(2) なるほど、欠けているものが視える、(3) 望ましい状態にするにはなにが必要なのかを想像できた、(4) さあ、これが解決策だ。

毎回、あっというまに解決するとは限らないが、どこからスタートすればいいのかがわかる。スタート地点に立たなくてはなにも始まらない。

自分がうまくできること（ポーカーや道の横断はなんども試すうちに上達する）に関しては、〈どのように〉それをやっているのかにはあまり注意を払わないものだ。見るという行為も生まれてからずっとやっているので、自分は〈どのように〉見ているのかについてあまり深く考えたりはしない（それなのに、自分がどのように見えているのかとなると無関心ではいられない。が、それはまた別のお話だ）。

「よく見える」かどうかは
気になるものだが。

ではわたしたちは見るという能力をフルに発揮しているだろうか。わたしはそうは思えない。もっとうまくなるはずだと考えている。『超ビジュアルシンキング』では「わたしたちはどのように見ているのか」の説明に多くの紙数を費やした。見るという仕組みを理解して主導権を握れば、さらによく見えるはずだと信じているからだ。「能動的に見る」とは自分の内部で起きているプロセスを乗っ取り、これまでは当たり前だった受け身の状態を覆《くつがえ》してしまうことだ。実際に能動的に見る練習をつぎに用意してみたので、ふだん無意識で行っているプロセスを意識して思い通りに使いこなしてみよう。

能動的に見る能力を高めていこう。

能動的に見るためのステップ

能動的に見るための基本的なステップはつぎの通りである★。

★なぜこのようなステップに分解できるのか、なぜこうして分解することが重要なのかについて関心のある方は『超ビジュアルシンキング』第4章を参照いただきたい。ここではそれぞれのステップを活用する方法だけを取り上げていく。

1 できる限り多くのデータを収集する。
2 すべてがいっぺんに見えるように配置する。
3 基本的な座標軸を見抜く。
4 データを描き入れる。
5 結論を導き出す。

能動的に見る練習として、データを絵にしてみよう。その前にひとこと申し上げておきたいのは、絵を活用して問題を解決することは単にデータを合成してプレゼンテーションを行うというものではない（これからのワークショップで学んでいくが、はるかに奥が深い）。しかしまずは収集された生《なま》のデータの分析からスタートしてみよう。この作業は、わたしたちが自分の周囲を見る時の目の基本的な働きをなぞるものである。つぎの演習は、これからのワークショップでより高いレベルのビジュアルシンキングを学ぶための、いわばウォームアップであり、高みをめざすための発射台である。

演習　能動的に見る　エクササイズ1

つぎのデータを60秒間見て、最初になにに目を留めたのか、視線がどう移動したのか、どこで視線が止まったのか、なにに興味をひかれたのかについてその都度メモをとってみよう。さあ始めよう。そして注意をひかれたものがあれば、テキストにそのことを書き込んでおこう。

つぎのデータを見てみよう

アイテム	単位	1978	1990	2007	増加
大学の授業料　公立	年	$688.00	$1,908.00	$6,185.00	9.9
大学の授業料　私立	年	$2,958.00	$9,340.00	$23,712.00	8.0
処方薬	月	$11.37	$33.59	$68.26	6.0
一戸建住宅	戸	$55,700.00	$122,900.00	$247,900.00	4.5
新車	台	$6,470.00	$15,900.00	$28,800.00	4.5
無鉛ガソリン	ガロン	$0.67	$1,16	$2.80	4.2
消費者物価指数（都市部　全アイテム）	CPI-U	$65.20	$130.60	$207.30	3.2
映画料金	1枚	$2.34	$4.22	$6.88	2.9
第一種郵便料金	1枚	$0.15	$0.25	$0.42	2.8
全乳	ガロン	$1.05	$2.27	$3.76	2.5
卵（特大サイズ）	ダース	$0.82	$1.01	$1.68	2.0
航空運賃　国際線	マイル	$7.49	$10.83	$12.71	1.7
航空運賃　国内線	マイル	$8.49	$13.43	$12.98	1.5

60秒過ぎたらストップしよう。

　これから、能動的に見るステップを具体的に学んでいくわけだが、いま見たものについてどんな感想を持っただろうか？　このデータはなにをあらわしているのだろうか？　このデータを使って解決できそうな「問題」が思い浮かんだだろうか？　思い浮かばなくても、ご心配なく。このように羅列されたデータを見てすぐに「理解」できる人などめったにいない。だからこそ本書がお役に立つというわけだ。このデータを絵にして、そこに示された意味を「視る」ために。

ステップ 1　できる限り多くのデータを収集する。
このケースではすでにデータを収集済みだ（実際にはわたしが集めたのではなく、全米規模のある協会なのだが、具体的な名称は最後に明かすことにしよう。自分なりに見当をつけるのもエクササイズのおもしろさなので）。現実には、解決したい問題があるからデータを収集する、あるいは、なにか見極めたいものがあるからデータを収集することになるはずだ。ともかく、わたしたちは今、目の前に大量のデータがあるという事実しかわかっていない。そのデータの意味を理解するには〈能動的に見る〉しかない。

ステップ 2　すべてがいっぺんに見えるように配置する。
これまでの経験からいえば、ビジュアルシンキングの最初の本格的なエクササイズに集計表が登場すると多くの人が首をひねる。とりわけ、もっとも自信のある黒ペンの人たちはその代表格だ。なぜ集計表？〈絵〉なんてどこにもないではないか？　そう思った方はわたしのこたえをきいて愕然《がくぜん》とするだろう。

　ビジュアルシンキングで問題解決をする者にとって、集計表はすばらしい友なのである。それを潔く認めよう。といっても、集計表がプレゼンテーションの道具としてすぐれているからではない（当然だ。誰かにデータを伝える方法としてはお粗末きわまりない）。使いやすいからでもない（よほど慣れていなければ、集計表という形でデータを巧みに操ることはむずかしい）。だが、すべてのデータをいっぺんに見ようとすれば、集計表こそ〈唯一の手段〉なのである。集計表〈だからこそ〉収集された情報をデータのまま偏りなく見ることができる。

　すべてをいっぺんに見なくては、見るべき情報を容易に見落としてしまい、つながりを見つけられず、パターンを見抜くことができない。要するに「ガレージセールの法則」だ。行方不明になったランプシェードを見つけるには、いっさいがっさい出してガレージセールをするのがいちばんだ。すべて箱をあけて物置のなかのものを出して並べれば、きっと探しているものが見つかる。データに関しても同じことが当てはまる。

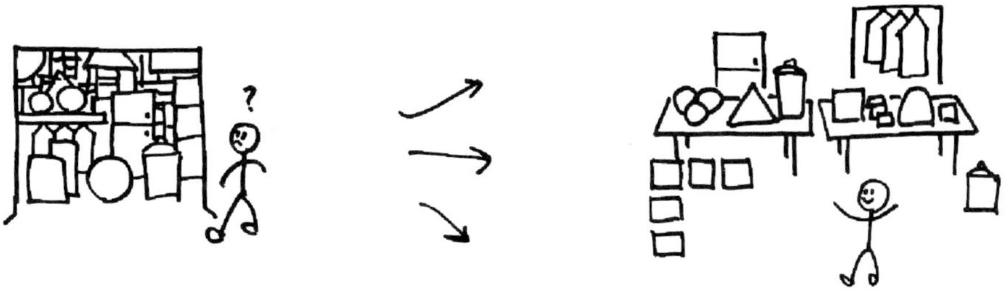

「ガレージセールの法則」とは、持っているものをすべていっぺんに見るにはすべてを外に出してしまうしかないというものだ。データを見落とさないように、またデータが埋もれてしまわないようにするには、すべてを同じ集計表に載せてしまえばよい。自分の手元にあるものを全部見るにはこの方法しかない。

ステップ 3　基本的な座標軸を見抜く。

さて、表いっぱいのデータをどうするのか。つぎに、表のデータを視ていこう。それとともにデータに形と意味を与えていく。データに〈形を与える〉？　それはいったいどういう意味なのだろうか？

わたしたちは絶妙な問いかけや思いつきを手がかりに情報を集め、それを使って問題解決の絵をつくろうとしている。しかし情報は、たいていはばらばらなデータである。データに形を与えるとは、未加工の素材を形にしていく手順と同じと考えていただきたい。まず、すべてを支える枠組みをつくる。つまり「基本となる座標系」をつくるのだ。

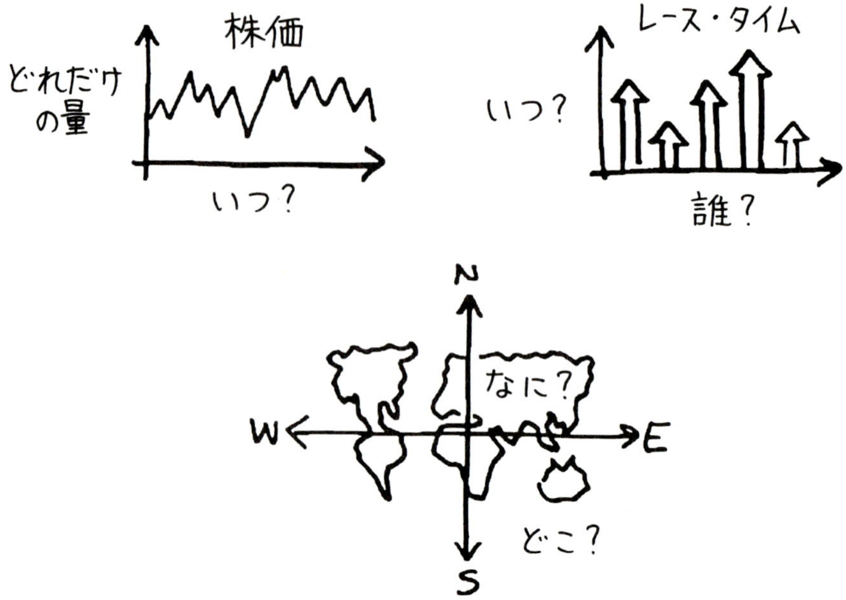

どんな絵にも基本となる座標軸があり、それにしたがって形と構造がきまる。絵のなかで座標軸がいちばん目立っているのはグラフとマップである。

どんな絵にも基本となる座標軸がある。グラフやマップでは南北と東西の軸としてあらわされ、たいていは絵のなかでいちばん目立っている。それ以外の絵ではさほど目立たず、明確な名称もないかもしれないが、どんな絵も必ず座標軸をもとに描かれている。

さきほどのデータの表をもう一度見てみよう。いくつかの座標軸が考えられそうだ。たいていのグラフでは x 軸と y 軸でアイテムと量をあらわす★。わたしたちの集計表にはアイテムと量があるので描いてみよう。表には「価格」「年」「増加」という項目があるので、一定の期間の価格の変化を比較しているようだ。

★「アイテム」を「なに」、「量」を「どれだけの量」といいかえれば、本書で扱うもっとも重要なフレームワークである〈6×6〉ルールにつながっていく。

座標軸　　　　年

アイテム	単位	1978	1990	2007	増加
大学の授業料　公立	年	$688.00	$1,908.00	$6,185.00	9.9
大学の授業料　私立	年	$2,958.00	$9,340.00	$23,712.00	8.0
処方薬	月	$11.37	$33.59	$68.26	6.0
一戸建住宅	戸	$55,700.00	$122,900.00	$247,900.00	4.5
新車	台	$6,470.00	$15,900.00	$28,800.00	4.5
無鉛ガソリン	ガロン	$0.67	$1,16	$2.80	4.2
消費者物価指数（都市部　全アイテム）	CPI-U	$65.20	$130.60	$207.30	3.2
映画料金	1枚	$2.34	$4.22	$6.88	2.9
第一種郵便料金	1枚	$0.15	$0.25	$0.42	2.8
全乳	ガロン	$1.05	$2.27	$3.76	2.5
卵（特大サイズ）	ダース	$0.82	$1.01	$1.68	2.0
航空運賃　国際線	マイル	$7.49	$10.83	$12.71	1.7
航空運賃　国内線	マイル	$8.49	$13.43	$12.98	1.5

アイテム　　　　価格　　　　結果?

わたしたちのデータから座標軸をつくる選択肢は複数ある。

初めて見るデータ一式に適切な座標軸を設定するには、実際に試してみるのがいちばんだ。座標軸になりそうなものを2つ選んで手早く描いてみる。うまくいきそうならしめたもの。そうでなければ、つぎの候補で試してみる。

まずは「アイテム」「年」「増加」を描く座標軸をつくってみよう。

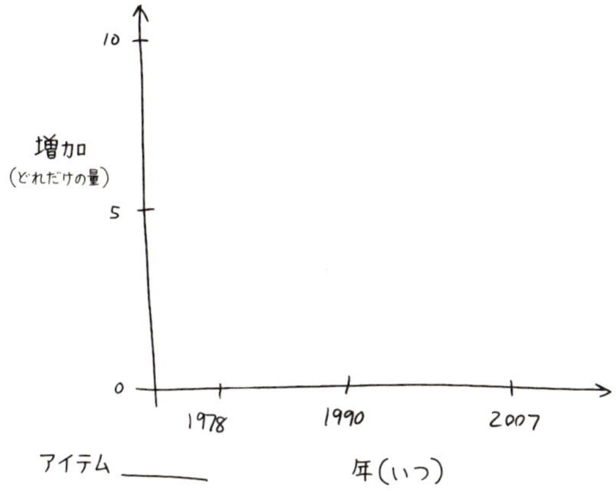

「アイテム」「年」「増加」を使った座標軸はなかなかよさそうだ。ただし、すべてのアイテムをカバーするには13種類のグラフが必要となる。

これならすべてのデータが収まるようだ。この線でもう少し続けよう。つぎにアイテムを描く方法を考えなくては。これは困った！　この絵には難点がある。アイテムひとつひとつについての価格の増加を比較することはできるが、アイテムは〈13〉ある。この座標軸を使うと13種類のグラフが必要となり、それを重ねる方法をさがさなくてはならない。どう見ても適切とは考えられないので、別の座標軸を試してみよう。

　年については、ひとまず忘れてみてはどうだろう？　増加の項目の数字はどれも1978年と2007年の価格を比較して算出されているので、すでに盛り込まれていると考えてよい。

アイテム	単位	1978	1990	2007	増加
大学の授業料　公立	年	$688.00	$1,908.00	$6,185.00	9.9
大学の授業料　私立	年	$2,958.00	$9,340.00	$23,712.00	8.0
処方薬	月	$11.37	$33.59	$68.26	6.0
一戸建住宅	戸	$55,700.00	$122,900.00	$247,900.00	4.5
新車	台	$6,470.00	$15,900.00	$28,800.00	4.5
無鉛ガソリン	ガロン	$0.67	$1,16	$2.80	4.2
消費者物価指数（都市部　全アイテム）	CPI-U	$65.20	$130.60	$207.30	3.2
映画料金	1枚	$2.34	$4.22	$6.88	2.9
第一種郵便料金	1枚	$0.15	$0.25	$0.42	2.8
全乳	ガロン	$1.05	$2.27	$3.76	2.5
卵（特大サイズ）	ダース	$0.82	$1.01	$1.68	2.0
航空運賃　国際線	マイル	$7.49	$10.83	$12.71	1.7
航空運賃　国内線	マイル	$8.49	$13.43	$12.98	1.5

この「基準をそろえた」数字を使えばよさそうだ

最後の項目は興味深い。アイテムごとの価格を共通の尺度にそろえ、「年」のデータも効果的に取り入れている。

新しい座標軸はアイテム（すべてのアイテム）と、各アイテムのこれまでの価格の変化で構成されている。つまり縦軸で増加をあらわし（増加を示すには縦方向の軸がぴったりではないだろうか。増加イコール上昇だ）横軸に沿ってアイテムを並べる。

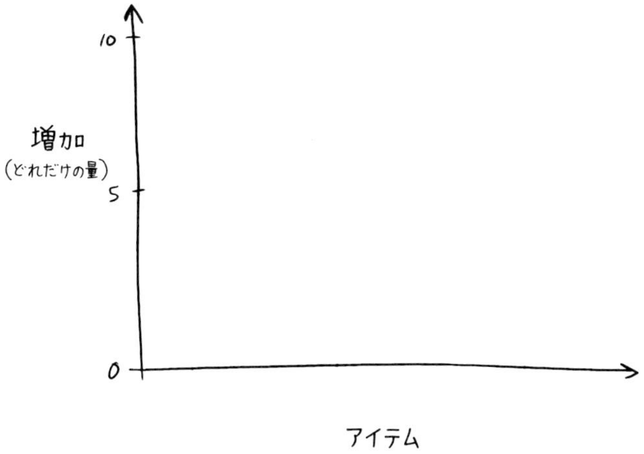

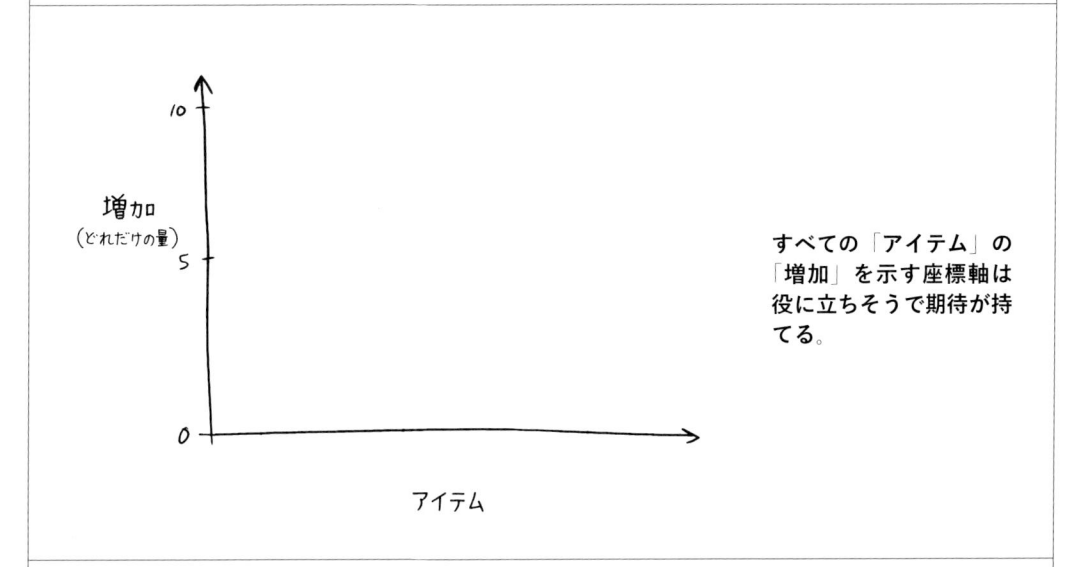

すべての「アイテム」の「増加」を示す座標軸は役に立ちそうで期待が持てる。

これでいよいよ基本的な座標軸が整った。破綻《はたん》がなく、データのもっとも重要な部分をとらえ、無理なく取り組める規模だ。試行錯誤を繰り返したが、そのプロセスでいやおうなく能動的にデータを見たわけである。データがなにを語りかけているのかをよく視たのは収穫だった。しっかりした座標軸さえ用意できたら、データが「語りかけてくる」のを受け止めるという段階は終わった。今度はデータが「見せようとしている」ものを見えるようにしよう。

ステップ 4　データを描き入れる。

難所は越えた。あとはデータを描き入れるだけだ。さっそくアイテムから始めよう。

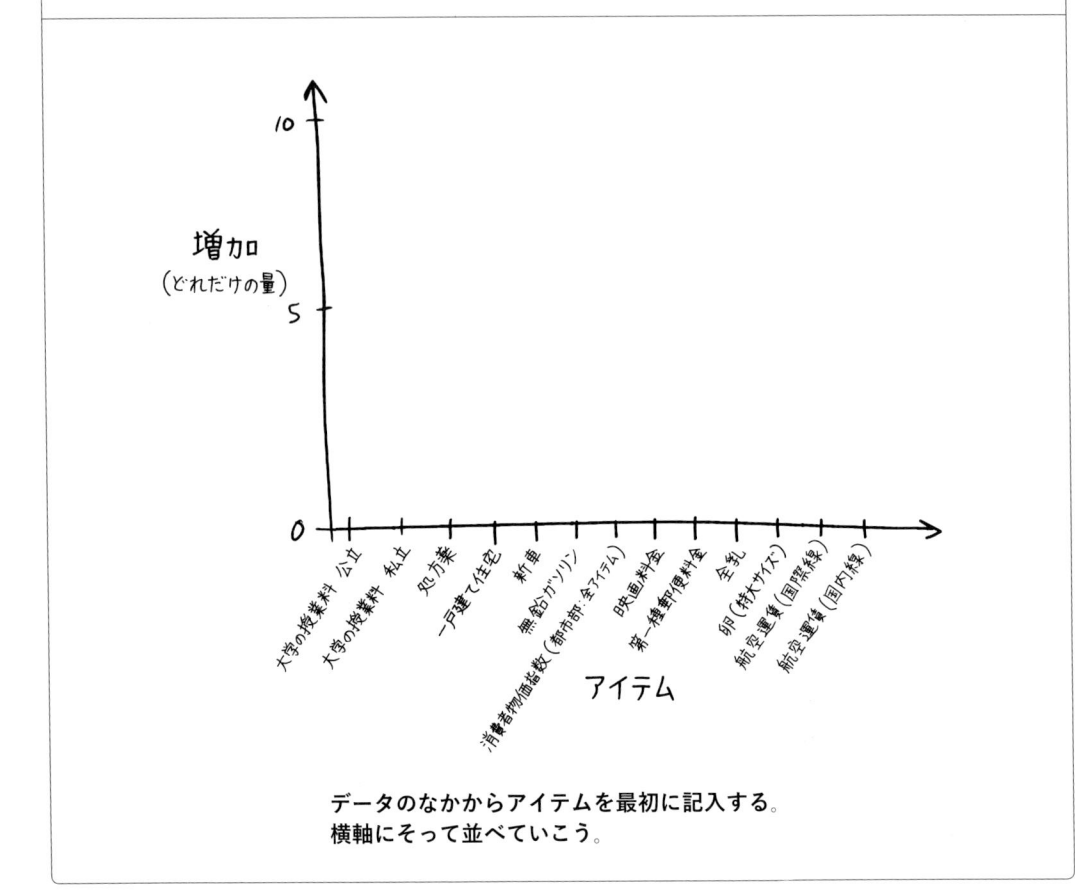

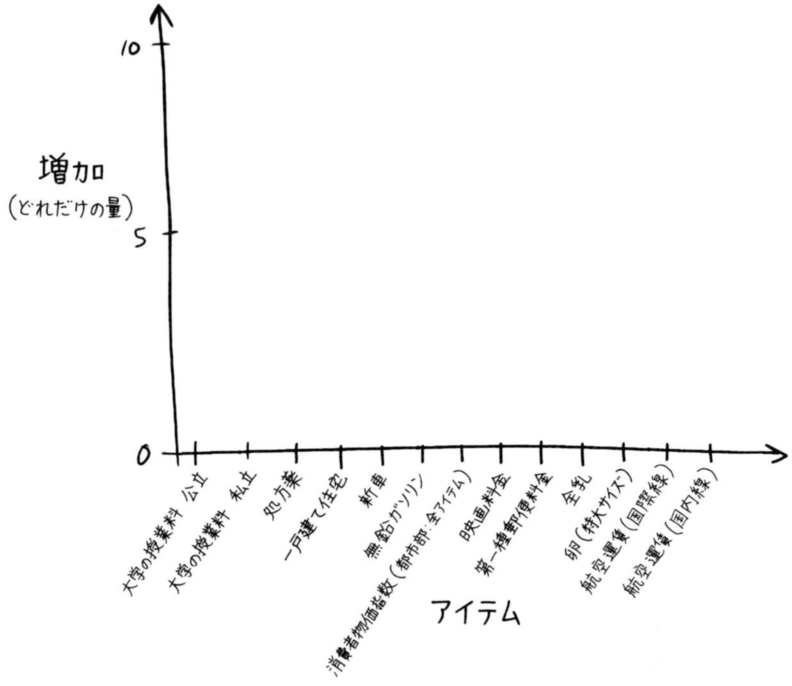

データのなかからアイテムを最初に記入する。
横軸にそって並べていこう。

後は数字を書き入れればいい。データ表のアイテムは増加分が共通の尺度であらわされているので、それを記入する。手早く描いてしまえば、グラフができあがる。

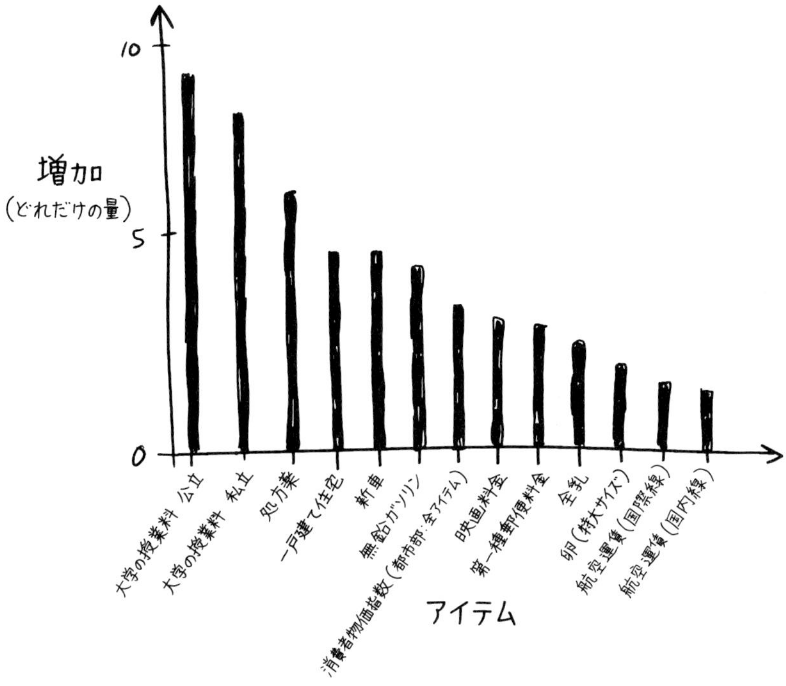

データを座標系に描き入れれば
グラフができあがる。

これでもう集計表とにらめっこして意味を探り出す必要はなくなった。できあがったグラフが意味を「見せてくれる」。なにを示すデータなのかが判明する。ヒントがなくてもグラフのタイトルを決められる。できあがったグラフを能動的に見るだけでよい。

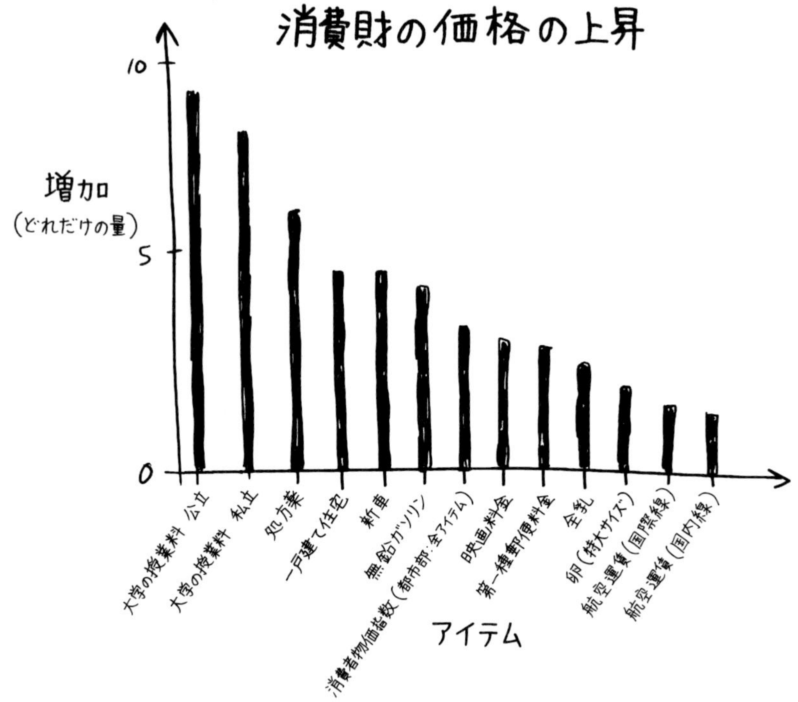

なるほど！　このグラフは、さまざまな消費財の価格が1978年から2007年までに相対的にどれだけ上昇したのかを〈見せて〉いる。完成したグラフを見るだけで、元のデータについて正確に理解できる。このグラフにふさわしいタイトルも自然にわかる。すべては絵が語っているのだ。

ステップ 5　結論を導き出す。

まだ続きがある。ここでデータを視て、誰がこれを収集したのか見当がつくだろうか？

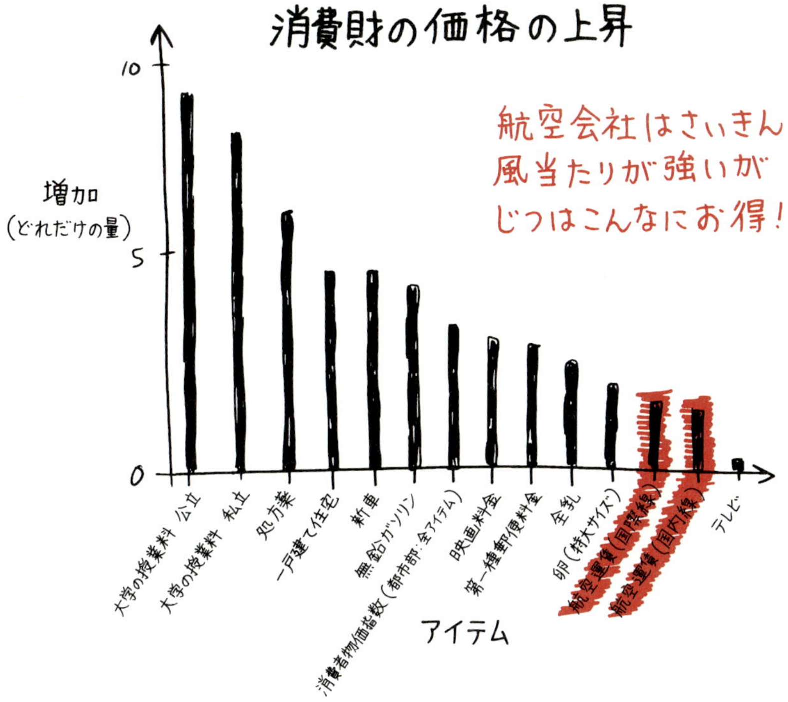

このデータ一式はアメリカの航空運輸企業の団体としては最大の米国航空運送協会（ATA）が収集したものである★。今日はサウスウエスト航空のナプキンの話からスタートしたので、せっかくなのでもう一度航空会社を取り上げてみたというわけだ。

ここ数年ひんぱんに飛行機を利用している方にきいてみたい。昔ほど空の旅に感動しなくなったのではないだろうか？　ATA はなぜこのデータ

★特に注意書きがない限り、本書に登場するすべてのデータは確かな情報源が公表した実際の数字である。

を収集したのだろうか。おそらく、他の多くの消費財に比べて飛行機の旅は極端に安いレベルを維持している事実を強調したかったのだろう。安いといっては語弊があるかもしれないが、1978年以降、大学教育の費用はほぼ10倍、家の価格は5倍、郵便料金はほぼ3倍になっている。そのいっぽうで航空運賃（史上もっとも速く、安全で、ほぼまちがいなくもっとも快適なシートでの旅）は2倍にもなっていない。

能動的に見たおかげで（そしてATAのおかげで）、わたしはすばらしいことを知った。つぎの機会には客室乗務員にもっと愛想よくしよう！

見て見て、エクセルを使っていない！

これまでにグラフを作成したことがないという人はいないだろう。が、コンピュータを立ち上げずにグラフを作成したのは初めてではないだろうか★。ここでは最初の集計表はPCで作成されているが、集計表からグラフをつくるツールにはいっさい頼っていない。なぜかといえば、機械まかせで座標系をつくってしまうと——つまり有意義なグラフをつくるためにもっとも重要な部分をまかせてしまうと——能動的に見るというわたしたちの能力を生かすことができないからだ。

確かにエクセルを始めとする集計ソフトのグラフ作成機能はたいへんすばらしく、大規模な表を正確に速やかに作成し変更を加えることができる。しかしこのエクササイズを通じて、データを絵として描く部分はむずかしくはないとわかっていただけたことと思う。きれいに並べたり計算したりする作業にはコンピュータを使えばいい。が、本質をあきらかにする絵をつくるためには、データを適切な座標軸であらわし、そこからどんなことが見えてくる〈可能性があるのか〉を考えなくてはならない。この試行錯誤のプロセスには、能動的に見ることと〈頭を働かせて〉見ることが要求される。これればかりはどんなソフトウェアにもできない。できるのはわたしたちだけだ。

★実際に作業しながら本書で学ぶ際にはペンと紙があれば、それ以外のいっさいのテクノロジーは不要だ。あえてそうした理由は、最終日にくわしく説明しよう。

比較する

つぎのデータを見てみよう

アイテム	単位	1978	1990	2007	増加
大学の授業料　公立	年	$688.00	$1,908.00	$6,185.00	9.0
大学の授業料　私立	年	$2,958.00	$9,340.00	$23,712.00	8.0
処方薬	月	$11.37	$33.59	$68.26	6.0
一戸建住宅	戸	$55,700.00	$122,900.00	$247,900.00	4.5
新車	台	$6,470.00	$15,900.00	$28,800.00	4.5
無鉛ガソリン	ガロン	$0.67	$1,16	$2.80	4.2
消費者物価指数（都市部　全アイテム）	CPI-U	$65.20	$130.60	$207.30	3.2
映画料金	1枚	$2.34	$4.22	$6.88	2.9
第一種郵便料金	1枚	$0.15	$0.25	$0.42	2.8
全乳	ガロン	$1.05	$2.27	$3.76	2.5
卵（特大サイズ）	ダース	$0.82	$1.01	$1.68	2.0
航空運賃　国際線	マイル	$7.49	$10.83	$12.71	1.7
航空運賃　国内線	マイル	$8.49	$13.43	$12.98	1.5
テレビ	ユニット	$101.80	$74.60	$16.90	0.2

能動的に見た結果、上表が……下図のようになった。どちらを見せてくれるアナリストを選ぶだろうか。こたえはあきらかだ。

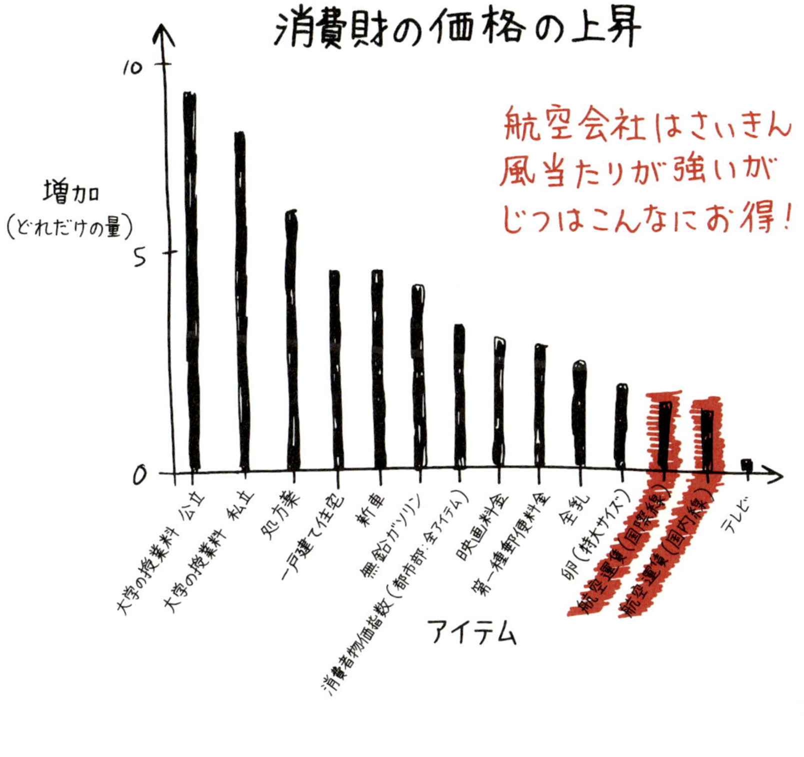

演習　能動的に見る　エクササイズ 2（やってみよう）

大量のデータを能動的に見て、絵を作成し意味をつかむというエクササイズをしたところで、こんどは実際にやってみよう。エクササイズ1とのちがいは、使用するデータがつぎの通り種類が多く量も多い。グラフ用紙をたっぷり使って試行錯誤しながら着眼点を探っていただきたい。

		冷凍冷蔵	暖房	車両	電気	二酸化炭素排出量合計（トン）
アルゼンチン	二酸化炭素排出量（トン）	na	na	na	15,182	**15,182**
ブラジル	二酸化炭素排出量（トン）	151,204	na	270	47,442	**198,917**
カナダ	二酸化炭素排出量（トン）	25,732	42,300	4,721	100,661	**173,414**
中国	二酸化炭素排出量（トン）	na	333,299	na	261,592	**594,891**
コスタリカ	二酸化炭素排出量（トン）	8,128	308	532	27,595	**36,563**
エルサルバドル	二酸化炭素排出量（トン）	3,639	27	113	19,212	**22,990**
ドイツ	二酸化炭素排出量（トン）	35,798	22,617	1,234	101,739	**161,387**
グアテマラ	二酸化炭素排出量（トン）	4,225	601	na	31,951	**36,777**
ホンジュラス	二酸化炭素排出量（トン）	3,639	95	143	6,141	**10,018**
日本	二酸化炭素排出量（トン）	44,184	50,585	75	322,128	**416,972**
メキシコ	二酸化炭素排出量（トン）	130,030	120,770	na	631,884	**882,684**
ニカラグア	二酸化炭素排出量（トン）	365	33	na	4,614	**5,012**
プエルトリコ	二酸化炭素排出量（トン）	86,341	1,051	953	86,823	**175,168**
イギリス	二酸化炭素排出量（トン）	285,095	132,755	na	624,900	**1,042,750**
アメリカ	二酸化炭素排出量（トン）	1,553,698	828,478	1,391,152	11,590,829	**15,364,157**
	二酸化炭素排出量合計（トン）	**2,332,078**	**1,532,919**	**1,399,193**	**13,872,692**	**19,136,882**

色が濃い部分はつぎのいずれかに該当する

1）該当するデータがない

2）このリストの定義に相当するデータがない

3）データが入手不能

能動的に見るためのステップはつぎの通り。憶えているだろうか？

1　できる限り多くのデータを収集する（すでに収集済み）。
2　すべてがいっぺんに見えるように配置する（すでに配置済み）。
3　基本的な座標軸を見抜く。
4　データを描き入れる。
5　結論を導き出す。

必要に応じて何度でも、エクササイズ1を参照していただきたい。めざすゴールは、絵を作成してデータの意味をつかむことだ。

- これはなにについてのデータなのか？
- 誰がこのデータを集めたのか？
- 集めた当事者にとって、なぜこのデータが重要なのか？
- いま見ているものに関して、なにか結論を導き出せるのか？

問題を出したままにはしないのでご安心を。このデータについてわたしが描いたグラフは付録の337ページに載っているので、どうぞ参考にしていただきたい。

これが第1日目の最後のエクササイズだ。エクササイズの後はこれまでの内容を振り返り、もう一度全体図を見てみよう。それが済んだらビーチをめざそう。

ナプキンの絵の時代がやってくる

第1日目は、ひじょうにシンプルな絵でパワーのあるアイデアを表現できることを学んだ。そして実際に「ビジュアルシンキング」の絵をつくった。データを見て、パターンを見つけ、可能性を想像し、解決策を見せた。これでようやくスタートを切ったわけだ。第1日目を締めくくる前に一歩退いて全体図を眺め、今日学んだ内容について、別の視点からとらえてみよう。

シンプルな絵でアイデアをつくり表現する能力は、今後ビジネスにおいてなくてはならないものとなるだろう。その歴史的な転換点はまぢかに迫っているとわたしは信じている。絵を描くべき理由について、内側（わたしたちの頭の内側、そして認知科学および神経生物学の領域）と外側（ビジネスの外側と、あらたに出現する社会およびグローバルなコミュニティ）の両方に目を向け考えてみる。仰々しくきこえるかもしれないが、ほんの数分もあれば全体を見ることができる。

絵のパワーを理解するためには
内側と外側を見る必要がある。

ミクロの視点　もっと絵を描くべき内側からの理由

1　絵は考えることを助けてくれる

わたしたちの脳のニューロンのうち視覚を受け持つものは、他の感覚よりもはるかに多いことがわかっている。が、ものごとを認知する際に絵が発揮する力を説明するには、それだけではとうてい足りない。視覚のプロセスについてほんの少し学ぶだけで、絵がどれほどわたしたちの思考を助けているのか、その驚異的な力を知ることができる。

わたしたちの脳は言語処理と分析的な処理の大部分を大脳新皮質の左半球で、空間的処理と総合的な処理の大半を右脳で行っている。考えたり周囲の状況に反応したりする際には、この「右脳と左脳」という構造の影響を受ける。言葉を使って話したり考えたりしている時には、たいていは時間の流れに沿って一定方向の流れを追うようにアイデアが生まれる。絵を描き、絵で考える時には、たいていは空間的な広がりのなかでアイデアが生まれる。アイデア同士は連続的に連なるのではなく、複数の部分でつながる。

おもしろいことに、言語処理を行っているのはどうやら左脳だけであるのに対し、視覚処理は脳全体――左右、上下、爬虫類脳、新皮質――で行われている。絵で考えれば言葉だけで考えるよりも脳全体のさまざまな領域の活動がうながされ、脳内で多くのつながりが生まれるということだ。言葉と絵で同時に考えれば脳全体が活性化する。言葉だけに頼っていては、こうはならない。

これでもまだ二の足を踏む人もいるかもしれない――「自分はビジュアルシンキングに向いていない」と考える人たちだ。しかし、自分の考えを言葉で説明する時に、どんな未熟な絵でもいいから考えを絵であらわせば、言葉だけで説明するよりもバラエティに富むことはあきらかだ。このように言葉に簡単な絵を加えれば多くのものがプラスされ、なにひとつ減ることはない。絵を添えることは、「付加価値」のあるサービスと考えればわかりやすい。

2　絵は脳をハッピーにする

わたしたちの脳はいまやっていることを楽しみたがる。脳は学ぶことが好きで、新しいことを見たり古いことをよりよく理解することが好きだ。なにより、ものごとをあきらかにすることが大好きなのである。わたしたちの頭にとって絵は純粋にわくわくできる対象だ。目の前で絵が描かれれば、いっそうわくわくする。絵の断片が少しずつあらわれるのを見ながら脳は知的な活動を始める。脳はいま見ているものをとにかく「わかりたくて仕方ない」ので、さっそく断片同士をつなげてみて推量し、つぎになにがあらわれるかを予測する。

言語処理能力の片鱗もないごく幼いころには、わたしたちはこれと同じ方法で自分の周囲の世界について学んでいた。わたしたちにとっては得意とする方法なのだ。脳というものは、シンプルな絵を見て活発に働くようにできている。それを楽しむようにできているのである。

誰かになにかを伝えたい、ほんとうにわかってもらいたい、という場合にはこのことを思い出していただきたい。そして〈実行〉していただきたい。それには絵を1枚描いて見せればいい。

マクロの視点　もっと絵を描くべき外側の理由

まさにいま、ビジネスの方法においてもコミュニケーションにおいてもスケールの大きな変化が始まろうとしている。これは誰にも止められない必然的な変化である。ビジネスの世界でグローバリゼーション、情報過多が進み、いつでもどこでも速やかにコミュニケーションを取る必要性が飛躍的に増している。この3つの大きな流れのなかで、いまこそ絵が真価を発揮するにちがいないとわたしは固く信じている。

第1日目で取り上げている航空会社に関していえば、さいきんわたしは目を見張るような記事を読んだ。ボーイング社の次世代型ジェット機787型機についての記事であり、文字通りグローバルに建造されていることを伝える内容だった。これほどまでの徹底したグローバリゼーションの実例をわたしは知らない。この航空機は史上もっとも複雑な機械であるにもかかわらず、複数の国の何千もの組み立てラインで何十ヵ国語もの言葉を話す人々によって組み立てられている。許容される誤差は100万分の1インチ（金額的には1ペニー未満）という厳しさだ。なぜこのようなことができるのかといえば、理由はただ1つ、すべて（航空機、プロセス、プロジェクト）が無数の絵で綿密に計画され共有されているからである。

たとえ航空機をつくる仕事に携わっていなくても、プロジェクトチームにどんな国の言葉を話すメンバーが加わるのか予想もつかない時代である。共通の言語がいっさいない相手と直接仕事をすることもあるだろう。

サプライチェーンがグローバル化し、市場がつぎつぎに出現して世界がフラット化し、情報過多が常態化し、コミュニケーションのチャンネルが急増するなか、ビジネス上で持ち上がる問題はますます複雑になっていく。データの量はかつてないほど多く、その形態も言語も多種多様である。ビジネスに携わる人々にとって、適切な決断を速やかにくだし他者に自分の考えを伝えることはいよいよ重要となっている。

誰にでも備わっているビジュアルシンキングの力を自在に操れるようになれば、つまり複雑な情報を見る、重要なパターンを視る、新しい可能性を想像する、自分の発見を他者に明確に見せるという持ち前の能力を高めれば、ビジネスの現場ではもっとも価値ある資産となるだろう。

しばし未来に目を向けてみれば、ビジュアルシンキングはつぎの3つの部分で力を発揮してビジネスのやり方そのものを変えてしまうにちがいない。

1　よりよい決断をより速くくだす

今後数年で、おそらく大部分の企業分析にイマーシブ・ディスプレイが活用されるようになるだろうとわたしは期待している。複数の数字を同時に扱い、複雑な相互作用とその結果を見せることができるシステムだ。現在、多くの企業がこうしたツールを――タブローやビジネスオブジェクトなど――つくっており、あのエクセルですら、きわめて優れたグラフィック処理能力をもっともベーシックなビジネス用PCにおいて発揮できる。

2　自分がくだした決断（とビジョン）をより効果的に伝える

ビジネスの現場でコミュニケーションの手段として絵の力が注目されるようになれば、ますます多彩なツールが登場し（コンピュータの各種ソフトウェアや「実際の道具」）、有意義なグラフ、ダイアグラム、時系列表、マップ、フローチャートなどを単独あるいは組み合わせて作成しやすくなるだろう。ここで重要なのは、人々になにを見せたいのか、人々はなにを見ようとしているのかについて最初にはっきりさせておくことだ。機械装置を起動させるのはその後だ。

3　決定された事柄をチームが効果的に実行する

誰がいつなにをすべきかを確実にするためには、視覚に訴える時系列表がたいへんに役に立つ。プロジェクトマネジャーたちはこのことをよく承知していた。ただ、彼らは自分だけに理解できる表を作成するので、他の人間にはさっぱりという困った事態が起きていた。チームのメンバーには壁いっぱいの象形文字にしか見えていなかったのだ。チームでインタラクティブに作成できる拡張性の高い時系列表が必要であり、そのためのシステムづくりに取り組んでいる企業もある。そのようなツールがあれば世界各地にメンバーが散っているグループでも瞬時に自分たちのプロジェクトを目で確認し、互いにコンタクトをとり、現時点でもっとも重要な事項の進捗状況を細部までチェックできる。

わたしたちが世の中をどのようにとらえていても、世の中がどのように変わっていくとしても、この先ますます絵は重要になっていく。〈見る〉力を高めることは、あくまでも出発点なのである。

第2日目 視る

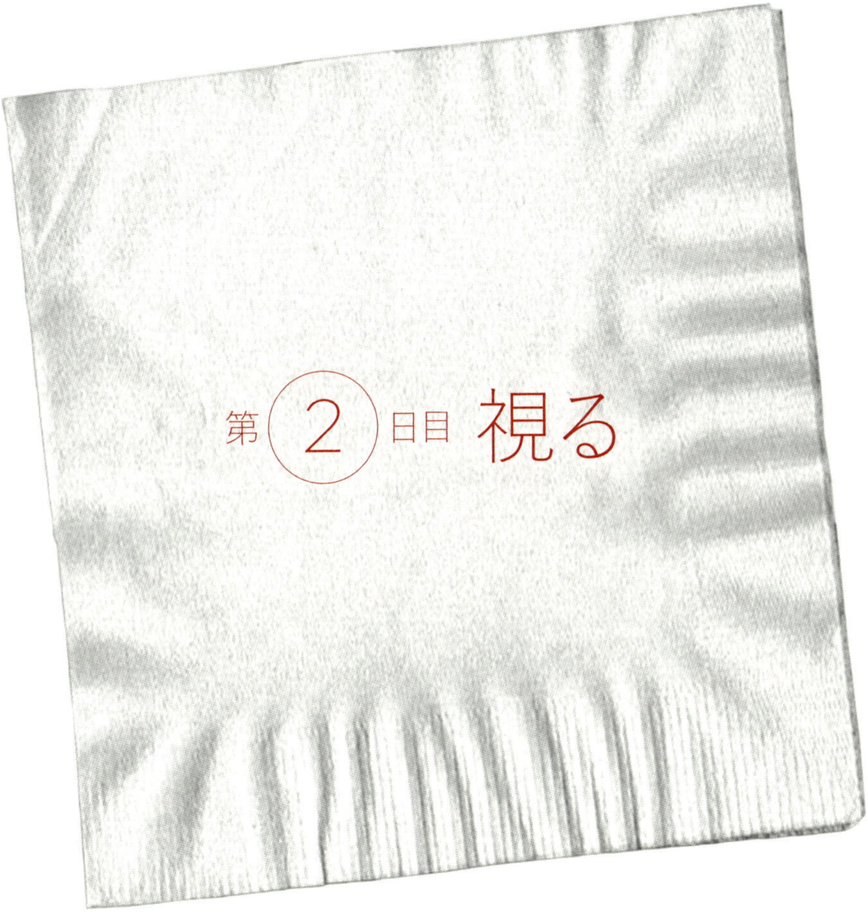

第2日目にようこそ

今日はものごとを〈視る〉方法を上達させることに焦点をあてる。これは大きなステップだが、ありがたいことに必要とするツールはただ1つ。しかもひじょうに強力なツールなので、いったん自分のものにしてしまえば本書の内容はすべてスムーズに吸収できるだろう。

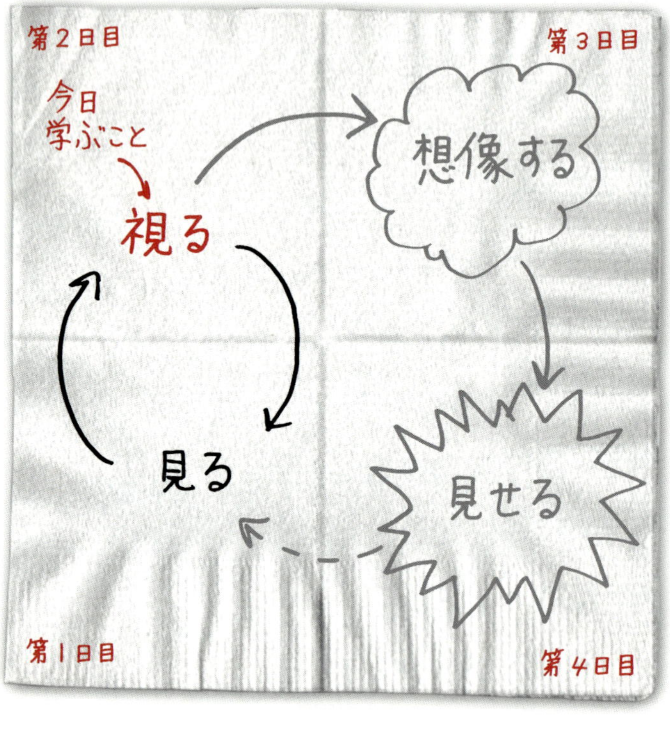

今日はものごとを〈視る〉方法を
上達させることを学ぶ。

知られざる知恵 その2

見るだけで圧倒されてしまう規模の問題を解決するのは無理だ。問題をひとくちサイズに分ければ理解できる。

たいていの人は大きな問題を理解することが苦手だ。問題が複雑でしかも変動する部分が多いとなると、なおさらだ★。人間はパターンを認識することを得意としているが◆、目の前に未知の状況、奇異な状況、予期しない状況が過剰に出現すると、見るべきパターンを見抜くことは困難である。それはちょうど「ヘッドライトの光のなかにシカが出現」したような光景なのだ。つまり、突如としてなにか大きく厄介なものがこちらに向かって突進してくる。わたしたちの脳はオーバーヒートして機能が停止してしまう。「うわあ……」などと、ひとりごとをいってしまうかもしれない。「なんて変わった車なんだ」。そして衝突。バーン！

★複雑な構造であっても、慣れ親しんでしまえば楽に視覚的に解析できるようになる。なにかを繰り返し見るうちに、どのように見ればいいのかを学び取り、もっとも重要な要素が速やかに見つかるようになるためだ。

◆人間はパターンを認識する能力がきわめて高い。これほど巧みに視覚的なパターンを見抜く機械はまだ誰もつくっていない。それは、どのような体内のシステムによってパータン認識を行っているのか、わたしたち自身がまったくわかっていないからだろう。

あまりに大きく、あまりに思いがけなく、あまりにも動きが速い＝ヘッドライトの光のなかのシカ。

わたしたちを取り巻く世界は視覚的な複雑さに満ちている。そんななかでもっとも重要な部分を速やかに見抜けるように視覚系は進化した。視界のなかのすべての対象をつねに細かい要素に分割して見ている。ひとつひとつの要素を見て、それから頭のなかで要素と要素を合成し、モンスターのような問題全体を見る。個々の要素を速やかに見抜くことで、このシステムは成り立っている。

知られざる知恵その2は、大きな問題に速やかに取り組むために絵を活用して小さく分割して理解していくということだ。これは決して、森を無視して木だけに注意を集中するという意味ではない。この緑色のものは木〈である〉と認識しないかぎり自分が森を見ているとは理解できない。

第1日目には能動的に見るエクササイズを行ったが、これは、わたしたちに生まれつき備わっているスキャン・システムを乗っ取り、意識的にそれを利用して問題を解決する方法を学ぶためのものだった。今日学ぶツールは、わたしたちに生まれつき備わっているパターン認識システムを活用して絵をつくるためのものであり、これで問題をひとくちサイズに分割できる。わたしたちがものごとを見る仕組みに直接働きかけるので、とてもうまく機能する。

知られざる知恵その2は、つぎのように具体的にいいかえることができる。

見るだけで圧倒される問題を解決するのは無理だ。問題をひとくちサイズに分ければ理解できる。

あるいは

あらゆる問題は6つに分類できる。そしてどの問題も6つの共通の要素から構成されている。あなたの問題のなかからこうした要素を特定すれば、すでに半分解決したも同然だ。

知られざる知恵その2は単純明快だ。大きく、厄介な問題を解決するには（もちろん小さな、ややこしくない問題でも）、自分自身に備わっている「視る」システムにまかせてしまえばよい。わたしたちの目はパターンを見つけることを得意としている。ほんのわずかに意識して誘導すればその機能が働き、意味が理解できる。

わたしたちの目は、見ている問題の意味を理解したがる。ほんのわずかに意識して誘導すればその機能が働いて大きな効果を発揮する。

例を見てみよう。

マッキンゼーとレゴ「なに」の力

おおぜいのコンサルタントとともにキャンプファイアーを囲んで座り、ひとつこわい話でもという機会があれば——この状況設定だけでもじゅうぶんこわいのだが——これからご紹介する話をぜひお勧めする。きっと彼らは寝つけなくなるだろう。

注文を受けて問題解決するコンサルタント業界で、コンサルタントのなかのコンサルタントといえばマッキンゼー・アンド・カンパニーだ。ゴルファーがゴルフについて考える時にはタイガー・ウッズを★、凄腕のドライバーが車といえばフェラーリを思い浮かべるように。

★ただし、タイガー・ウッズはマッキンゼーの最大のライバルと目されているアクセンチュアと広告契約を結んだ。タイガーはよほど高額の契約金を要求したにちがいない。

もちろんマッキンゼーのコンサルタントもしっかりとその自覚がある。だから彼らは自信家で尊大だ。もちろん仕事ができる。めっぽう腕がいい。そんなマッキンゼーに売り込みにいくことほどコンサルタントにとっておそろしいことはない。

数年前、わたしはコンサルタント会社（マッキンゼーではない）で勤務していたのだが、ある時、営業部長のシェーンにマッキンゼーから「見積もり依頼書」が届いた。なんと、インターネットのシステムの構築に関して〈このわたしたち〉が〈彼らに〉売り込むようにという内容だった。これはなにかの手違いで送られてきた見積もり依頼書だろうとわたしは考えた。マッキンゼーから仕事の依頼があるなどとはとうてい想像できなかった。

シェーンが電話をしたところ、マッキンゼーは本気だと判明した。同社のIT担当部長は、わたしたちが「ナレッジマネジメント・ポータル」のエキスパートであるときいてプレゼンテーションをさせてみようと考えたのだ。

わが社はインターネットのシステムを——当時はすべてを「ポータル」と呼んだものだ——数多く構築していた。「ポータル」という言葉は人によってさまざまな意味で使われていることをわたしたちは知っていた。そしてまた、「ポータル」という言葉の意味を統一することもたいへんに困難だとわかっていた。そこで売り込みのプレゼンテーションとして与えられた1時間の枠のうち45分を費やして、「ポータル」とは〈なにか〉をマッキンゼー側にわかってもらうことにした——つまり中身の売り込みに使えるのは残りのわずか15分だけだ。

マッキンゼーとの会議を2日後に控えた日の夜、わたしは娘といっしょにレゴ・ブロックで遊んでいた。プラスチック製の小さなブロックだ。レゴを組み立てながら娘がわたしに、仕事ではなにをつくっているのかとたずねた。「ポータルだよ」とこたえて、わたしは色つきのブロックを使いながらポータルのコンセプトを説明した。すると、それまでに試してきた方法よりも簡単に説明できてしまった。そうか、マッキンゼーにも同じことをしてみればいいのだと思いついた。レゴの絵を使ってわれわれのポータルのコンセプトを説明すればいい。

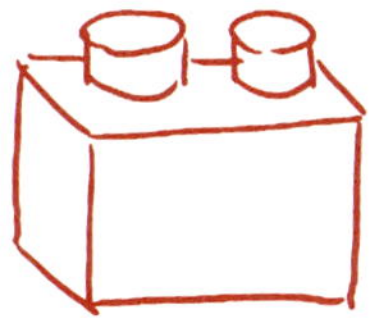

ポータルをレゴのブロックで説明するとしたら？

シェーンにこのアイデアを話してみたところ、意見が一致した。お互いに、なにをやってもマッキンゼーへの売り込みはうまくいかないだろうと予想していたので、どうせなら変わったことをしたほうがいいと考えたのだ。

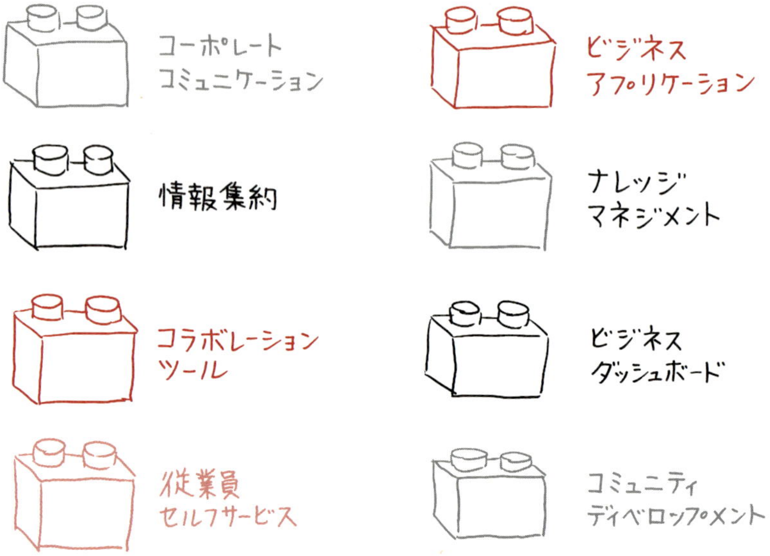

これはほんとうにいいアイデアなのか？　なにしろ相手はあのマッキンゼーだ。

プレゼンテーションの日の朝、目が覚めたとたん身がすくんだ。「いったいなんてことをするつもりなんだ？　マッキンゼーの上級幹部たちとの会議にほんとうにレゴの絵を持って出席するのか？」。そう思ったが、もはや手遅れだ。シェーンとわたしはやろうと決めてしまったのだ。わたしたちはマッキンゼーの本社に向かった。パワーポイントを使ったプレゼンテーションのあいだじゅう、レゴ・ブロックの絵はこれみよとばかりにスクリーンに映し出されていた。

結果として、すべては杞憂に過ぎなかった。会議開始から10分後、マッキンゼーの技術担当の上級幹部が「ポータルの説明としてはいままでで最高のものです。プロジェクトはあなたたちに依頼しましょう。さっそく詳細について話を」といったのである。

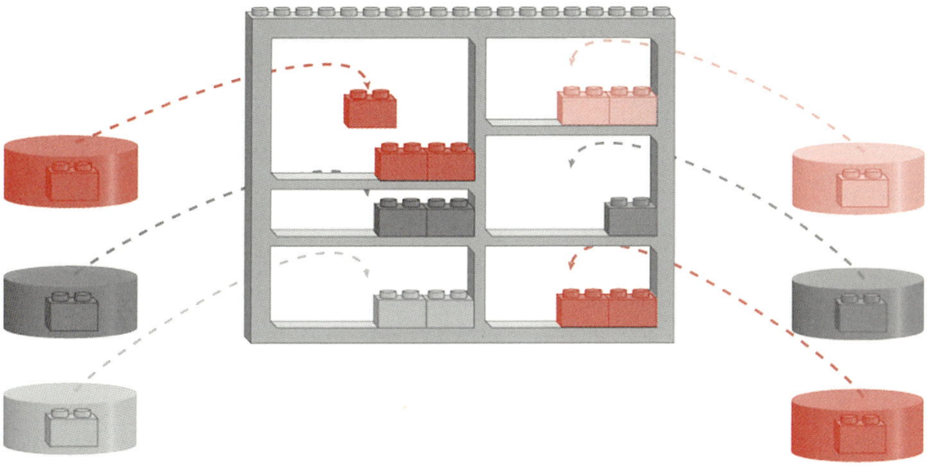

**おもちゃのブロックで表現しても
ポータルの意味がきちんと伝わる。**

マッキンゼーの会議室でおもちゃのブロックにたとえながらポータルの意味を説明してみせた時には、自分がなにをしているのかわかっていなかった。じつは、わたしたちは「問題」を目に見えるかたちで個々の「なに」に分割していたのである。ポータルのコンテンツの数、コンサルタントがいつそれを使えるのか、技術的な仕組み、なぜマッキンゼーにそれが必要なのか、といったことにはまるで触れていない。ただ、シンプルな絵で会合をスタートさせ、ポータルとは〈なに〉かをずばりとわかるように説明した。1人残らず全員が理解し、わたしたちは仕事を獲得した。

問題をどのように視るのか

いま目にしている状況の意味をつかむには、わたしたちに生まれつき備わった「視る」システムを活用すればよい。が、そのためには視覚というものについて少々理解しておく必要がある。視覚系はどのような仕組みで現実の世界をとらえるのだろうか。

わたしたちは3次元の世界に生きているので、視覚系は3次元の空間をうまく理解できるようにすばらしい進化を遂げた。周囲の状況を長さ、高さ、奥行きという3次元の座標系に分解してとらえているのである。

わたしたちは3次元の世界に生きている。

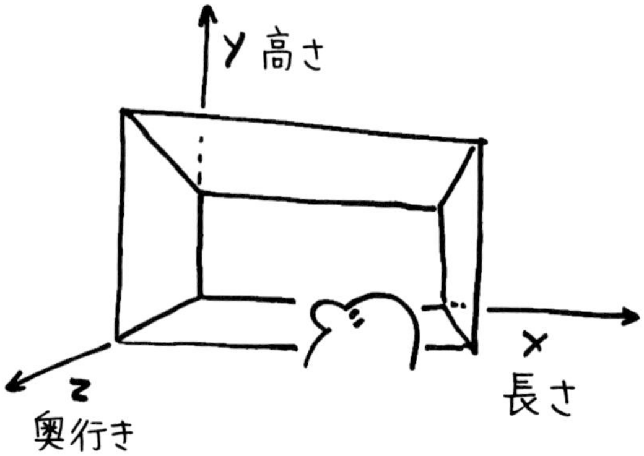

わたしたちは視覚系の働きによって頭の〈中〉で〈外〉の状況を再現して周囲の状況の大部分を理解する。部屋に入ると目から取り入れた情報で頭のなかに部屋のモデルをつくり、それを頼りに移動していく。

モデルを使って移動できるように視覚系は進化した。

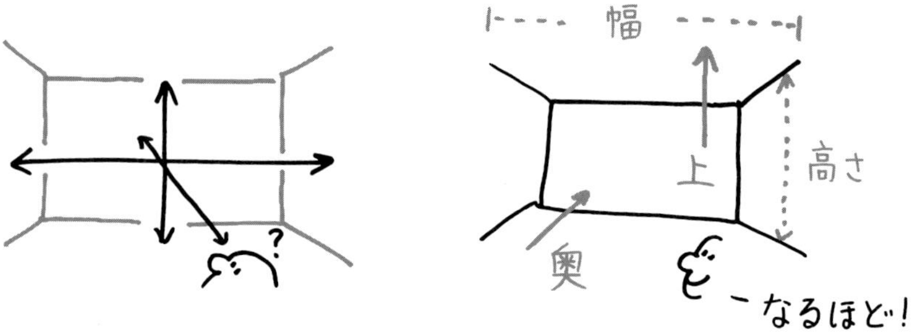

しかしいまわたしたちが取り組むビジネスの問題は空間を動き回るというたぐいのものではない。多くの要素が変動する状況を視なくてはならない――人、お金、商品など物質的な対象もあるが、多くの場合コンセプト、アイデア、言語、ルールといった抽象的な対象である。それをもとに頭のなかにモデルを築き、問題を構成する要素と要素のつながりを理解する。

自分をとりまく状況を瞬時に把握する要領で問題を視るには、座標軸を使えばいい。その座標系は部屋の形やものの位置といった物理的な事柄だけではなく、もっと多くの要素を示す必要がある。

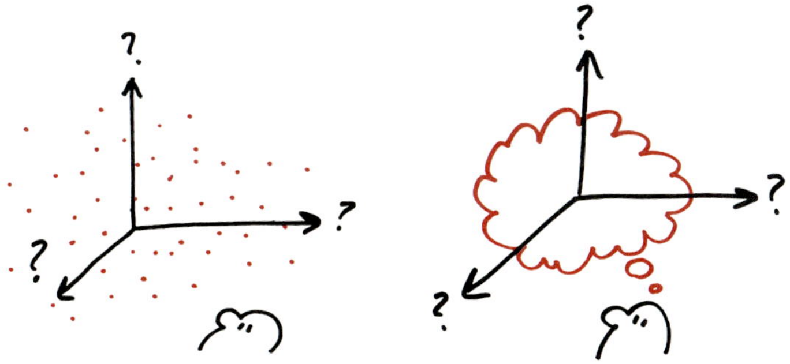

問題を視るためにはどんな座標系が必要だろうか？

さいわいにも、その座標軸はすでに用意されている。わたしたちになじみの深い座標軸であり、長さ、高さ、奥行きといった感覚と同じように違和感なく使える。空間を視るためにわたしたちの脳は3次元のモデルを使うが、問題を「視る」ためにこれから使う座標軸もわたしたちに生まれつき備わっている。ちがいといえば3次元より少し多いというだけだ。正確にいうと6次元。だからといって不安になる必要はない。座標軸はどれも慣れ親しんだものばかりだ。「誰／なに」「どれだけの量」「どこ」「いつ」「どのように」「なぜ」の6つである。

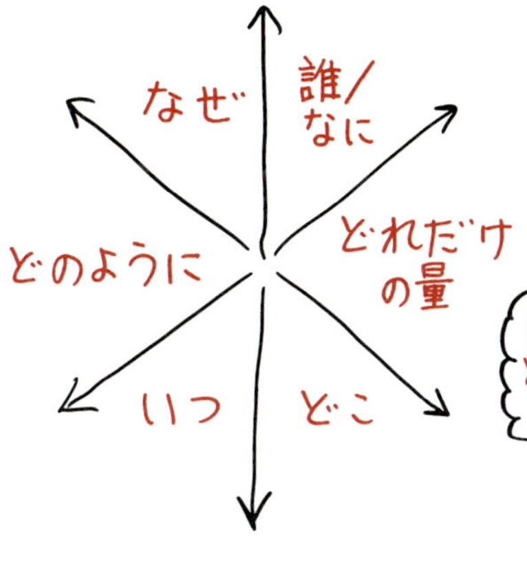

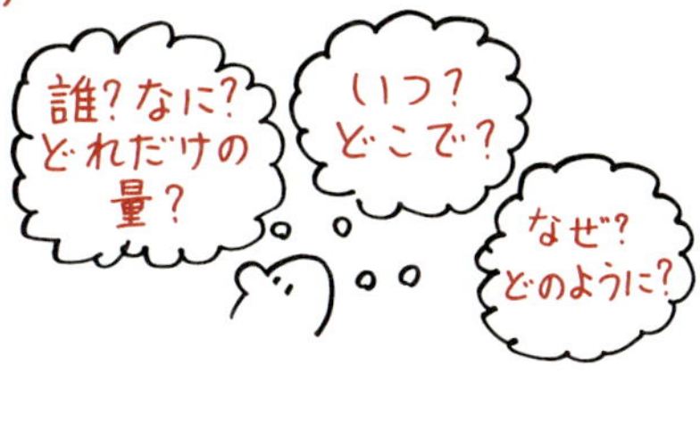

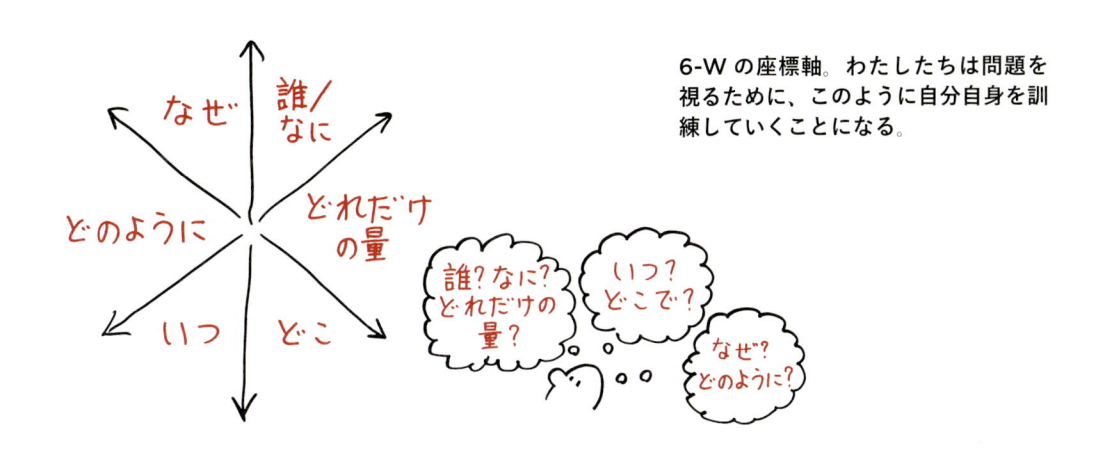

6-Wの座標軸。わたしたちは問題を視るために、このように自分自身を訓練していくことになる。

ツールキットに6枚の刃を加える

「6次元モデル」で視ることについてくわしい説明に入る前に、問題解決のツールキットに6つの座標軸を加えておこう。第1日目のスイスアーミー・ナイフを取り出して6枚の刃を描き入れ（コルクスクリューについては第3日目、つまり明日取り上げる）、それぞれに名前をつける。

W#1「誰／なに」
W#2「どれだけの量」
W#3「どこ」
W#4「いつ」
W#5「どのように」
W#6「なぜ」

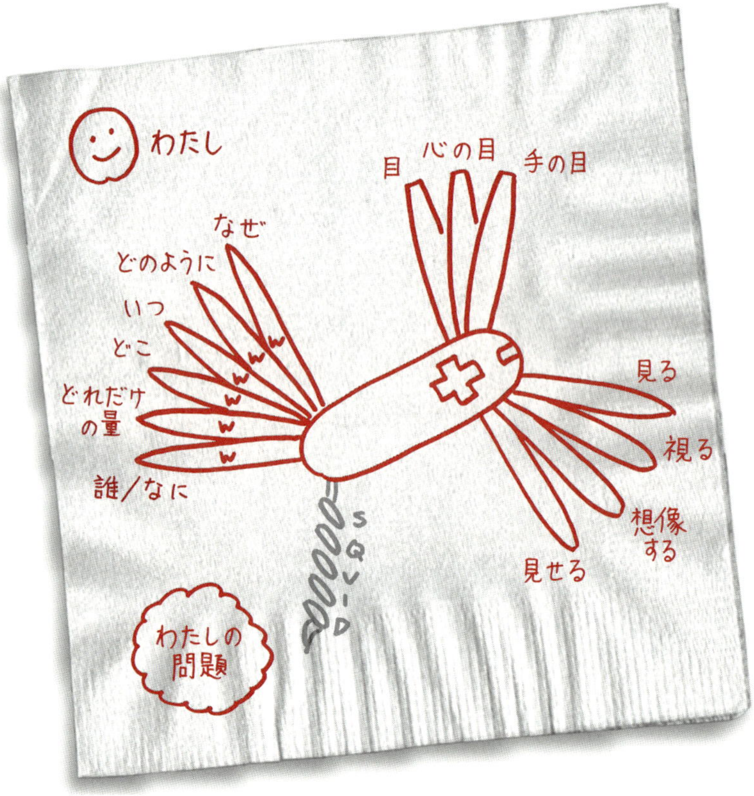

6-Wの刃を加える。「誰／なに」「どれだけの量」「どこ」「いつ」「どのように」「なぜ」。

コインの表か裏か？　どちらが出ても勝つ

このルールは絶対にがっかりしない幸運のコインのようなもので、表と裏のどちらが出ても勝つ。

知られざる知恵その2を幸運のコインにたとえてみよう。コインの表も裏も幸運をもたらしてくれる。片側は、ビジネスの問題を6種類に分類してしまおうという考え方をあらわす。いま直面している問題が6種類のどれに当たるのかがわかれば、解決は目前に迫っている。もういっぽうの側は、どんな問題も6つの要素に分けてしまうという考え方をあらわす。6つの要素に分解してしまえばすでに半分解決したことになるはずだ。

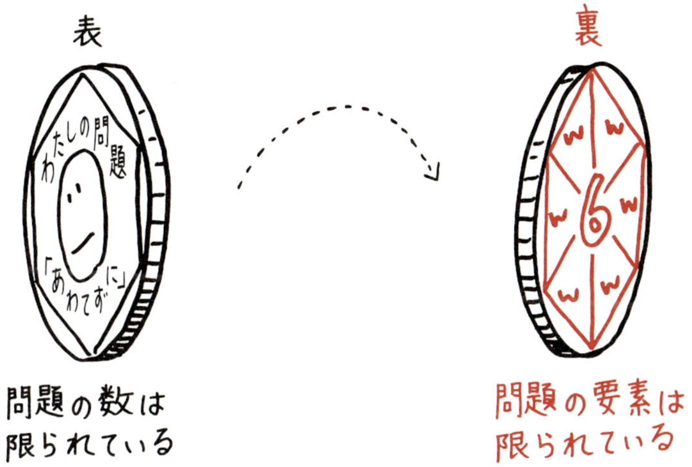

問題を6種類に分類する。問題を6種類の要素に分解する。どちらの方法で問題を視たとしても、スムーズに解決への道を歩き出すことができる。

コインの表　これはどんな種類の問題なのか？

あなたはこういうかもしれない。「ちょっと待ってくれ。この世のあらゆる問題をたった6種類に分類する？　わたしがいるビジネスの世界はそんなものではない。問題を分類しようとすれば、とうてい6種類には収まらない」

むろん、無数の問題があるだろう。そして無数の解決策があるはずだ。しかしわたしたちの知的処理能力でそのすべてをあきらかにすることは不可能だろう。ものごとを理解し難所を切り抜けるためにわたしたちの脳はシンプルなモデルをつくってそれを活用する。脳がモデルをつくるという点に注目し、問題解決のための基本となるシンプルなフレームワークを設定して規模の大きな問題に取り組もうというわけだ。完璧なモデルとはいかないが、じゅうぶんに機能することはこれからおわかりいただけるだろう。

コインの表側。どんな問題でも6種類のどれかに分類できる（とりあえず、これが正しいという前提でやっていこう）。

わたしたちが直面しやすいビジネス上の問題は6種類に分けることができる。

6種類の問題

	1　**「誰／なに」の問題**。もの、人、役割に関して解決すべき課題。 ●この問題の関係者を特定する。彼らがなにをしているのか？ ●これとあれのちがいは？　わたしはどちらを選ぶのか？ ●主にかかわっているのは誰なのか？　他に誰がかかわっているのか？　責任を負うのは誰なのか？
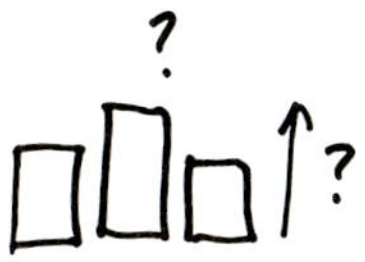	2　**「どれだけの量」の問題**。多さと大きさに関して解決すべき課題。 ●わたしたちにはじゅうぶんな量があるのだろうか？ ●この先どれだけの量が必要なのか？　これを増やせば、あれを減らすことができるのか？
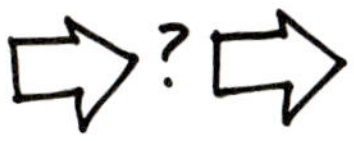	3　**「いつ」の問題**。計画と時間に関して解決すべき課題。 ●最初になにが起きて、つぎになにが起きるのか？ ●すべてを期日に間に合わせるには、なにをいつ行う必要があるのか？
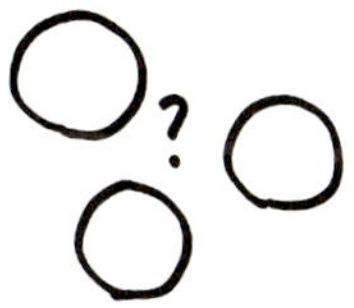	4　**「どこ」の問題**。複数のものごとを組み合わせ、つながりをみる必要のある課題。 ●断片的な要素をどう組み合わせればいいのか？　もっとも重要なものはなにか？　あまり重要ではないものはなにか？ ●いまわたしたちはどちらに向かっているのか？　正しい方向をめざしているのか、それともほかの方向に動くべきなのか？

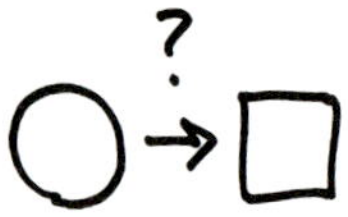

5 **「どのように」の問題**。複数のものがどのように影響し合っているのかに注目すべき課題。

- これをすれば、なにが起こるのか？　あれをすればなにが起こるのか？
- 行動を変えれば結果が変わってくるのか？

6 **「なぜ」の問題**。全体図を見る必要のある課題。

- わたしたちはどういう選択をしているのか？　それはなぜか？　それは正しい選択なのか、それとも別の選択をすべきなのか？
- 変える必要があるとしたら、どんな選択肢があるのか？その選択肢のうちのどれがベストなのかを、どのように決定したらいいのか？

問題を分類する演習――いつ、どこで、なにを、どのように？

つぎの文を読み、それぞれの問題は６種類のうちのどのタイプに分類するのがもっともふさわしいのか選んでみよう。後で説明するが、どんな問題でも６種類の要素がさまざまなレベルでかかわっている。ここではスタート地点としてベストのタイプを選ぶことをめざす。

A **わたしはプロジェクトマネジャーである。今四半期中に新製品を確実に売り出さなくてはならない。**

□誰／なに　□どれだけの量　□どこ　□いつ　□どのように　□なぜ

B **わたしは事業戦略チームのメンバーとして、わが社にとって今後どの方向をめざすことがベストなのかを検討するため奮闘している。**

□誰／なに　□どれだけの量　□どこ　□いつ　□どのように　□なぜ

C　わたしはマーケティングチームの一員である。わが社が新規に行うサービスのターゲットとしてもっともふさわしいのは市場のどの部分にあたるのかを検討しているが、絞り込めずにいる。

□誰／なに　□どれだけの量　□どこ　□いつ　□どのように　□なぜ

D　わたしはソフトウェアのプログラマーである。このインターフェースの２つのボタンの機能がどうしてもわからない。

□誰／なに　□どれだけの量　□どこ　□いつ　□どのように　□なぜ

E　わたしは人事担当者である。レイオフの計画を立てるように指示されたものの、社員になんと説明すればいいのかわからない。

□誰／なに　□どれだけの量　□どこ　□いつ　□どのように　□なぜ

F　わたしは財務アナリストとして経費削減案を提案しているが、どうしたらそれが妥当な案であると証明できるのだろうか。

□誰／なに　□どれだけの量　□どこ　□いつ　□どのように　□なぜ

G　わたしはコンサルタントであり、顧客はマーケットシェアを高める方法を求めている。

□誰／なに　□どれだけの量　□どこ　□いつ　□どのように　□なぜ

H　わたしはCEO（最高経営責任者）である。これからわが社が実施する大きな変革について全員に知らせておきたい。

□誰／なに　□どれだけの量　□どこ　□いつ　□どのように　□なぜ

もう一度いっておこう。ここでは「絶対的に正しい」こたえはない。よいスタート地点を求めているに過ぎない。今日の午後にお話ししていくが、よいスタート地点がなければなにも始まらない。

効果を発揮する絵とそうではない絵があるのはなぜだろうか？

絵を使って問題を解決するお手伝いを始めてから数年間、ずっと不思議に思っていたことがある。すべてを明確にしてくれる絵とすべてをダメにしてしまう絵があるように感じられたのだ。絵の質とは無関係だった。Aという図では人物が丁寧に描かれ、Bという図では棒に手足をつけただけで表現されていても、Aの絵が役立つとは限らなかった。複雑な絵がいいというわけでもない。入り組んだ図よりもごく単純な絵のほうが混乱を招くこともあり、その逆もあった。

もしかしたら、わたしたちの脳のメカニズムに合う絵と、脳の働きを混乱させる絵があるのではないか。わたしはそう考えた。そこで視覚科学を勉強し、それに会議室での経験を加えて納得のいく結論を出した。

それが、この6×6モデルである。

**ある問題を視る方法は
6種類、見せる方法は
6種類ある。**

6つの方法で視る

神経生物学と視覚科学の近年の発見からあきらかになったのは、わたしたちが周囲の状況を見る時、視覚系によってすべての視覚情報が分割されているということだ。分割された情報はそれぞれの「視覚路」を通じて処理される。その視覚路には「どこ」経路、「なに」経路、「いかに」経路が含まれているのである。シンプルな名称はそれぞれの経路の役割をそのまま示している。「どこ」経路はあらゆるものがどこにあるのかをわたしたちに教えてくれる。「なに」経路はわたしたちが見るすべての対象を認識し識別する。「いかに」経路は対象の質、数量、位置の変化をもとに対象同士（そしてわたしたちと対象との）の相互作用をわたしたちが理解するのに役立ってくれる。

視覚のメカニズムはきわめて微妙で複雑であり、その働きについてはもっとも基本的な要素がようやくわかってきた段階だ。視覚のこうした経路はひとつひとつの要素をどのように組み合わせればいいのかという手がかりを与えてくれる。絵であらわすと、つぎのようになる。

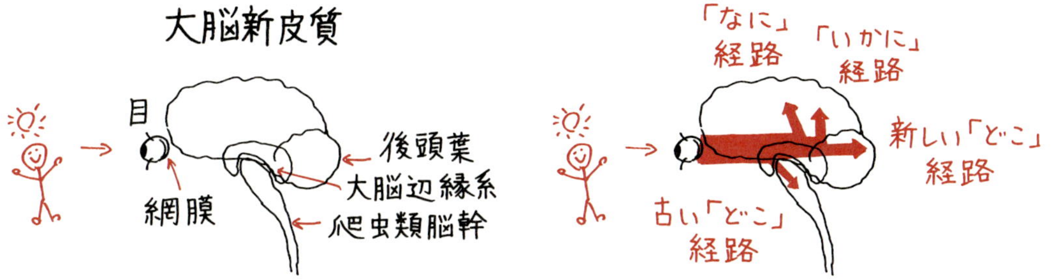

視覚信号はわたしたちの目から入り、分割されて異なる「経路」に入り、異なる処理をされる。

わたしたちが目で周囲を見る時、光は網膜で電気信号に変換され、その信号は振り分けられてそれぞれふさわしい経路に送られて1回目の処理が行われる。最後にすべてが統合されて頭のなかで1つの絵となり、わたしたちはそれを見るのだ。具体的に説明してみよう。

演習　犬——鳥エクササイズ

2 枚の絵を数分間見て、つぎの質問にこたえてみよう。

A

B

2枚の絵にはどんなちがいがあるだろうか？
ちがいを2つあるいは3つあげてみよう。
2枚の絵の間にはどんな関係があるだろうか？
AとBではどれくらいの時間の経過があるだろうか？
この2枚の絵の飛行機、船、ベビーカーの速さを比べてみよう。
なぜ速さのちがいがわかったのだろうか？
絵のどの部分から判断できたのだろうか？
2枚の絵の人物・動物はまったく変わっていない、
位置が変わっている、外見が変わっているという3つのケースがある。
2枚の絵に描かれている犬は同一の犬だろうか？

つぎに、この絵を見て前の２枚と比べてみよう（何度かページをめくりながら、気づいたちがいをすべてメモしてみよう）。

C

さらに数ヵ所が変わっている。どこが変わっているのか、２つあるいは３つ指摘できるだろうか？

印象的な出来事が起きている。なにが起きているだろうか？

なぜそれに気づいたのだろうか？

つぎになにが起きるだろうか？　なぜそう考えるのだろうか？

最後の絵を見てみよう。

D

前の絵とこの絵はどんな関係にあるのだろうか？
この絵と前の絵は、どちらが時間的に先だろうか？　なぜそう思うのだろうか？

いま行ったエクササイズの意味を説明しよう。わずか数枚のシンプルな絵で、わたしたちは自分がどのようにものごとを見ているのかを示すモデルをつくったのである。このエクササイズは棒に手足のついた人物を描いた白黒の絵を、どのように見るのかを単に確認したのではない。わたしたちは目をあけるたびに、まさにこのエクササイズの通りにものごとを見ているのだ。

演習　問題を解決するための6×6モデルを描く

いま学んでいる内容を要約するために、新しく絵を描いてみよう。スイスアーミー・ナイフの絵と同じ要領でナプキンに。ただし今回はナイフ全体ではなく、6-W の刃だけを取り上げる。

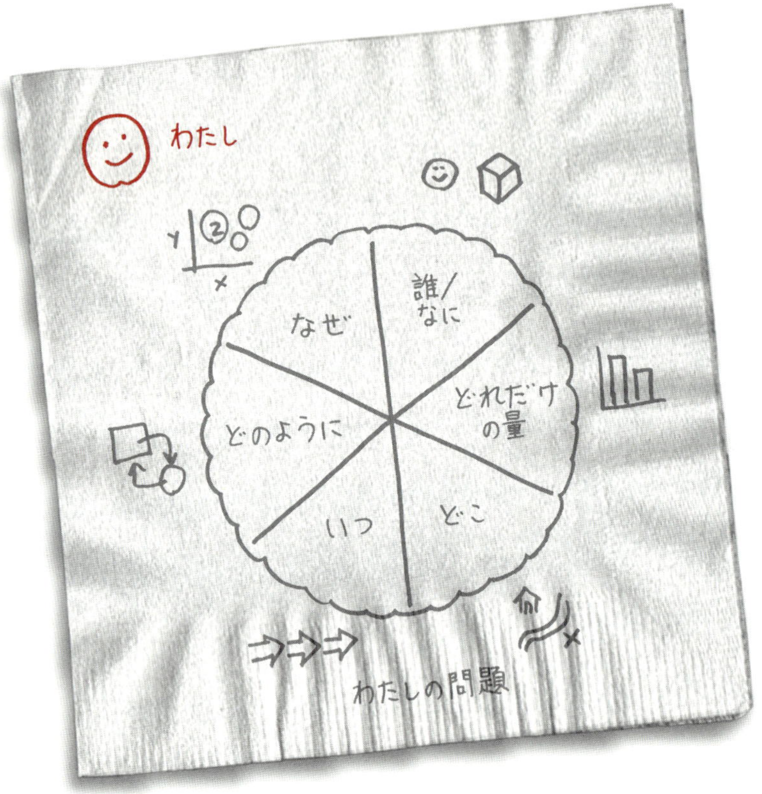

問題解決の絵はすべて同じように描き始める。円を１つ描いて（先の例と同じく左側の上部に）、名前をつける（先の例と同じく「わたし」と）。続いて２つ目の円を描いて先の例と同じ名称をつける（「わたしの問題」と）のだが、今回は中央にほぼナプキンいっぱいの大きさで描く。この大きな円をピザと想定してみよう。わたしの問題ピザだ。

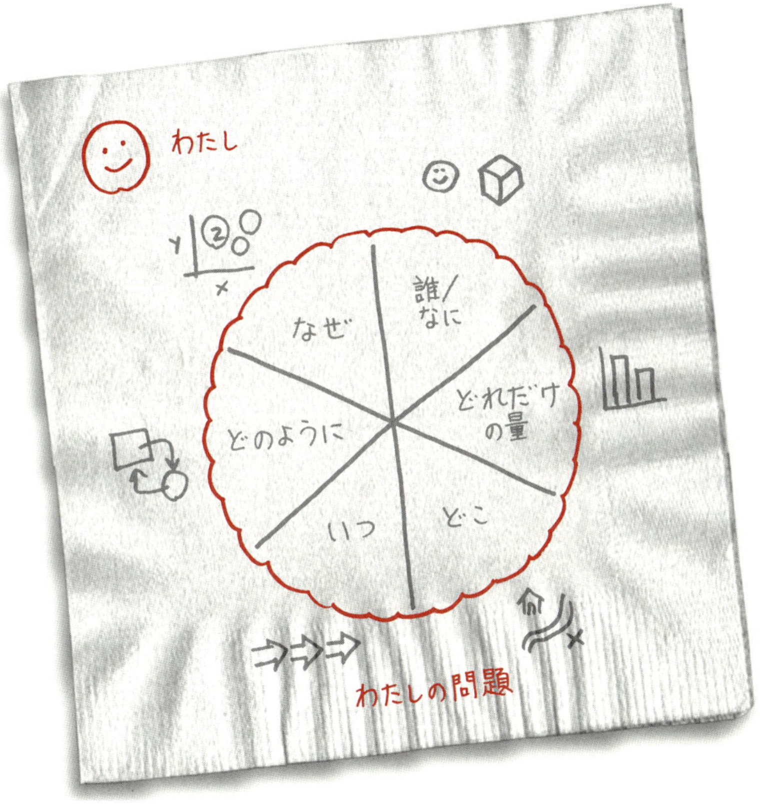

さて、わたしたちは大きな問題に直面している。圧倒されてしまいそうなので、６つのスライスに分けてひとつひとつ名前をつけながら見ていこう。

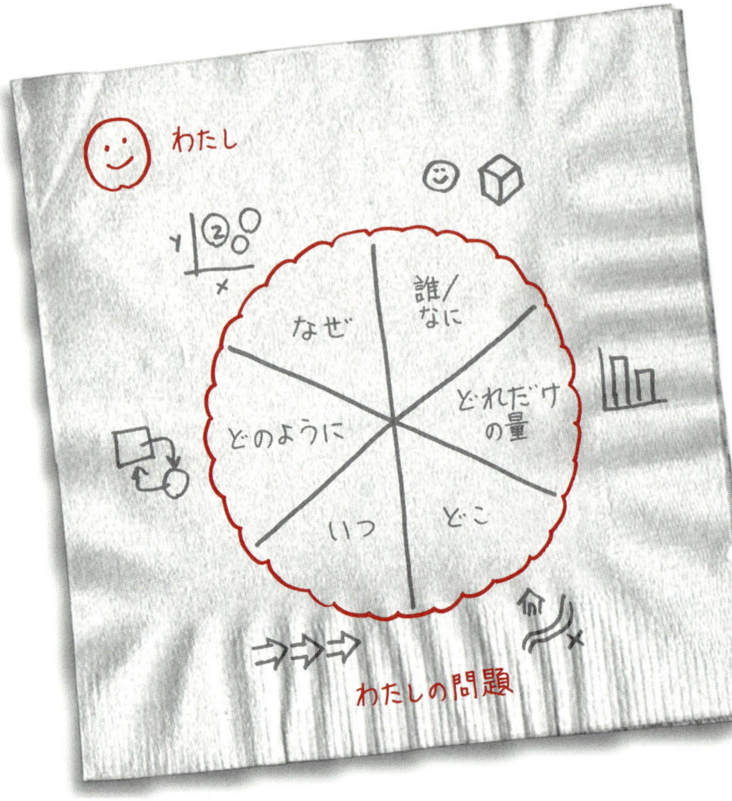

スライス 1 「誰／なに」

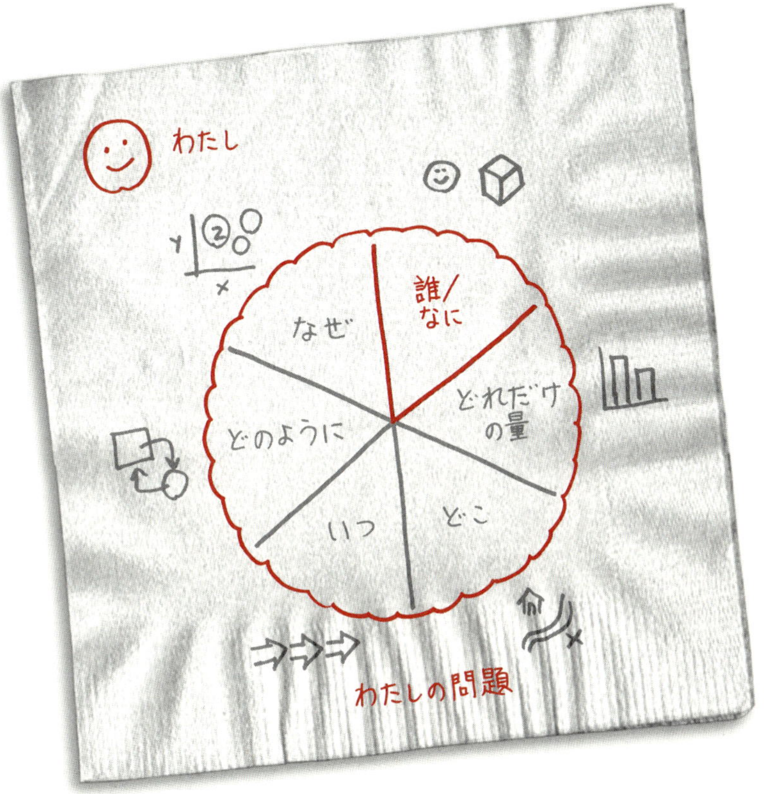

「誰／なに」スライスからスタートしよう。人に備わった視覚系の「誰／なに」経路は、いま見ている状況のうち人とものに関する情報だけを扱う。頭のなかのデータベースの情報と照合し、認識し、特定し、分類する役割を担っている。

「誰／なに」経路は鳥、飛行機、テーブルを囲む人々、犬を連れた少女など――わたしたちが見ている世界を構成しているすべての人とものが注目の対象となる。

★「誰／なに」はあらゆる絵の基本的な構成要素である。この6×6モデルを使って絵を描くとそれがよくわかる。本書でもすでに、円を1つ描いて名前をつけるという方法で絵をスタートさせた（この先も毎回同じだ）。この情報から、脳はさっそく「誰／なに」の特定を開始する。

「誰／なに」経路は目から入ってくる情報のうち、対象のアイデンティティを示す情報を処理する。形（境界、形状、影）、サイズと比率（区別をつける手がかりとなる）、色、質感、その他無数の細かな特徴から、これはまさしく自分が知っている人、あるいはものであると特定する。

「誰／なに」経路は対象が誰なのか、なにであるのかを理解するのにかかりきりなので、どれだけたくさんの人やものが存在しているのか、あるいはどこなのかという情報には注目しない。ただひたすら対象に注目し、それがなにかを特定しようと励むのである★。

スライス 2 「どれだけの量」

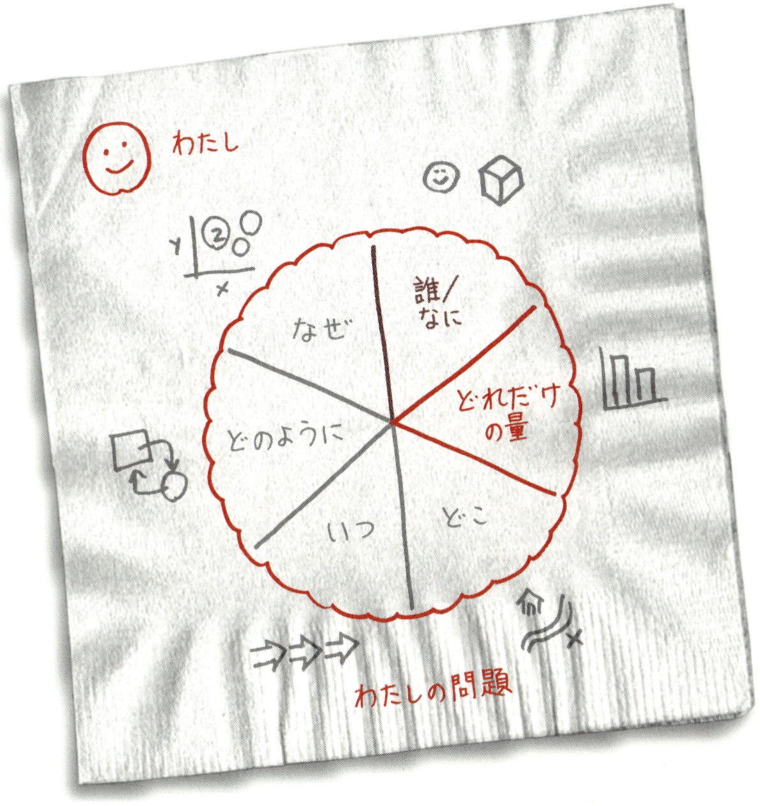

スライス 2ではまったくちがうことが起きている。スライス 1では対象がなにかを特定したが、ここでは「どれだけの量」を測定する。これはどれだけの量なのか、あれはいくつあるのか、これはもっとたくさんあるのか、それとももっと少ないのか、あれは少なく見える、これは多く見える、という具合に。

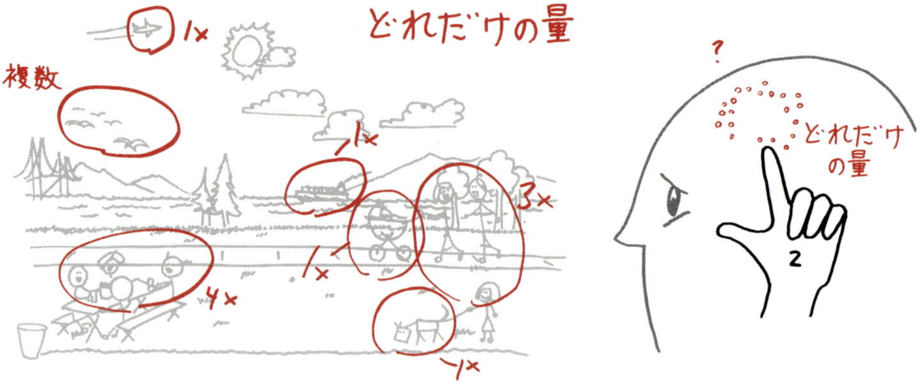

「どれだけの量」スライスはわたしたちが見ている対象の数量を特定する。あれは4、これは3、他はたくさん、というふうに。

スライス 2はあらゆるものをせっせと数値であらわす。瞬時に正しく数えられるのは5までだ。5を超えると「どれだけの量」はそれらしい推理をしてぱっとこたえを出す（少し、たくさん、無数）か、スピードを落として正確に勘定する。が、スピードを落としてしまうとプロセス全体が遅くなり、やがてストップしてしまう。そうなると「どれだけの量」経路は他のスライスに大きく遅れをとってしまうので、スピードをゆるめたがらない。

スライス 2は対象が「なに」であるのか、「どこ」にあるのかにはあまり注目しない。「どれだけの量」スライスはひたすら数を追い求める。

スライス 3 「どこ」

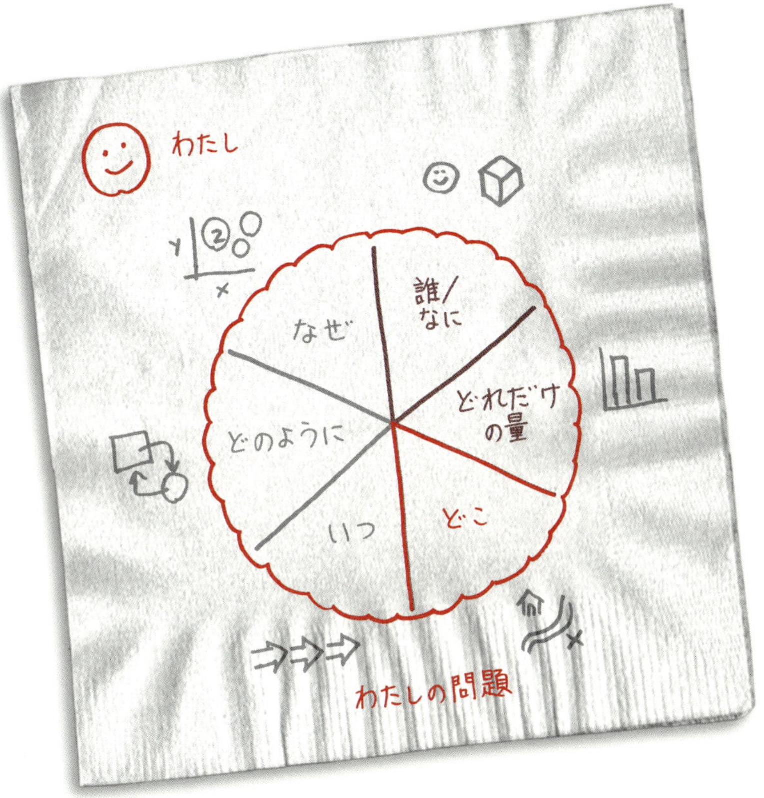

スライス 1と2が対象を特定し勘定するように、スライス 3つまり「どこ」経路はあらゆるものが「どこ」にあるのかという点にだけ注目し追跡する。わたしたちが見ている対象との関係、わたしたちとの関係の両方に注目するのである★。目から入ってくる視覚情報のうち場所についての断片的な情報をスライス 3は処理する。たとえば相対的なサイズ(距離を特定するため)、陰影(位置を特定するため)、境界の重なり具合(前後の関係を推測するため)といった情報だ。

★スライス 3は視る世界の曾祖母である。スライス 1はおよそ3000万年前に「誰／なに」を特定するようになった。いっぽう、古い「どこ」経路が活動を始めたのはおよそ3億年前である。おかげで、対象がどこに存在しているのかをわたしたちはじつに上手に視る。それはつぎのスライスのためにおおいに役立っている。

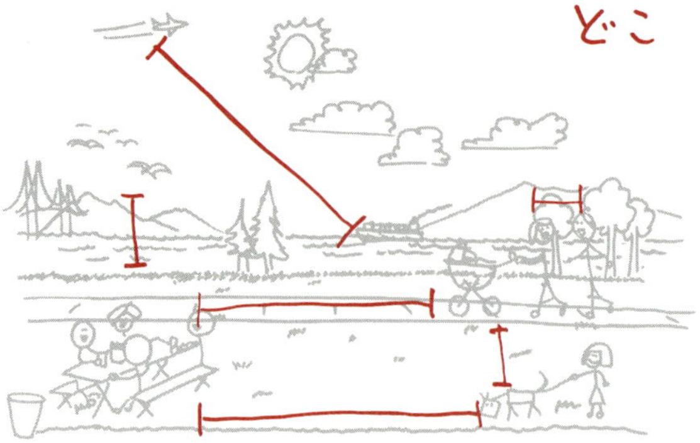

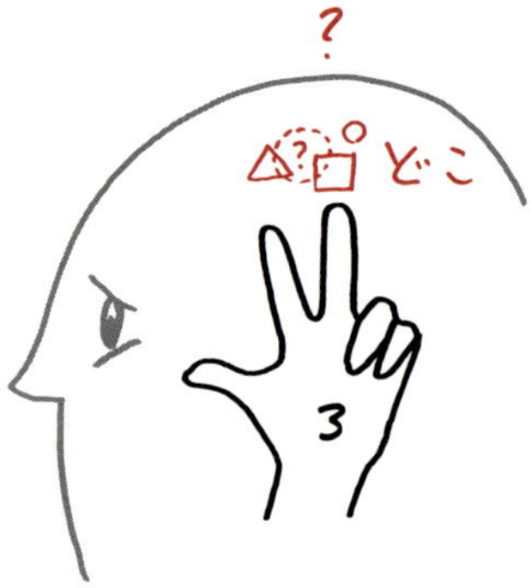

わたしたちの「どこ」経路は、ある対象は他よりも遠い、上方にある、互いにほとんど接しているといったことを視る。どんな対象であるのかはわからないまま、わたしたちとの位置関係を視るのである。

スライス 4 「いつ」

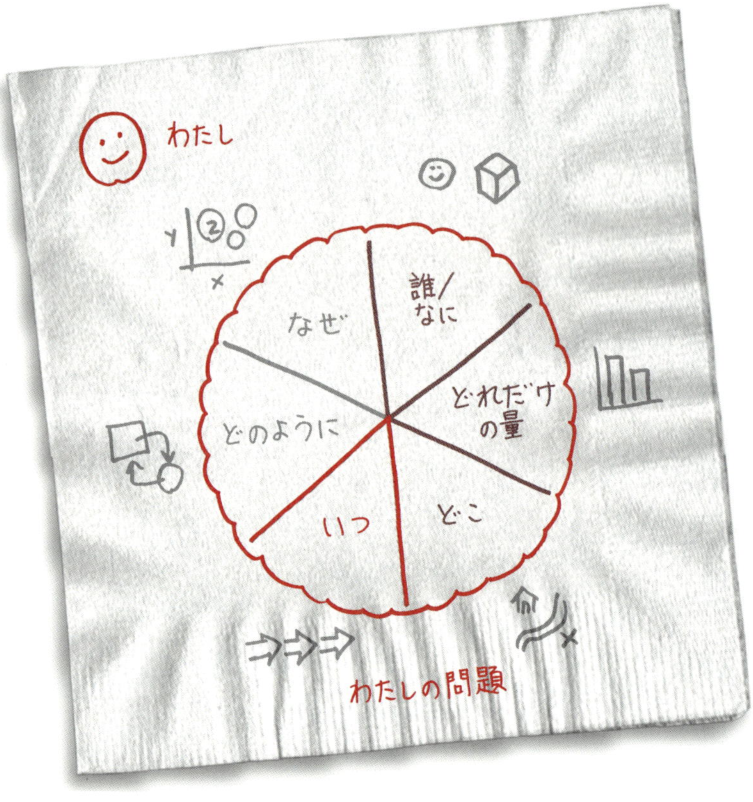

「誰／どこ」「どれだけの量」「どこ」については脳の別々の場所でコツコツと作業が行われるが、スライス 4の「いつ」はそうではない。最初の3つのスライスからの情報提供がなければ「いつ」はなにもできない。スライス 4の仕事はものごとが「いつ」起きているのかを視ることなのである。

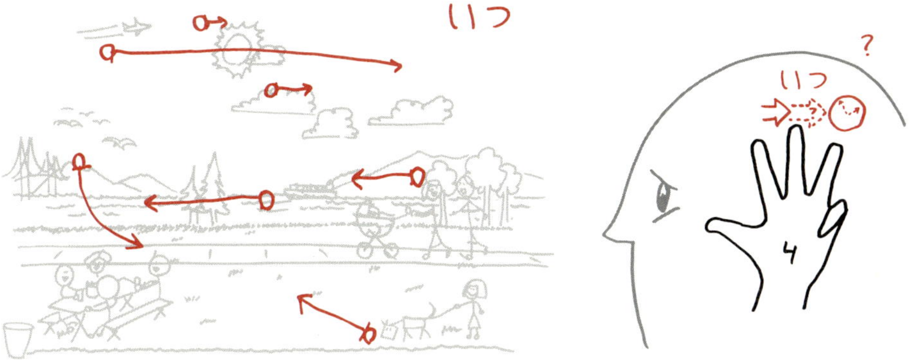

「いつ」が特定できるのは、「誰／なに」についての「どこ」が変わったことにわたしたちが気づいた時だ。つまり、対象の動きを視ることでわたしたちは時間の経過を認識する。

スライス 4が仕事をするには、まずは視るべき対象が必要だ。それはスライス 1が提供する。対象に変化が起きるのを視ることで——質（スライス 1が色あるいは形の変化を知らせる）、量（スライス 2が数の増加や減少を知らせる）、位置（スライス 3が対象が動いたことを知らせる）——わたしたちは時間の経過を文字通り視る。どんな場合でも、時間の経過とともに対象の位置、質、量が変化したことに気づいた時にわたしたちは「いつ」を知るのだ★。

★逆にいえば、目を閉じれば簡単に時間の感覚を失ってしまう。自分の周囲の対象の質、量、位置の変化が視えなければ、時間の経過を追う能力があっという間に衰える。アニメーターはこの事実を知り抜いている。観客の時間の感覚をあっという間に混乱させたければ、スクリーン上でいままで動いていたものをストップさせるだけでいい。それは観客にとってまさしく時間が止まったということなのだ。

スライス 5 「どのように」

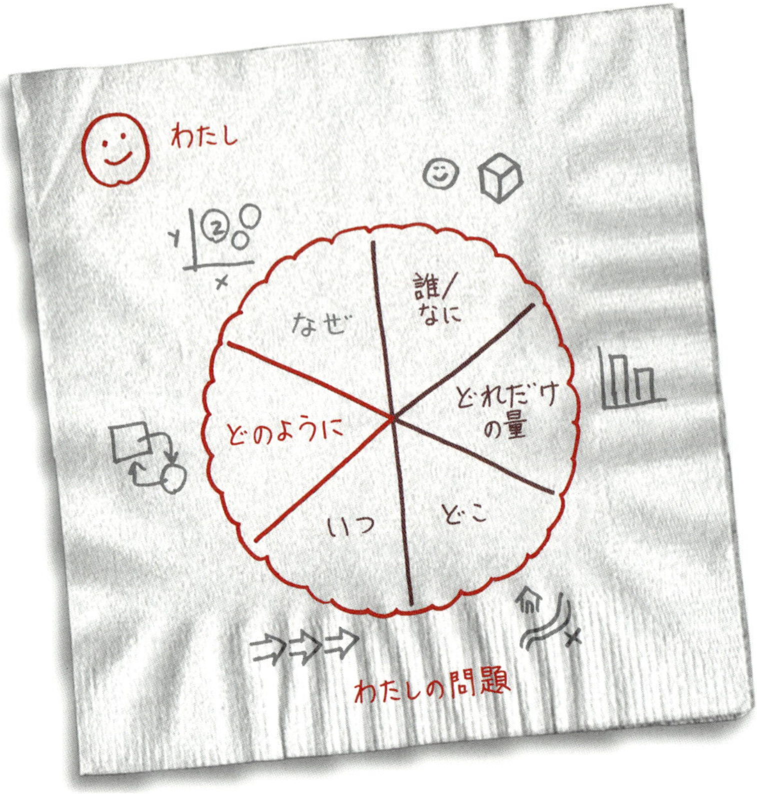

スライス 5では、これまでに視たすべてをつなぎ合わせて心の目が原因と結果を理解し始める。多くの「誰／なに」の関係が時間とともに変化するのを視た結果、因果関係のモデルができる。つまりものごとが「どのように」してこうなるのかを理解するのである。

「どのように」スライスではすべてが統合されて原因と結果を理解することができる。もしも犬が鳥に気づいて追いかけたら――そしてもしも犬がベビーカーとぶつかってしまったら、両親はパニックに陥るだろう。

まだ幼い時期、あるいはまったく初めての状況に置かれた時には、「どのように」スライスは時間をかけて結論を導き出す。わたしたちは似た場面を何度も繰り返し視ることで、ものごとがどのようになっていくのかを学ぶ。初めて出会う状況では、どんな成り行きになるのかがわからない。つまりその状況に関して原因と結果のモデルがない。多様な対象同士の関係が変わっていく似たような状況を何度も見れば、同じような状況を見てこの先の展開を読む自信がついてくる。

スライス 6 「なぜ」

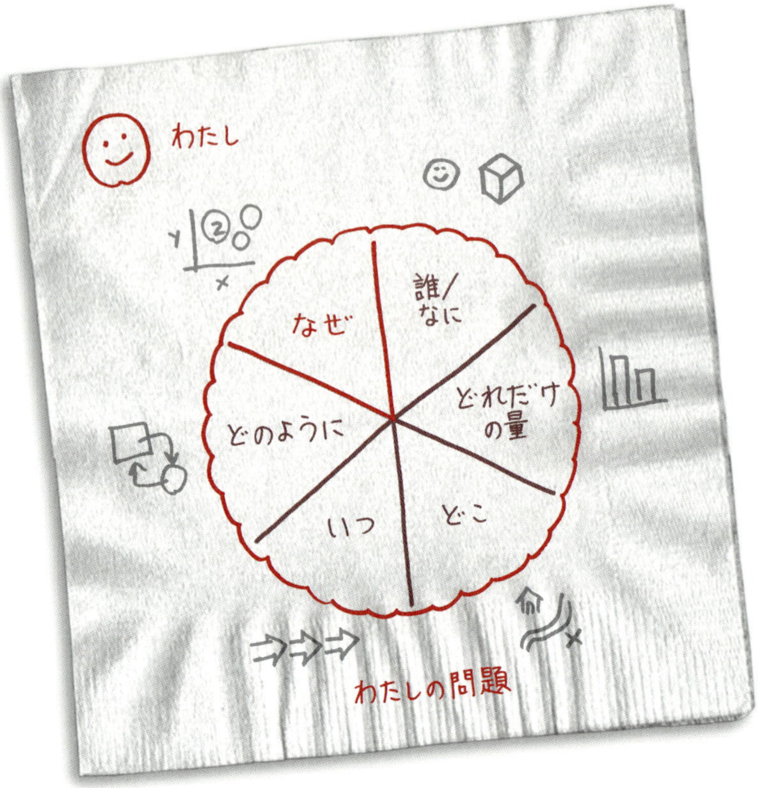

なにがあるのか、それはいくつあるのか、どこにあるのか、いつなのか、どのように関係しているのかがわかっても、わたしたちの脳は満足しない。原因と結果がわかることはすばらしい。しかしわたしたちの脳がほんとうに知りたがっているのは、〈なぜ〉だ。なぜこれが起きて、あれは起きていないのか？　なぜあれが生じ、これは生じないのか？　なぜそれは何度も繰り返し起きるのか？　なぜまったく起きないのか？

わかった！　なぜこれが起きたのか。要するに犬は鳥のことを好きだが、鳥は犬を好きではないということだ。「なぜ」スライスはわたしたちが視たものすべてを統合し、なぜものごとがそうなっているのかという結論を出す。

「なぜ」スライスはじつは視覚経路とは関係ない。ここでは、ほかのすべてのスライスをまとめる作業が行われる。周囲の状況がなぜこうなのかという結論に——視たものだけを基盤として——わたしたちの脳が自信をもって到達できるまで何度も繰り返し行われるのだ。

どんな問題もひとつひとつ異なるピザである

これでわたしたちの6×6モデル問題解決のピザを全部スライスして名前をつけた。最初は大きな問題に見えたが、もはや単なる1枚のピザにしか見えない。ピザを楽々と消化してしまうには、最初にスライスしておけばよい。

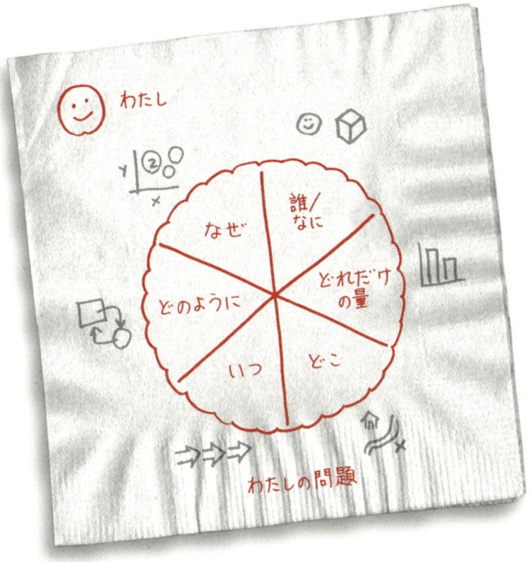

どんな問題も、1枚のピザである。まるごと消化しようとするのはむずかしいが、最初にスライスしてしまえば楽々と取り組める。

6つの方法で視る　それはつまりどういうことなのか？

大きな山を越えた。第2日目のワークショップの内容を振り返ってみると、問題を見るための基本的な座標系をゼロから学びビジュアルシンキングのツールキットに6枚の新しい刃を加えた。人間の脳についてざっと学び、ピザまで到達した。いままで学んだ知識を使いこなすために——現実のビジネスの問題解決に生かすために——ここでケーススタディに取り組んで、ツールをひとつひとつ活用してみよう。

つぎの絵の共通点は？

2枚の絵を並べて見てみる。1枚目は先ほどのエクササイズで使った絵だ。2枚目はビジネスのプレゼンテーションでよく使われるタイプの資料の一部だ。

この2枚の絵に共通するものはなにか？

一見してわかるように、この2枚の絵は似ても似つかない。同じページに載っていることに違和感すらおぼえる。しかし、意外にもわたしたちの目はこの2枚の絵をまったく同じものとして受け止める。1枚目の絵を理解する仕組みを知れば、2枚目の絵をどう見ればいいのかがわかるということだ。

もう少しくわしく説明しよう。2枚の絵をひと目見ただけで、共通点はほとんどないと思うかもしれないが、わたしたちの視覚系は異論を唱えるだろう。もう一度両方の絵を見てみよう。大きさは同じ、色も同じ、白いスペースに濃い線という濃淡も同じだ。目から入った光に反応するニューロンも、視覚信号に関してより低いレベルの処理を受け持つ脳の領域も、2枚の絵に対し同じように活動を促される。ここで強調しておきたいのは、視覚処理という観点からいえば日曜日のビーチの光景であろうと、いやいや出席した会議で見せられる絵であろうと、わたしたちの目にとっては同じなのだ（扱いに差をつけたりはしないということである）。

この2枚の絵の第二の共通点は、どちらもまったく同じ視覚情報から構成されているという点だ。ただ、その情報が異なった形で提示されているのでいっぽうは見やすくて意味がわかりやすいが、もういっぽうは煉《れん》瓦《が》の壁を見せられているみたいでぱっと見ても意味がわからない。意味を明確にとらえるためには、これまでに学んだ方法で問題を視覚的にスライスしてみればいい。

ここでは新しくツールキットに加えた6枚の刃で見えない問題を見えるようにしていく。

トムソン社と数百万ドルのグラフ

2001年後半、当時わたしが勤務していたコンサルタント会社にある出版社から仕事の依頼があった。ビジネス情報の分野では当時世界でトップのトムソン社だった。同社はカナダ最大の企業であり、ニューヨーク株式取引所への上場を予定していた。そこで自社ブランドを世界中の読者に確実に浸透させるための戦略を立案するために力を貸してほしいと依頼してきたのである★。

★『超ビジュアルシンキング』を読んでいる方は、これが「ダフネと多過ぎた情報」のケースだとお気づきだろう。ビジネスの問題をビジュアルシンキングでどのように解決するのかをコンパクトに説明するためにあげた例だ。その後どうなったのかをここでご紹介しよう。

トムソン社はこれまで金融、法律、教育、ヘルスケア情報を得意とする出版社を何十社も買収しながらぐんぐん成長してきた。その規模とグローバルに事業展開している実績を投資家たちに確実に知ってもらいたいと同社の経営側は考えていた。そのためには2つの課題を解決する必要があった。第一に世界中でビジネスに携わる人々が同社について現在どの程度知っているのかを把握する——つまり彼らはトムソン社について知っているのかどうか。第二に、以前はほぼ無名の存在だったトムソン社がいまでは規模も実力もスケールアップし有力な投資先であると投資家にアピールする。それも費用をあまりかけず、確実な方法で。

トムソン社は半年がかりのブランド調査を終えたばかりだった。世界中のビジネスリーダーを対象に何百回もインタビューを行い、ブランドの認知度（トムソンという社名をきいたことがありますか?）から商品の質の評価（上質な商品を提供しているのはどの会社だと思いますか?）、財務情報（X社の規模を知っていますか?）までのデータを収集していた。

調査の締めくくりとして、すべてのデータはバラバラに切り分けられて何百ものリスト、表、グラフが作成され、それがふたたび合成されてプレゼンテーション用の膨大な資料ができあがった。さらにそれを煮詰めて、ごらんの通り「ベスト・アルバム」ができあがった。

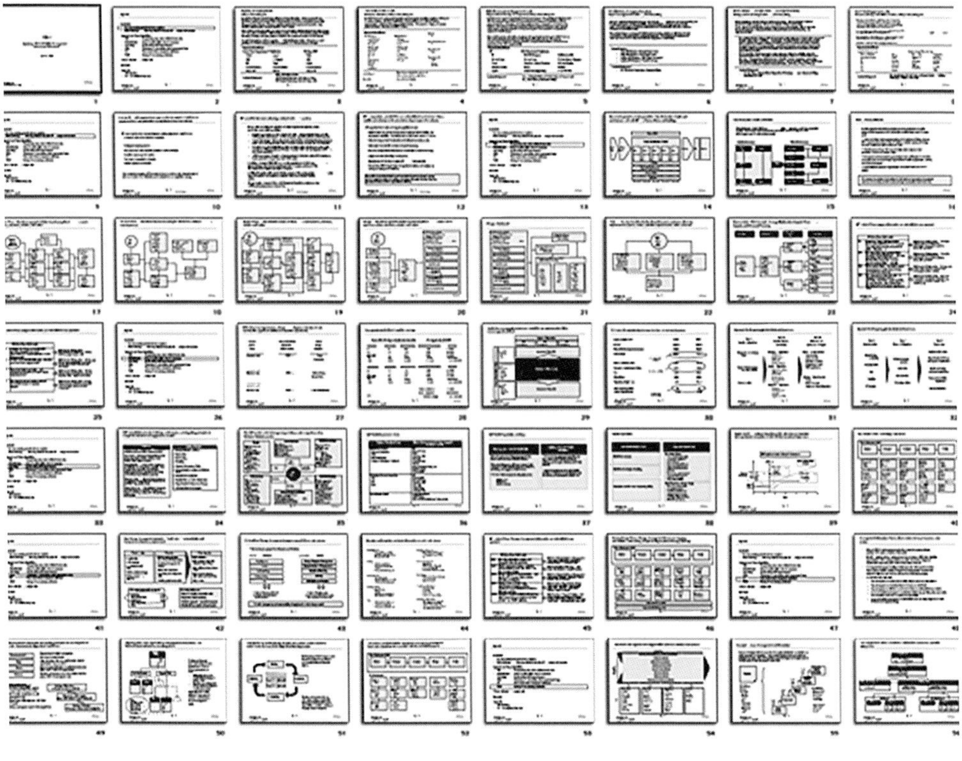

これは「ヘッドライトの光のなかにシカが出現」した状況だ。なにから手をつけたらこの危機的状況を切り抜けられるのだろうか？

まちがいなく包括的な調査報告にちがいない。が、経営側にしてみれば、まるでプレゼンテーションを重量単位で購入してしまったようなものだった。たいへんにインパクトのある報告書ではあるが、実際に理解するのはとうてい不可能だ。情報が多過ぎた。しかも多様な形でまとめられていたので、見たとたんに「ヘッドライトの光のなかにシカが出現」した時のような反応を誰もが示した。〈これを〉理解しなくてはならないのか？　2ヵ月かけなければ無理だ。

ここではっきりさせておくが、収集されたデータにはまったく問題はなかった。綿密な調査が行われており、トムソン社の経営陣は知りたいことはこのなかに必ずあるはずだと確信していた。しかしそれを発見するのに何ヵ月も費やすわけにはいかない。そこで、わたしたちに協力を求めたのだった。

トムソン社のコミュニケーション部門は収集されたデータをもとに、自社のブランドを浸透させるための戦略を練ることを期待されていた。戦略が定まれば、広告、マーケティング素材、ウェブサイト、投資家向けの媒体などのデザインと製作を通じて実行される。株式上場に向けて基礎を築くためのマーケティング活動全般に乗り出すのだ。このように彼らの任務は明確だった。しかし当事者の立場に立って考えてみよう。さきほどの絵のような内容を満載した400ページあまりの資料だけを渡され、これをもとにマーケティング戦略を練らなくてはならないとしたら？

おそろしい事態だが、じつはビジネスの現場ではこういうケースは少しも珍しくない。全部に目を通すことなどできそうもない大量の情報を今日与えられ、これをもとに明日までに理路整然としたプランを作成し誰かと共有する、などという芸当が果たしてできるのだろうか？　それを可能にしてくれるのが、6×6ルールである。

ステップ 1 「誰／なに」を見つける

われわれコンサルティング・チームは山のようなデータを受け取ると、まっさきにプレイヤーの顔ぶれを特定することにした。要するにデータのなかからトムソン社のライバルを見つけ出すのだ。こうして7社が出そろった。いずれも調査報告書に一貫して登場するプレイヤーである。そのうちブルームバーグ、ロイター、マグロウヒルという3社は知名度が高い。残りの4社はなじみのない名前である。リード・エルゼビア、ピアソン、ウォルターズ・クルワー、それから忘れてはならないトムソン。〈誰〉についてこれから検討していくのかがはっきりしたところで、ようやくスタート地点に立った。

Bloomberg　REED ELSEVIER　McGraw Hill

PEARSON

THOMSON　REUTERS

Wolters Kluwer

競合する7社を特定することでスタート地点に立った。「誰」についてこれから検討していくのかがはっきりした。

つぎにわたしたちは「なに」を特定した。「それぞれの会社がなにをしているのか」である。いずれも出版社であることは報告書からもわかるので、後は各社の出版物の内容を見ていけばいい。7社は主に、金融、学習、法律、科学およびヘルスケアという4つの領域をカバーしていることがわかった。

各社の出版物は主要な4つのカテゴリーのうちどのような内容を扱っているのか？

金融　学習　法律　科学および
ヘルスケア

ステップ 2 「どれだけの量」を特定する

プレイヤーを特定し、彼らがなにをしているのかを特定したところで、今度は資料から数量に関するデータをさがした。「どれだけの量」という尺度で各社を知るための数字を。まずは年間売上高で各社の規模を測ってみることにした。7社の数字がそろい、つぎのような順に並んだ。

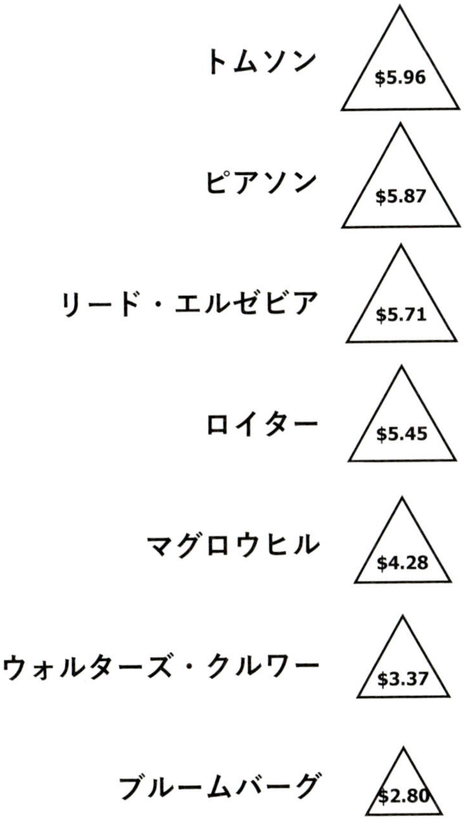

2001年の年間売上高（単位は10億ドル）で7社を比べたもの。トムソンを筆頭に「知られざる」社名が続く。

すぐに興味深い事実に気づいた。7社を並べるとトップのトムソン社を含め3位までがきき覚えのない会社だった。これは驚きだ。

しかし年間売上高の多い順に企業を並べただけではなにも生まれない。「誰／なに」を特定した際に、どの出版社も4つの専門分野のすべてで売上実績があると判明している。そこで専門分野ごとの各社の売上を絵であらわすことにした。

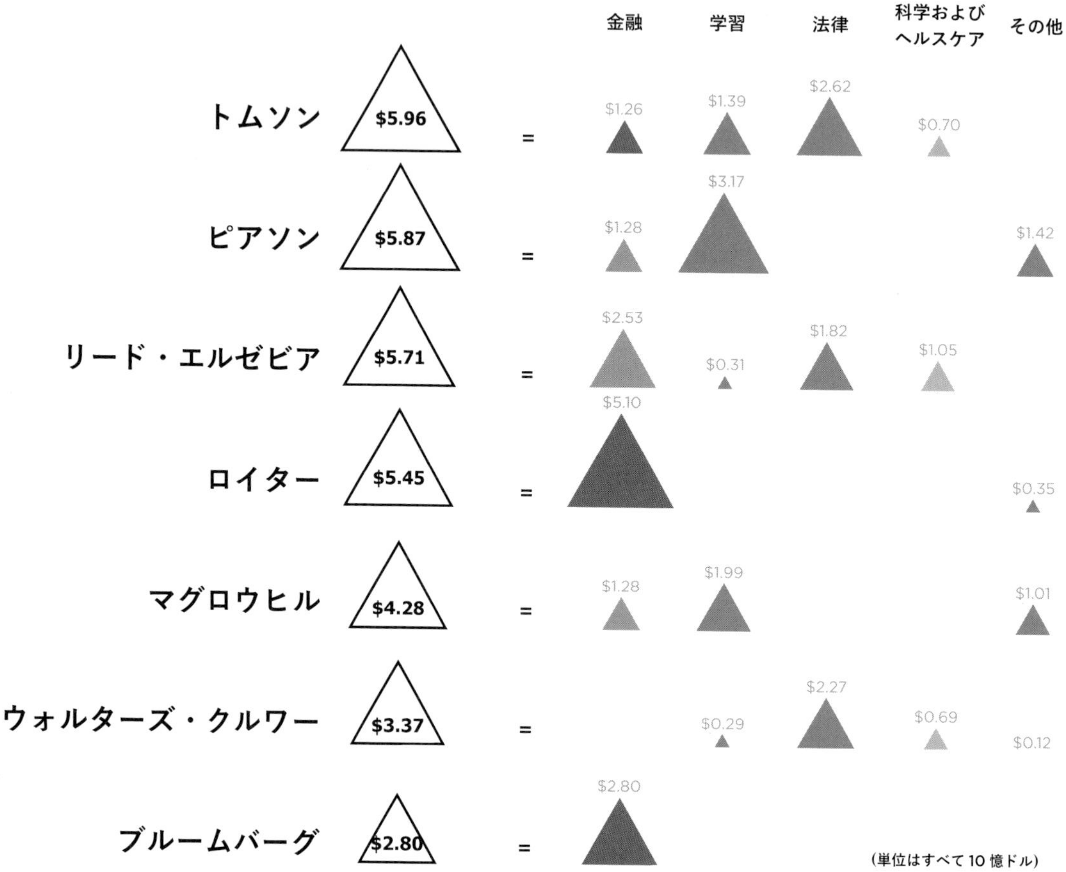

専門分野ごとの各社の売上高を絵にした。なにがわかるだろうか？　トムソンは総売上高ではトップだが、圧倒的なシェアを誇る分野はない（対照的な例は金融の分野でトップのロイターだ）。

どうだろう。トムソンは7社のうち総売上高ではトップであるにもかかわらず、分野ごとに見るとひどく見劣りする。トムソンが売上で首位に立っているのは法律関係だけである。それでさえ他社との差はほんのわずかだ。

「誰／なに」と「どれだけの量」を見ただけで、専門的な情報を提供する出版業界について知識を得た。しかしわたしたちがほんとうに知るべきことは、いったいどういうことなのか？★

ステップ 3 「どこ」を特定する

なかなか興味深いデータが並んだ。しかし分野別の各社の売上高の順位を知るだけではものたりない。わたしたちがほんとうに知りたいのは、各社の事業が〈どこ〉で競合しているのか、〈どこ〉で独占状態にあるのか、売上の〈どこ〉の部分が「ブランド・エクイティ」にあたるのかである。それをいっぺんに示す方法を必要としていた。

そこで各社ごとにピラミッドチャートを作成した。それぞれの会社がどの部分でブランドを確立しているのかを「ブランド・ピラミッド」として示そうと考えたのである。ピラミッドの上部は親会社（たとえばトムソン）、その下に専門分野（金融、法律など）、その下に製品あるいはサービス（ファーストコール、ウエストロー、PDRなど）という構成だ。◆

★残念ながら、通常ビジネスの現場で行われているプレゼンテーションでは、こうして「どれだけの量」が提示されるレベルで終わっている。注目すべき対象（ライバル企業、顧客層、商品群など）を特定し、それに関する数量を測り（売上高、所得、価格設定など）、それをもとに構想を練って一丁上がりだ。確かにスタートは切っているが、それだけでは深い気づきには至らない。いまわかっているものが互いにどう結びつき、どう重なるのか、時間的な経過はどう関係しているのか、データが表面化するまでになにが起きていたのか、なぜこうなったのか、なぜちがう状況にならなかったのか。それを知るには、ビジュアルシンキングの残りの4つのスライスを加えて全体像を描く必要がある。

◆この場合、「ブランド・ピラミッド」のモデルはぴったりだ。各社とも個人向けの消費財ではなくビジネス向けの製品を扱っているが、親会社のペプシコ、子会社のフリトレー、ドリトスなどの製品で構成するトルティーヤの場合とコンセプトはまったく同じである。

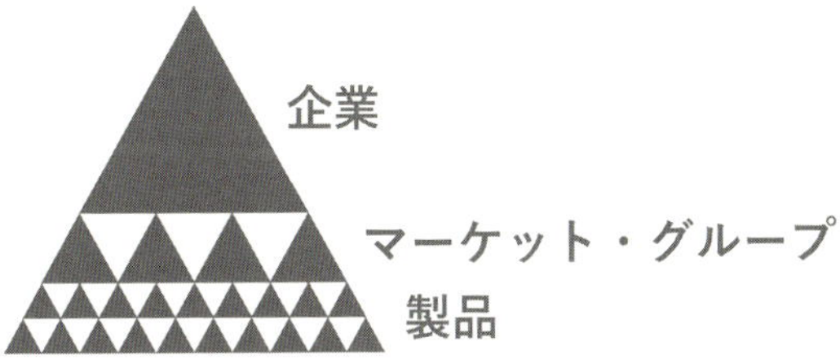

「ブランド・ピラミッド」はある会社の傘下の会社同士、製品同士の序列をあらわす。

わたしたちは2つの段階での「どこ」の情報を求めている。第一に、調査報告書のどこに、それぞれのブランド・ピラミッドの知名度に相当する部分があるのかを知りたい（トムソンという名前を知っていますか？　ファーストコールという名をきいたことがありますか?）。第二に、知名度に関して7社の競合企業はどういう関係にあるのかを知りたい。

最初に必要なのはどんなデータをどんな形で示すのかを設定することだ。いいマップにするためには、これは欠かせない。

マップに描き入れるのは「売上高」「専門分野」、それぞれの企業のブランド・ピラミッドなどである。ピラミッドは数量化された「知名度」も示す。要するに、これまでにそろえた「誰／なに」と「どれだけの量」のデータのすべてである。

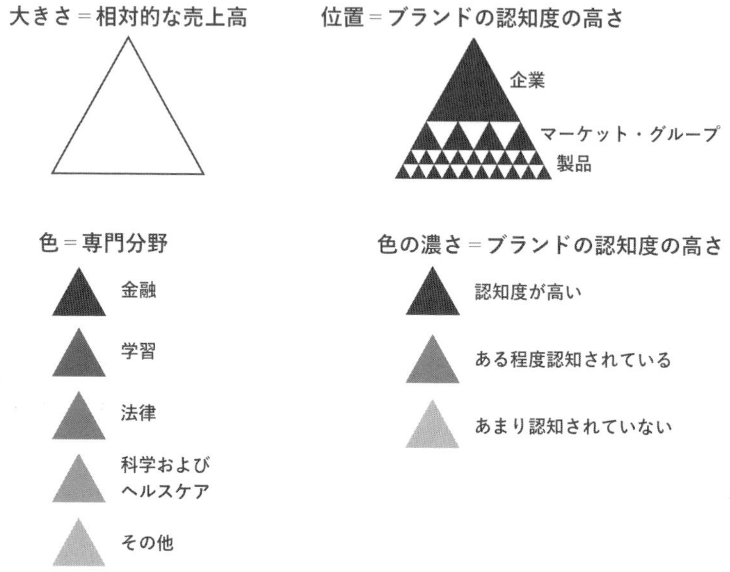

マップをつくるために、最初に座標系を決める必要がある（第1日目のエクササイズで航空会社のグラフを作成した方法と同じである）。データの種類をじゅうぶんに検討し、つぎの2つを選んだ。(1) 各社がカバーしている専門分野の数。(2) 会社全体をブランドとしてとらえた際の認知度。なかなかいい座標系のように思われる。が、先の例と同じく、個々のデータを描き込むまではどのようなものになるのか予想がつかない。

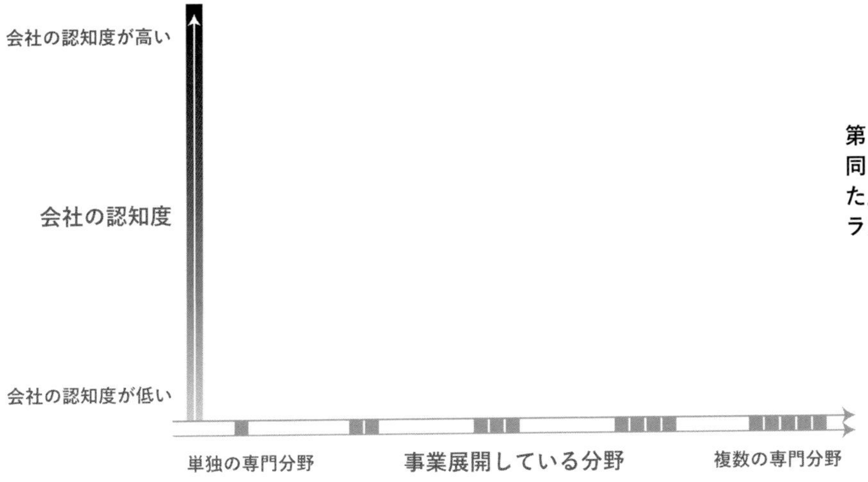

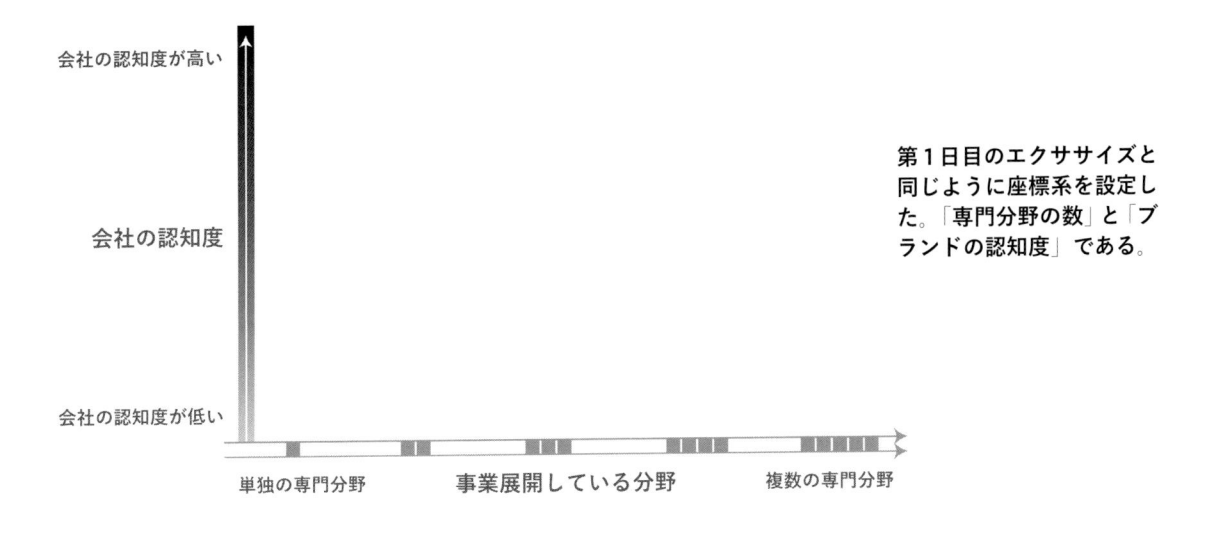

第1日目のエクササイズと同じように座標系を設定した。「専門分野の数」と「ブランドの認知度」である。

座標系が定まったところで各社のデータを描き込んだ。完成した絵は、7種類のデータの相関関係を示すものとなった。

1　企業
2　事業展開している専門分野
3　売上高
4　企業—専門分野—製品の知名度を示すブランド・ピラミッド
5　事業展開している専門分野の数
6　会社全体の相対的な認知度の高さ
7　専門分野における順位

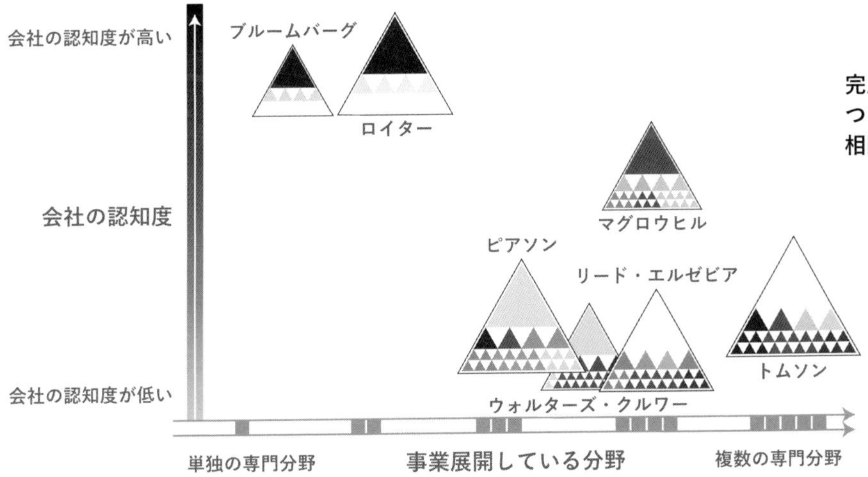

完成した絵は、ある問題についての7種類のデータの相関関係を示している。

確かに、誰が見てもすぐにわかるマップとはいえないだろう。しかしながら、そうである必要もないのだ。言葉による説明を少々加えることで、この絵は何百ページものデータよりもはるかに明快でわかりやすく、瞬時に深い気づきをもたらしてくれる。視覚的に心地よいシンプルさと、じゅうぶんな説得力が感じられる精密さをあわせ持っている。

マップをじっくりと眺め、目立つポイントを指摘していこう。ピラミッドのサイズはトムソンが最大である（売上高がトップということである。しかし第2位のピアソンとの差は小さい）。横軸の「事業展開している専門分野の数」ではトムソンはいちばん端に位置している。つまり4つの専門分野すべてで事業を行っているという意味だ。たとえばブルームバーグは対照的に1つの分野のみで事業を行っている。

トムソンは売上高トップであり、大半の分野で事業を行っている。

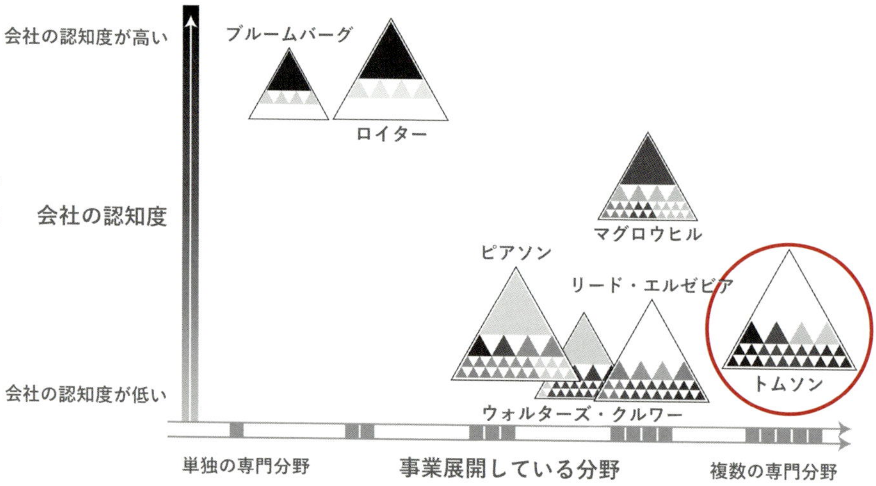

しかしトムソンは縦軸のひじょうに低い位置にいる。読者への調査の結果、会社としての知名度がひじょうに低かったのである。対照的にロイターの位置は高く、トップを占めている。ロイターというブランドは調査の対象者のあいだでよく知られていたということだ。

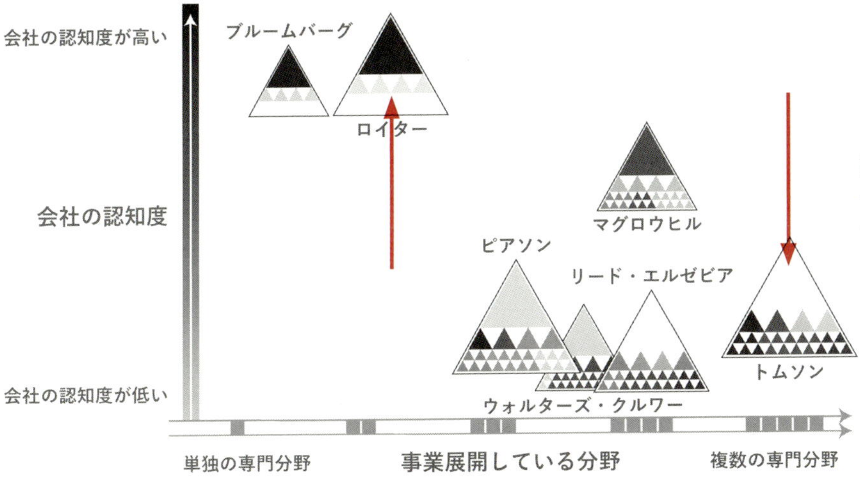

トムソンという会社名の認知度は低いが、ロイターという名前は誰でも知っている。

つぎに、ブルームバーグ、ロイター、マグロウヒルのブランド・ピラミッドは上部が黒い（会社名が知られている）のに対し、トムソン、リード・エルゼビアのピラミッドの上部は白い（会社名が知られていない）点に気づく。ロイターとブルームバーグのピラミッドの下部は白く、トムソンとリード・エルゼビアの下部は黒い。これはトムソンの名前は知られていなくても同社の製品のブランド名はよく知られているという意味だ（トルティーヤチップスにたとえると、トルティーヤチップスを食べる人はペプシコという名前は知らないが、ドリトスという名は全員が知っている）。

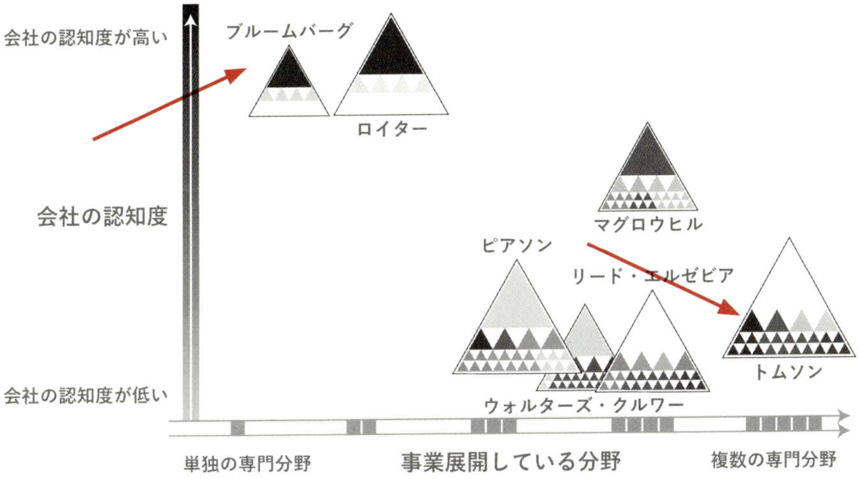

トムソンは「知名度」がないわけではないが、そのすべては製品レベルの知名度である。いっぽうブルームバーグというブランドはよく知られているが、同社の製品を特定できる者は1人もいない（同社の場合は、製品もすべてブルームバーグと呼ばれているのかもしれない）。

最後に、会社名の認知度を比較すると、1つの分野だけで事業展開している会社は高く、事業展開している分野が増えるほど低くなっていく傾向がある。つまりこのマップは、2001年の時点で複数の専門分野で事業を行っている企業は——マグロウヒルをのぞいて——いずれも知名度が低いことをあらわしている。売上高が最大であっても知名度がない。なるほど、これは興味深い。いったいなにを意味しているのだろうか？

事業展開している分野が多いほど会社名の認知度は低い。

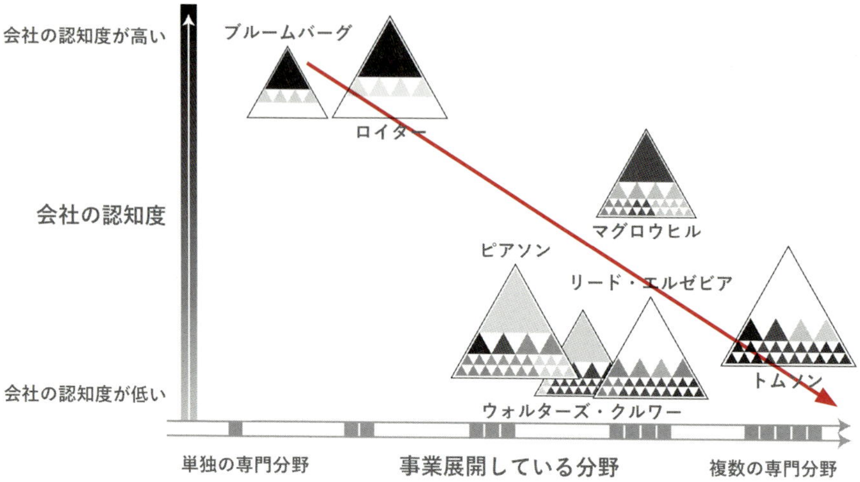

それについて考える前にぜひともいっておきたい。いまわたしが指摘した事柄はすべて、データとして蓄えられていた内容をそのまま述べているに過ぎない。しかしこうして絵にすると、もとの表で見るよりもはるかに見やすくなっている。データそのものにはいっさい手を加えず、ただ明快にしただけだ。この点をしっかりと理解しておきたい。そして明確になった事実をもとに、これからいよいよ結論を引き出していこう。

手元のデータをすべてマップにあらわすと、つぎのような結論を導き出すことができる。専門家向けに情報を提供する出版業界には大きな穴がぽっかりあいている。2001年現在、複数の専門分野で事業展開していながら企業としての知名度が高い出版社は皆無である。

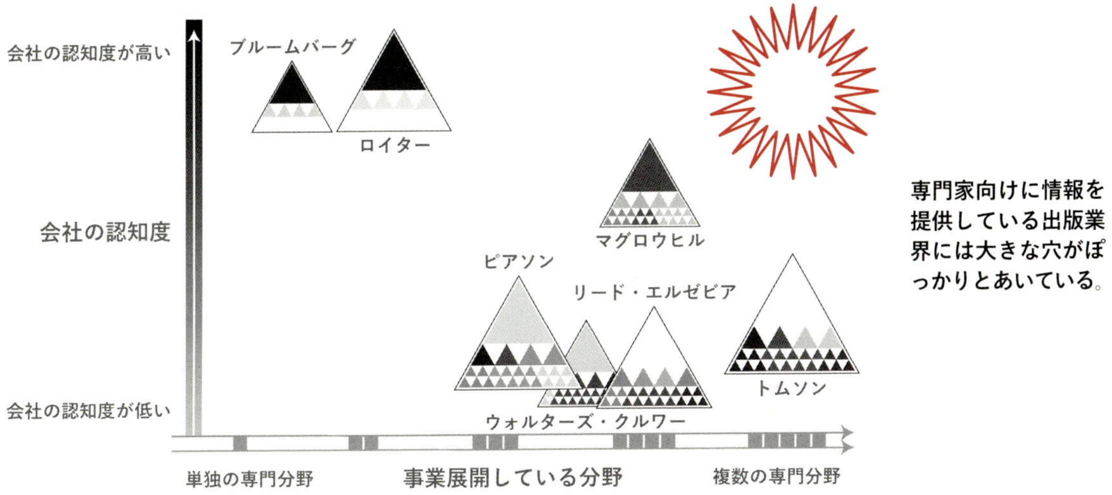

〈なぜ〉なのかという理由はマップには示されていない。理由はいろいろ考えられる。たとえば、多彩な事業を展開する企業として知名度をあげることを阻む企業内部の事情があるのかもしれない。あるいは、そのポジションを占めることをめざした企業がこれまでなかったのかもしれない。理由はともかく、その穴が存在しているという事実はこれで判明した。

ビジネスの世界でニッチが見つかると長く放置されることがないのは常識だ。そしてご覧いただくように、このチャートによってトムソンの方向性はようやく定まったのである。

ステップ 4 「いつ」を特定する

わたしたちがつくったマップは調査が行われた2001年時点の状況を切り取って見せるものだった。「見てください。専門家向けに情報を提供している出版業界は今日、こんなふうに見えているのです」と語りかけてくるスナップ写真のようなものである。だがここで思い出していただきたい。このエクササイズはそもそもなにをめざしていたのか。トムソン社が2003年に、つまりスナップ写真を撮った2年後にニューヨーク証券取引所に上場する準備を整えることが目的なのである。当然、もっとも重要視するのは〈今日〉と〈今日から2年後〉という2つの「いつ」である。

このチャートが本領を発揮するのはいよいよここからだ。座標軸を設定した1枚のマップ上に無数のデータを描き込み、これでいよいよいま現在の状況が把握できる。要するに、2年以内にトムソン社はマップ上でぽっかり空いているスペースを占めるべきであるということだ。

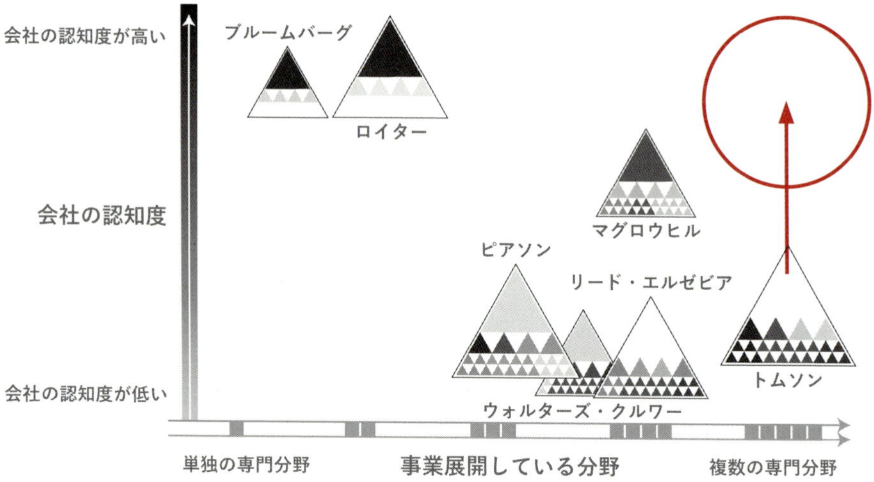

トムソン社はいつ、どこに到達することが望ましいのだろうか？　2年以内に、上の空いているスペースに到達すればよい。

ステップ 5　「どのように」を特定する

これでトムソン社が「どこ」に移動することが望ましいのかを特定できた（マップ全体の4分の1を占める、上部の空いているスペースをめざす）。「いつ」についても特定した（2年以内に）。これで検討すべき課題は最後の1つのみとなった。〈トムソンは自社のピラミッドをどのように上に移動するのか〉という問いかけだ。わたしたちはチャートを見て1つの案を導き出した。当時のトムソン社のCEOディック・ハリントンにそれをどのように見せたのかを紹介しよう。そして彼の反応も。このケース全体を通じて最高にすばらしい瞬間だった。

ステップ 6　100万ドル以上の価値のある会議

平易で明快なチャートが完成したことにすっかり満足したわたしたちは、一刻もはやくトムソン社に戻り自分たちの発見を発表したかった。はやる気持ちはトムソン社のスタッフも同じだったようだ。いよいよ会社に到着し、コミュニケーション部門の人々にプレゼンテーションを行うという時に、思いがけなくCEO

のディック・ハリントンが出席したいとやってきた。わたしたちはチャートを特大サイズにプリントアウトして壁一面に貼っていた。きっとこのチャートは注目を集めるだろうと自信があったので、直接見たいというCEOの申し出がうれしかった。

テープで壁に貼ったチャートを、このテキストと同じ要領で順を追って重役たちに説明した。所要時間はわずか2分ほどだ。そしてチャートにぽっかりと空いている穴について説明を始めようとすると、CEOのハリントンが——彼はそれまで無言のまま座って熱心な様子できいていた——立ち上がり、ペンを貸してくれとわたしにいうではないか。

そのまま彼は壁に貼ったチャートにちかづいた。「これはじつにすばらしい。わたしはこの会社で20年働いているが、こういう形であらわすのを見たのは初めてですよ」といってから、大きな円を全体の4分の1にあたるチャートの上方右側のスペース（わたしたちがぽっかり空いた穴と呼んだスペースだ）に描き、さらに話を続けた。「わが社をここに置くべきだとわたしは考えます。この絶好のポジションをトムソン社がいただきたいものです」。彼はペンを返しながらたずねた。「あなたがたはこのチャートを作成した当事者として、どうすればわたしたちがそれを実現できるか、なにか名案がおありでしょうか？」

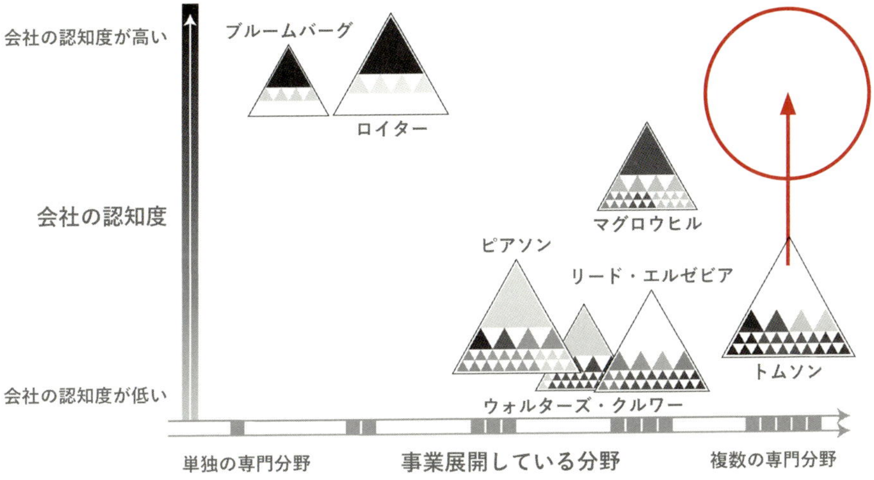

さきほどとそっくり？トムソン社のCEOディック・ハリントンはわたしたちの絵を見て、絵の中の同じスペースにチャンスを見出した。

方法については考えていた。そして頭のなかには2つの思いがあった。まず専門家向け情報の分野で世界トップの出版社のCEOが1枚の絵をもとに戦略を立てようとする意気込みに感激し、絵を活用した問題解決法はこの会議室で重要な役割を果たしていると実感した。第二に、「どのように」を示すリハーサルをしておいてよかったという思いだった。

CEOのハリントンからペンを受け取り、わたしは上方の4分の1の部分に新しい三角形を描いて内側を塗りつぶした。「商品の知名度の高さを活用してトムソンという名前を浸透させてはどうでしょう。それぞれの商品のブランドにトムソンの名前を加えてブランド再生をはかるという方法です。かなりシンプルなやり方で経費も効率的に使うことができます。この方法であれば、既存の商品のブランド力はそのまま維持できるうえ、トムソンという存在も速やかに浸透させられるでしょう」

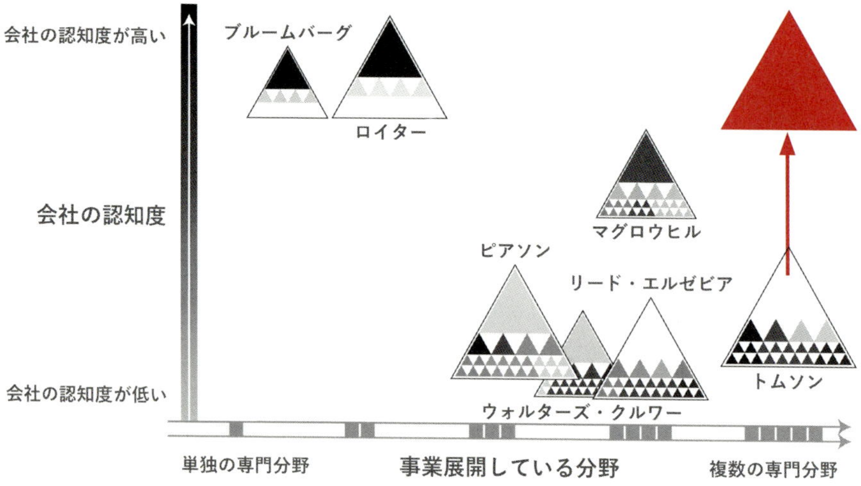

わたしは上方右側に三角形を描いて塗りつぶし、トムソン社の有名な商品のブランド名にトムソンという名前を加えることを提案した。

ハリントンがうなずいた。そして同社のコミュニケーション部門の責任者のほうを向いた。「じつに説得力のある提案ですね。実現できるかどうか検討してみましょう」。そう告げてから彼は立ち上がり、今度は部屋全体に向かって話しかけた。「みごとな成果でした。参加させてもらったことに感謝します」。わたしたちも立ち上がり、感謝の言葉を述べた。するとハリントンがもう一度ペンを貸してほしいという。

そのままドアのほうに向かいながら、彼はふたたびチャートの前で足を止めた。「わが社がこの4分の1のスペースに移動するには、もう1つ方法がありますね」

彼はチャートの上方の左側にあるロイターのピラミッド型を大きな円で囲んだ。「彼らを買収してしまえばいいんですよ」

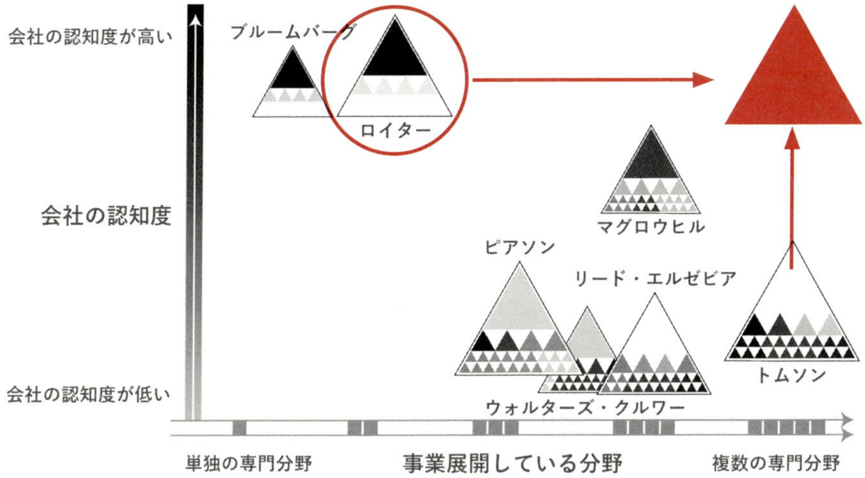

退室する際、ハリントンはロイターを円で囲み、冗談めかしてこうつけ加えた。「彼らを買収してしまえばいいんですよ」。なかなかのジョークである。

彼はわたしたちにウインクして部屋を出た。トムソンとロイターのピラミッド型のサイズを見れば、ジョークとしか考えられない。わたしたちはそのジョークをにこやかに受け止めた。

5年後

2007年、トムソン・コーポレーションはロイターを買収した。金融情報の提供に関して世界でダントツの業績を誇るロイターは172億ドルで買収されたのである。

これでもまだ絵が強力なビジネスツールであるとは認められないとお考えだろうか？

THOMSON REUTERS

わたしたちが作成したチャートの価値は172億ドル？

というわけで、ランチの時間となった。ランチの後はコインの裏側を出して絵を描こう。

コインの裏　6つの方法で見せる

午前中はコインの「表」側を学んだ。圧倒的な規模の問題を見る方法を学んできた。今度はコインを裏返し、どんなタイプの問題でも6つのシンプルな絵を描いて解明する方法を学んでいこう。

裏側　どんな問題も6種類の要素で構成されている。それぞれの問題についてその要素を特定すれば、もはや解決はまぢかだ。

6×6ルールの真実

問題全体を一度にあらわすために凝《こ》った絵を描くのではなく、わたしたちの視覚系の視覚路ひとつひとつに直接アピールする6つのシンプルな絵を作成すると、どのような展開となるのだろうか？　問題のひとつひとつの要素を個別に描けばよいので、容易に描ける。そしてその絵は見る人すべてにとって、すぐに「理解する」ものであるにちがいない。

この考えをもとに6×6ルールの絵を描いてみた。

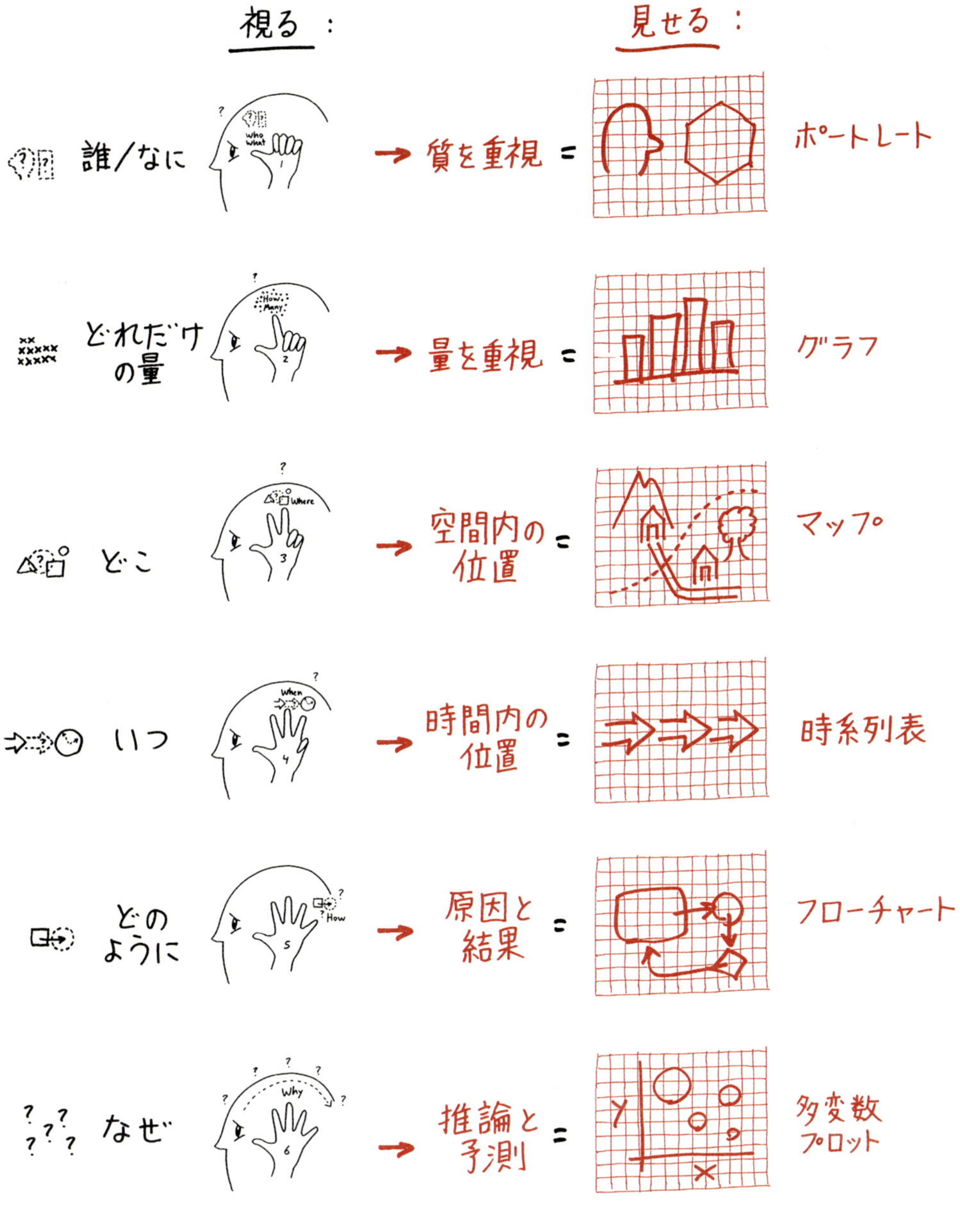

6つの方法で〈視る〉のに合わせて6通りの絵を描けば、〈見せる〉ための6通りの絵ができる。それを6×6ルールは教えてくれる。

6×6ルールはつぎのようにわたしたちに教えてくれる。6つの方法で問題を視れば、問題の6つの側面をあらわす6通りの絵が生まれる。わたしたちの視覚系は視覚が収集した信号を個々の要素に分解し、それをつなぎ合わせて完璧な絵をつくる。そのプロセスを逆にするだけでどんな問題についても適切な絵をつくることができる。

たとえば、プロジェクトマネジャーの立場にあると想定しよう。この四半期末までに新製品を売り出す必要があるとなると、まずは「いつ」という問題に直面する可能性がある。具体的には、〈期日に間に合わせるためには、ものごとをいつ実行する必要があるのか?〉という問題の解決を迫られる。その場合には、「いつ」を視覚的に明確にする絵を、つまり期限通りにものごとが実行される状態をあらわす絵をつくればよい。時間の経過に着目して問題を視ればその絵を描くことができる。問題全体——「誰／なに」「どれだけの量」「どこ」「どのように」といったすべての要素——を描く必要はないはずだ。「いつ」をあらわすたった1つの絵で事足りるだろう。

プロジェクトマネジャーとして、「いつ」までにすべてを実行する必要があるのだろうか？

それならば、〈あらゆる〉問題についての絵を作成できるはずである。これはビジュアルシンキングで問題解決をしようという意欲のあるみなさんにとって、朗報だ。しかも、あらゆる問題についてわずか6つのシンプルな絵だけであらわせるのだ。つまり6つのシンプルな絵を描く方法をマスターできる人であれば(誰にでもマスターできる)、あらゆる問題についての絵を描く方法をマスターできるということだ。

さっそくそれを証明していこう。

6つの絵とは？

午前中に学んだ通り、すべての問題は6つのスライスから構成されている。「誰／なに」「どれだけの量」「どこ」「いつ」「どのように」「なぜ」という6つのスライスだ。6×6ルールを検証するには、各スライスをあらわすのにぴったりのシンプルな絵を特定すればよい。ここでふたたび「問題解決のピザ」の絵を中心に据えてがんばってみよう。今回は各スライスの名前を考えるのではなく、各スライスに最適な絵を考えていく。

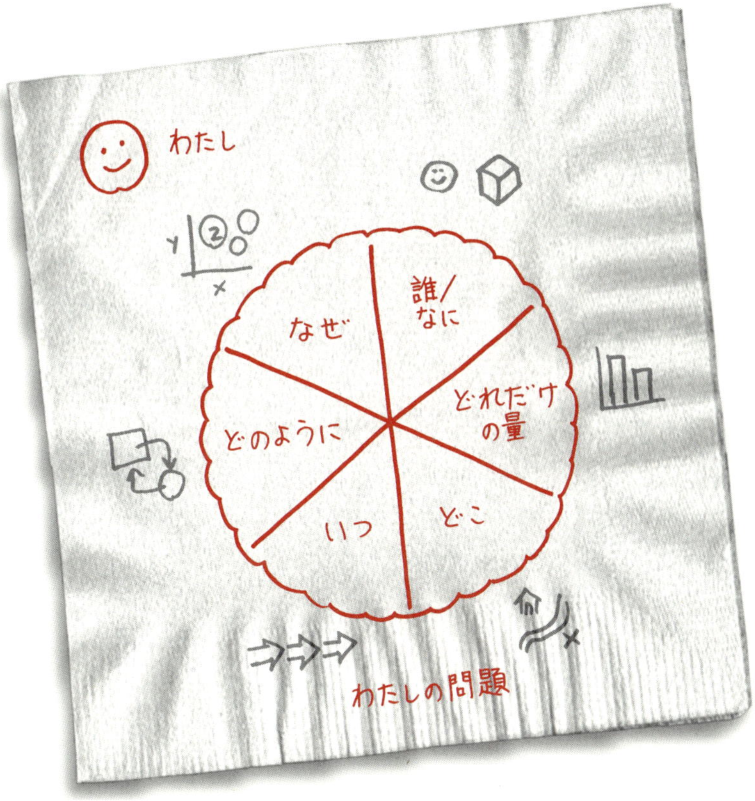

ふたたび「問題解決のピザ」を登場させる。今回は6通りの絵を描く。

絵１「誰／なに」＝ポートレート

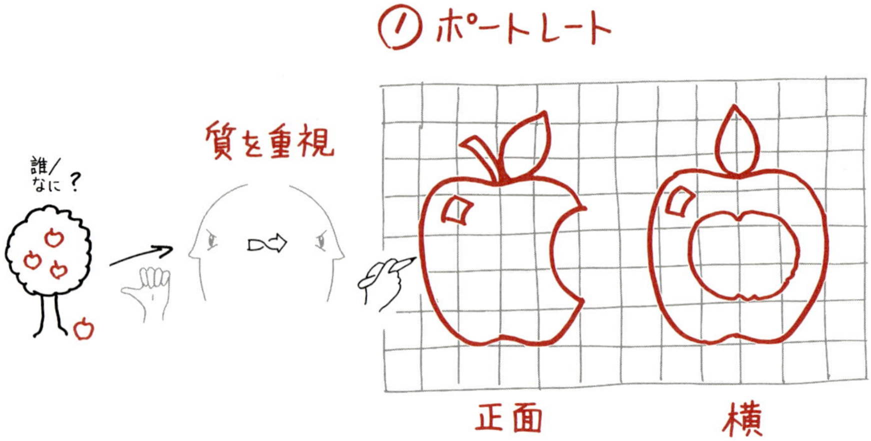

「誰／なに」にかかわる問題にはわたしたちの周囲の〈対象〉がかかわっている――わたしたちの頭のなかの「誰／なに」経路が加工処理する情報だ。人、もの、具体的な考え、機械、などである。「誰／なに」問題の例をあげてみよう。

- わたしはマーケティング・チームに所属している。わが社が新しいサービスを開始するにあたり最適の顧客層をわれわれは特定したつもりなのだが、まちがいはないだろうか。〈わが社が顧客とすべきターゲットは誰なのか？　彼らは他の顧客層とはどう区別できるのか？〉
- わたしは飛行機のパイロットである。速度を落とすためにはどのレバーを引けばいいのか思い出せない。〈レバーの区別はなにで見分ければいいのか？　ここにあるひとつひとつのレバーはなにをするためのものなのか？〉
- わたしは比較宗教学を学んでいる。誰がなにを信仰しているのかを把握するのに困っている。〈それぞれの宗教の教義はなにか？　似ている理由はなにか？　なにが原因でちがいがあるのか？〉

いまの問題すべてに共通しているのは、複数の対象同士を同じものにしている特徴、あるいはちがうものにしている特徴を求めている点だ。同じ作業を担当しているのが、わたしたちの視覚系の「誰／なに」経路である。ここでは視覚でとらえた対象について無数の細かな計測を行い、それをもとに、いま目の前にある対象あるいは視覚的な記憶として蓄えられた対象と比較している。

一例をあげよう。つぎの絵を見ていただきたい。

ここで初めて登場するのは問題解決のためのポートレートである。トムはディックとは似ていないが、ハリーとは多くの共通点がある。

トムはディックよりも背が高いので、似ていない。トムはハリーとよく似ているが、それは背の高さが同じであることに加え、髪の毛の色も同じだからである。わたしは心の目を通じて頭のなかにトム、ディック、ハリーの絵を描き、なにはともあれ、彼らについて結論を出した。

「誰／なに」問題を描くにはどんな絵がふさわしいのだろうか？　それを決めるには、これまで行ってきたプロセスをひっくり返すだけでいい。わたしたちはトムとディックとハリーを計測して1人ひとり区別している。だから彼らを区別するために最適な絵はシンプルなポートレート、つまりいま行ったような計測の結果を示す絵だ。

簡単に描けるポートレートにはさまざまな種類がある。対象同士の差異に注目し、紙の上でその差異をあらわせば、できあがる。どんなポートレートでも、対象同士のちがいをつくりだす視覚的な要素を見せてくれるという共通点がある。

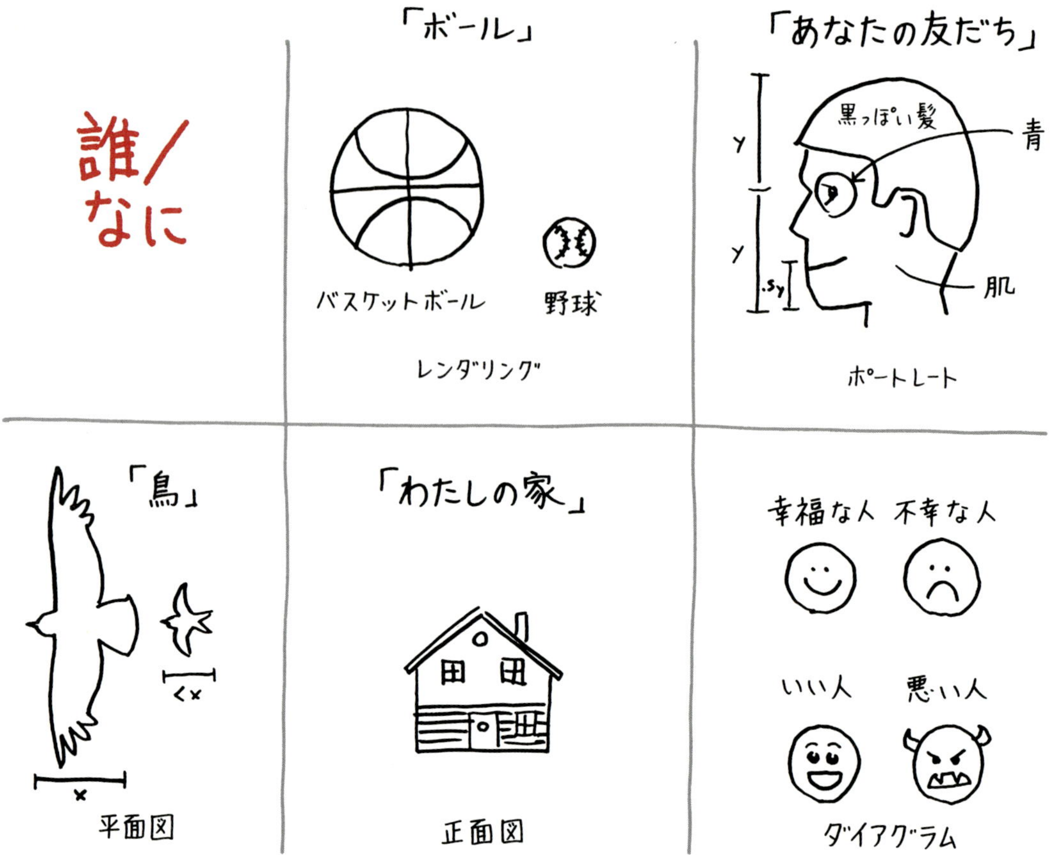

わたしたちに必要な「ポートレート」とは、他と区別がつく特徴をシンプルにあらわした絵である。

ポートレートを作成するために必要なのは、芸術的な能力と才能を高めることではない。いま取り組んでいる問題を見て構成する要素を〈特定し〉、〈認識する〉ことである。実物とそっくりである必要はない。完成したポートレートが問題の核心部分を伝え、ポートレートを見た人にもそれが確実に伝わっているならば、それはいい絵なのだ。

ポートレートに対する理解を深めるためにいくつか例を見てみよう。それから実際に自分で描いてみよう。

伝わってくるだろうか？

救急救命室（ER）、飛行機の座席の裏に備えつけの安全のしおり、イケアの取扱説明書などさまざまな場面で、シンプルなポートレートは話し言葉を超えるさまざまな情報を瞬時に伝えている。自分がどう感じているのかを正確に知ってもらうには、あるいは相手にどう感じてほしいのかを正確に伝えるには、誰が見ても区別のつく1枚のポートレートであらわすのがいちばんだ。

視覚的な情報を処理するわたしたちの能力はたいへんにすぐれている。特に人間の顔の微妙な加減を見極める際に際立つ部分だ。だからきわめて素朴な絵でも瞬時に気持ちは伝わり、反応が返ってくる。

スピードを落とすのはどちら？（パート1）

ジェット機が登場するまでは空を飛ぶ飛行機にはすべてプロペラがついていた。当時はパイロットはスピードを落とそうとして、誤ってエンジンを止めてしまうという事態がしばしば起きていた。どの飛行機にも2種類の異なったエンジン制御装置が備わっていたためだ。エンジンの回転数を制御する「スロットル」（レバーを押す＝出力アップ、レバーを引く＝出力ダウン）と、エンジンに送り込む空気と燃料の混合比を制御する「ミクスチャー」（押す＝燃料の比率が高くなる、引く＝燃料の比率を下げる＝エンジンを止める）の2つがあったのだ。

問題は、どちらのレバーもそっくりでコックピットの同じ場所に配置されていたことだ。もしもパイロットがあわてていたり目で確認しないままレバーを引いたりすれば、まちがったレバーを引く可能性はおおいにあった。やがてそれぞれのレバーを視覚的に区別する方法が標準化されて事態が改善された。ぱっと見て区別がつくように（1）色で識別する。スロットルは必ず黒でミクスチャーは必ず赤。（2）形で区別する。どの飛行機でもスロットルには凹凸がなく、ミクスチャーにはぎざぎざがついた。

スロットルとミクスチャーを区別するために、視覚に訴える手がかり（色と形）が使われている。これで人命を守っている。

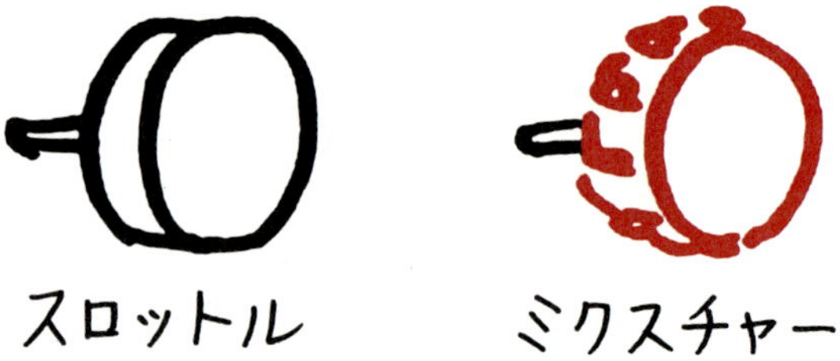

スピードを落とすのはどちら？（パート2）

エンジン制御に関するこうした問題を示すための「ポートレート」には飛行機を描く必要はない。つぎのシンプルなポートレートを見ていただきたい。2種類のポートレートはどういうちがいを描いたものだろうか（ヒントをさしあげよう。これはたいていの人にとって、家計に及ぼす影響が〈2番目〉に大きな決断をくだす時に重要となる）。

この2つのポートレートはどんなちがいを示しているのだろうか？

そして、あなたはどちらを購入するだろうか？

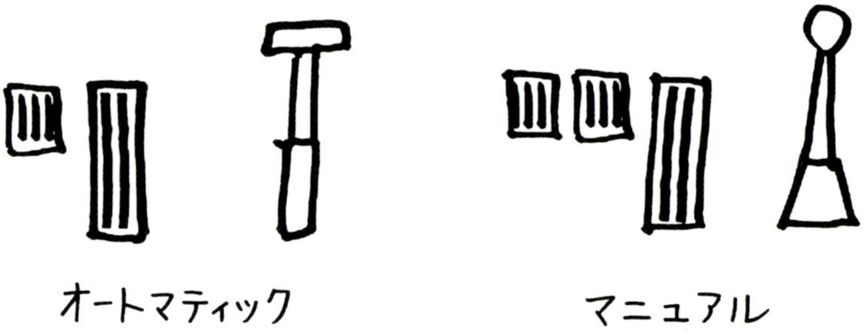

あなたはなにを信じるのか？

人の営みのうち宗教の領域には大小かかわらず無数のちがいが存在する。ちがいを誇張して述べたり、控えめに述べたり、うっかり誤って述べたりすれば、大問題になりかねない。つぎのきわめてシンプルなポートレートを見るだけでも、絵が発揮する「差別化」の威力がおわかりいただける（感じられる）だろう。

いつも仲がいいとは限らない

この通り、言葉などなくても、ぱっと見ただけで強い感情へと結びつく。

どれも数本の線で紙に描かれているに過ぎない。もう一度いおう。シンプルな絵では意味が伝わらないというのは、おおまちがいだ。さらに例をあげて、その点をあきらかにしていこう。

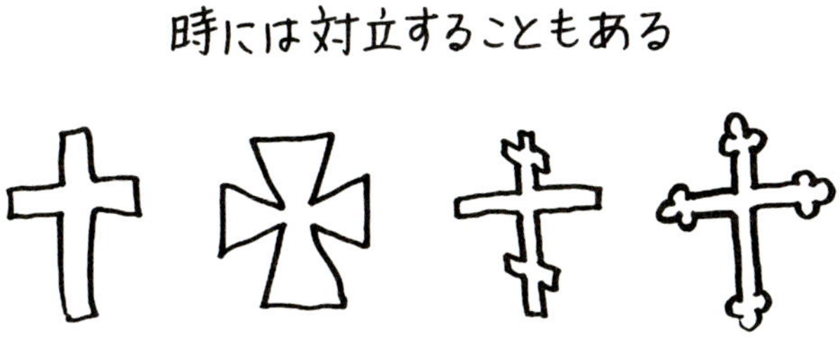
時には対立することもある

同じ形のわずかなちがいも、強い感情の源となる。

問題解決のためのポートレートを作成する時には、ささいなことから大きなちがいが生じてしまう。

ポートレートを描いてみよう

つぎの3つのうちから1つ選んでポートレートを描こう（もちろん、3つすべてをやってしまおうという元気いっぱいの方も大歓迎だ）。

ポートレートの選択肢 1　観客を区別する

下の余白につぎの顧客のちがいがわかるようなポートレートを描いてみよう。

（ヒント　まず棒に顔と手足のついた人物像からスタートし、ぱっと見分けのつく特徴を1つあるいは2つ考えてみる）

- ヤッピー
- トゥイーン（8歳〜12歳の子ども）
- ヤングアダルト
- サッカーマム／パパ
- 退職者
- その他誰でも

選択肢 2　移動手段を区別する

下の余白に、つぎにあげる移動手段をできる限りシンプルに、しかもちがいが伝わるように描いてみよう。

- バス
- 船
- 飛行機
- 自動車
- 潜水艦
- あなたの通勤手段

選択肢 3　休暇を過ごす場所

下の余白に、つぎの場所について思い浮かぶことを描いてみよう。

- ハワイ
- ニューヨーク
- パリ
- モンタナ州
- 月
- あなたが休暇を過ごしたい場所

絵を使ったリストは言葉のリストよりも記憶に残りやすい

絵を描いてみて、なにか気づいたことはあるだろうか。それぞれ、絵でちがいを比較できるリストが完成できたはずだ。複数のアイテムのちがいを言葉だけで表現し記憶するよりも、高度に発達した視覚情報の処理センターをいっしょに活用するほうがはるかに効果的だ。まさにこれがポートレートのすばらしさである。

複数のアイテムを正確に記憶したい場合、絵のリストは言葉のリストよりも強力に印象に残る。脳がデータを処理する際に、区別するための情報を絵から大量に受け取るからである。リンゴとオレンジの絵を比べれば――どれほどシンプルな絵であっても――言葉だけで比較するよりも脳にとってははるかに刺激的だ。そしてなにより、わたしたちの視覚処理センターはつねに動いている。それを活用しない手はない。もう1つ例をあげてみよう。

なにを手元に残し、なにを捨てるか

たとえば消費財メーカーのブランドマネジャーであると想定しよう。いまわたしたちは自社製品のラインナップを絞る目的で製品の見直しを行っている。めざすゴールは、販売方針を決定するために自社製品を3つのグループに分けることだ。販売が好調で引き続き力を入れて売っていきたいもの、かなり売れているので今後費用を上乗せして売上を伸ばしたいもの、あまり売れていないので製造を取りやめるべきものという3つだ。

まずは顧客、マーケティング、販売のフィードバックをもとに実力の評価をつける。評価の種類はつぎの6種類だ。星のように輝いている、クラスで最高、水準並み、ぱっとしない、劣っている、売れ残っている。

これで作業の枠組みが整った。いまあげた通り、12種類の分類と3つの条件（売れ行き、これからの方針、評価）だ。しかし困ったことに言葉と構造が多いのでなかなか頭に入らない。12種類の具体的な項目も楽々とは収まらない。

これは比較的簡潔なリストのはずだが、たいていの人には正確に記憶することはむずかしい。ぱっと憶えて製品の仕分けをこなすというわけにもいかない。そこで集計表が登場する。すべてを把握するために、たいていの人はつぎのようなものとなるだろう。

これからの方針	売れ行き	評価	製品				
販売に力を 入れる	好調に 売れている	星のように 輝いている					
		クラスで最高					
費用を 上乗せする	かなり 売れている	水準並み					
		ぱっとしない					
製造を 取りやめる	あまり 売れていない	劣っている					
		売れ残っている					

アイテムを査定し、そのデータを記入していくには申し分ない。しかしわたしとしてはじゅうぶんには満足できない。いっそのこと心の目を活性化させて、直感的にどんどん仕分けていこう。

これなら目で〈見ながら〉作業ができる。どんな心地だろうか。

これからの方針	売れ行き	評価	製品				
 販売に力を 入れる	 好調に 売れている	星のように 輝いている 					
		クラスで最高 					
 費用を 上乗せする	 かなり 売れている	水準並み 					
		ぱっとしない 					
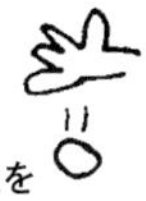 製造を 取りやめる	 あまり 売れていない	劣っている 					
		売れ残っている 					

このように長いリストの項目を正確に記憶するには、言葉だけを手がかりとするのは不十分であり、視覚処理センターに助っ人を頼めば、驚くほど記憶力に差がつく。

つぎのポートレートを描く——リストをつくり、よく考えてみよう

つぎの「カテゴリー」と「アイテム」のすべてを網羅するリストをつくってみよう。ただし絵を使ったシンプルなものを（前ページの例を参考にしていただきたい）。〈直感的〉にカテゴリーに仕分けできるリストにしよう。つまりひとつひとつの項目がじかに意味を伝え、視覚や感触をあらわすようなリストだ（ヒント：このエクササイズの目的は、意思決定のプロセスに頭のなかの視覚処理センターを加えることである）。わたしの解答については付録の338ページをご覧いただきたい。

カテゴリー

1　ひじょうに好調である
2　あらゆる手を尽くして救わなくてはならない
3　消滅しても仕方ない

アイテム

- ゼネラル・モーターズ
- 首都ワシントンDC
- ホールフーズ（食料品中心のスーパーマーケット）
- わたしが取引している地元の銀行
- ウォール街
- Google

これでひとまずポートレートについては終わるが、どうぞご心配なく。この先、問題解決の絵について学んでいく際に何度もポートレートに取り組むことになる。先に進む前にわたしたちの「問題解決のピザ」にシンプルな絵を描き入れよう。「誰／なに」にかかわる問題に直面した時にはポートレートを描くのだと覚えておくために。

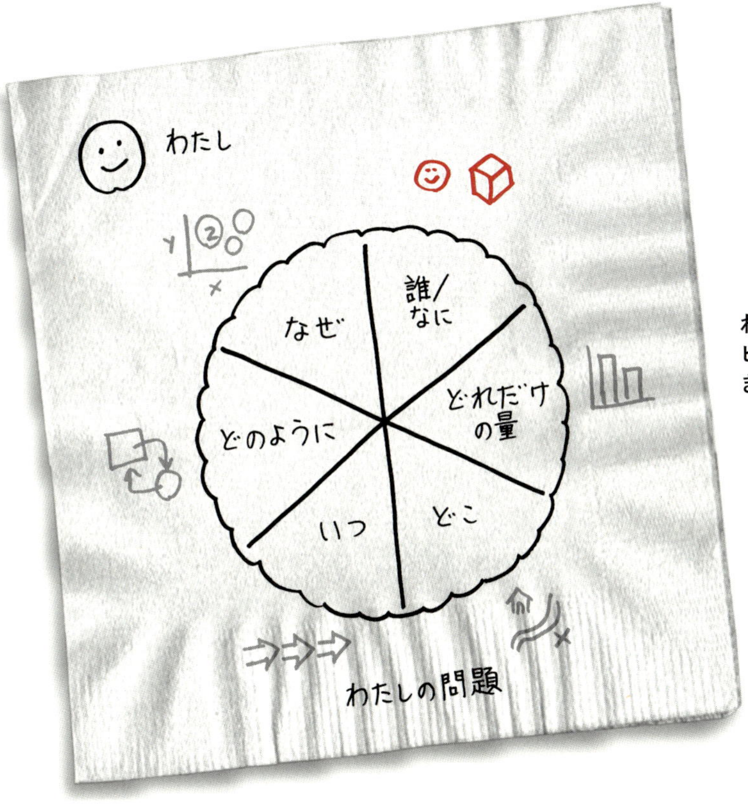

わたしたちの「問題解決のピザ」にポートレートを描き、「誰／なに」と書く。

さらにポートレートを描いてみよう――あなたの「誰／なに」問題

あなた自身が抱えている困難、あるいは仕事上で直面している問題のうち、「誰／なに」問題に当たるものはあるだろうか？　どんなポートレートを描けば解明に役立つだろうか？

絵 2 「どれだけの量」＝グラフ

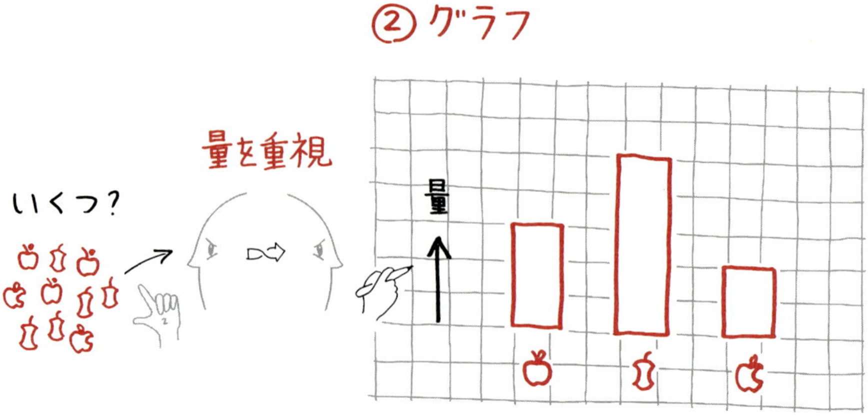

「どれだけの量」にかかわる問題とは数字にかかわる問題を指す。どれだけたくさん売れたのか？　今四半期を切り抜けるだけの資金はあるのか？　株式市場ではなにが起きているのか？　いまあげた問題はどれも、わたしたちの視覚系のなかでつねに周囲の数量を測っている（あるいは測ろうとしている）「どれだけの量」経路で扱われている。

〈「どれだけの量」にかかわる問題の例はつぎの通り〉

- わたしは金融アナリストである。いま提案している経費削減案の妥当性を説明しなくてはならない。〈わたしたちは現在どれだけの金額を費やしているのか？　この提案を実行した場合の投資収益率（ROI）は？〉
- わたしはマネジャーであり、新しいスタッフを採用しようと考えている。スタッフが増えた場合に人件費をまかなえるかどうか確かめたい。〈彼らを雇用した場合にどれくらい費用がかかるのか？　彼らはわが社の売上高にどれだけ貢献するだろうか？〉
- わたしは大手食料品チェーン店の果物のバイヤーである。バナナの仕入れ先を新しく開拓すれば経費を節約できるかどうか検討したい。〈商品の仕入れ価格は安くても輸送期間が長くなった場合、節約できる費用はどれくらいだろうか？　他の商品とともに輸送して経費を節約することは可能だろうか？〉

どの問題も、あくまで数字を追求するという共通点がある。「どれだけたくさん」と「いくら」は、わたしたちの「どれだけの量」経路が扱っている。「〈なに〉がどれだけたくさん」を知るには、〈誰〉と〈なに〉が必要なのだが、わたしたちの「どれだけの量」経路はそのような計測できない「質的」な差異には頓着しない。もっぱら量にこだわるのである。

対象が〈誰〉なのか、〈なに〉であるのかはどうでもいい。3と4であることさえわかればいいのだ！

たとえば、顔をあげると3人の人物がいる（トム、ディック、ハリーを憶えているだろうか?）。視線を下に向けると、わたしはリンゴを4個持っている。「どれだけの量」を考える際には身長のちがいには注目しない。ただ、3を認識し、それから4を認識する――そして余った1個は自分のリンゴだと理解する。

ビジネスの現場でもっとも多く登場する絵といえば、多種多様なグラフである★。時価総額、株価、株価収益率、損益、マーケットシェアなどビジネスの世界では「どれだけの量」という数値であらわすことで成功と失敗を判断するので、当然なのかもしれない。なんらかの事業への資金の提供を判断する場合、数値であらわせる基準を使うことになるはずだ。

★そしてまたグラフについての書籍は他の絵にくらべて多いので、本書ではくわしい説明に時間を割かないことにする。適切なグラフを選択するために重要なポイントは2つあるとわたしは考えている。ここではその2つに焦点を絞ろう。

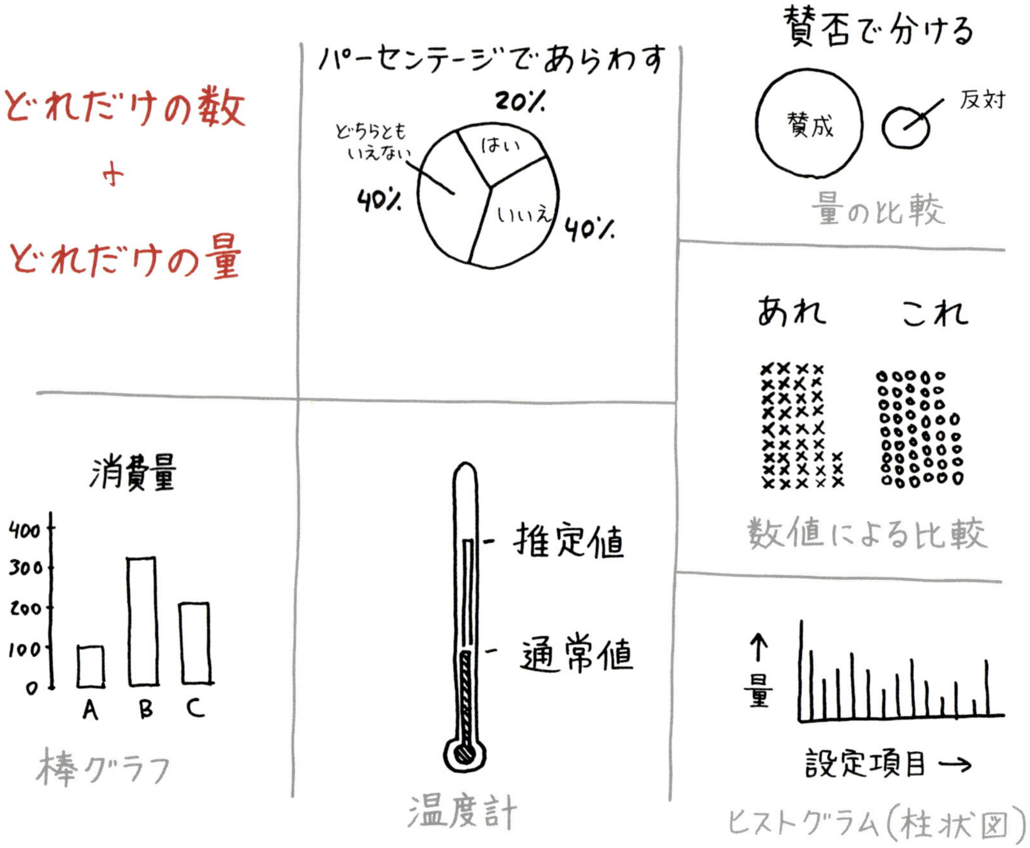

わたしはこれをどれくらいたくさん持っているのか？あれに比べるとどうなのか？　一見すると共通点はないようには見えなくても、「どれだけの量」のグラフはどれも、量を視覚的にあらわしている。

ビジネスには計測できる部分がひじょうに多く、そうした計測結果を比較する意義も大きいので、じつに多彩なグラフが存在している。棒グラフ、円グラフ、柱状図、時系列表、バブルチャート、レーダーチャートなど、あげていけば長いリストになる。ものごとを絵で見たい人にとって、選択肢がたくさんあるというのはいいことだ。にもかかわらず、適切なグラフ選びがむずかしくなってしまっている。すばらしいデータがそろい絵を作成する準備がすべて整ったところで、ふたたび「ヘッドライトの光のなかにシカが出現」してしまうのだ。どのグラフを使えばいいのかわからず、途方に暮れてしまうのである。
　選択肢の多さや、グラフ作成機能を提供するソフトウェアに惑わされてはならない。つまるところ、どんなグラフもたった1つの基本的なことをあらわすために存在している。それをよく憶えておこう。グラフとは「どれだけの量」を見せてくれるものである。そして見せるための方法はわずか2つ。実際の数字で見せる方法と相対的な量の比較で見せる方法だ。

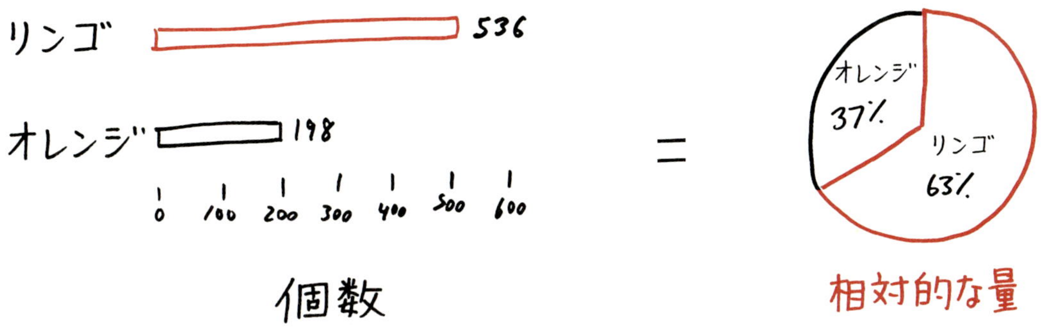

グラフは「どれだけの量」を絶対的な量
あるいは相対的な量で見せる。

　自分が直面している問題のもっとも重要な「どれだけの量」を決定できれば──そしてそれを実際の数字で示すべきか、比較しながら示すべきかを決定できれば──グラフの選択ははるかに容易になる。2枚のシンプルな絵を使って、決定までのプロセスを実際に試してみよう。

絶対的な量、相対的な量

絶対的な量とは、わたしたちがなにかを持っている際にその数量を「そのまま」示すことである。わたしはリンゴをいくつ持っているのか？　4つだ。ひじょうに明快である——絵にするまでもない。わたしたちには自分が何個持っているのかを知っておきたいという気持ちがある。個数を正確に把握していれば、動揺したり迷ったりしないですむ。トムにリンゴを何個あげるかという重大な決断もきっぱりとできる。

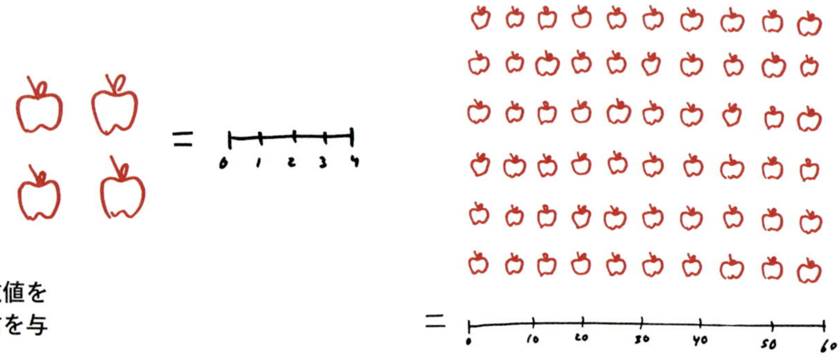

絶対的な量は、正確な数値を把握しているという確信を与えてくれる。

しかし絶対的な量には問題がある。第一に、わたしたち人間はじつは大きな数字を「自分のものにする」能力に乏しい。意識的に努力しないで瞬時に認識できる最大の量は5という人が大部分だろう（誰かがとんでもない浪費を始めたら、このことを思い出してほしい）。だからといって巨大な数字をイメージできないわけではない。できることはできるが、それには「イメージ」が必要となる。たいていの人は数字の桁がふえるとそれをそのまま把握できないが、目に見える形で量を比較すれば理解しやすくなる。

〈数を数えない〉でいくつまで識別できるだろうか？たいていの人は最大で5だ。

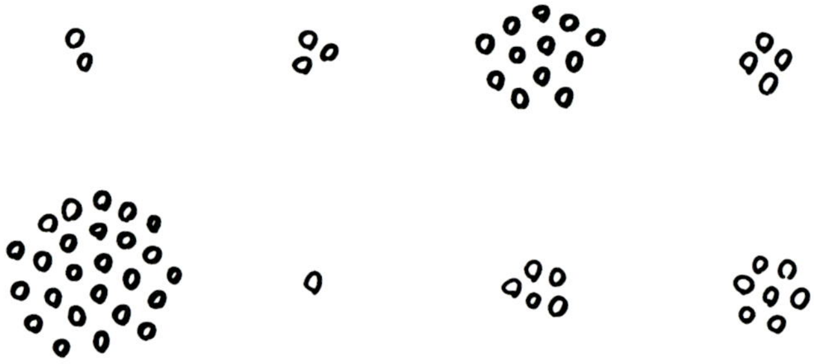

たとえば人が4人（トム、ディック、ハリー、わたし）でリンゴが4個という場合は1人につき何個であるのかはすぐにわかる。しかし、もしもリンゴが39個、あるいは72000個あるとしたら？　実際に割り算をして正確なこたえを出すのも1つの方法だろう。だがすばやく見積もりたいという時には、絵で量を比較するという方法も有効だ。

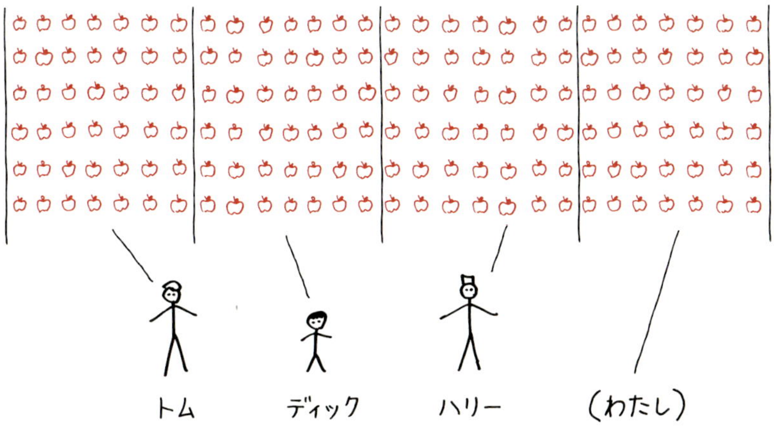

リンゴをひとつひとつ勘定して人数で割る必要はない。絵で量を比較するだけでいい。

量を比較する際にもっとも頻繁に使われ、わたしたちにとってなじみのあるシンプルで明白な数字といえば、100である。おなじみのパーセンテージは100という数字で成り立っている。これは全体と部分を量的に比較したり、数字と数字を比較したりするすばらしい方法である。

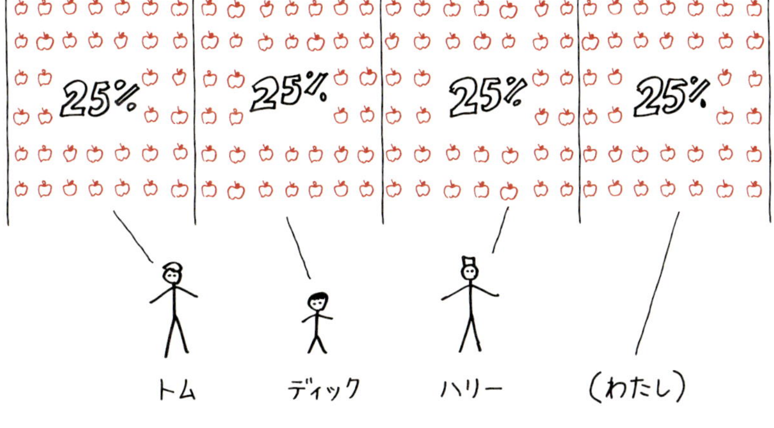

「%」という相対的な尺度を使うと、大きな数字がなにを意味しているのかを理解しやすくなる。

相対的な尺度を使えば、絶対的な量にともなう第二の問題がかなり緩和される。実際の数量が大きくなると（あるいは小さくなると）、グラフで絶対的な量をあらわすことはむずかしくなる。特に大きな量と小さな量を同時に示すとなると、ほんとうにむずかしい★。相対的な数で示す方法にシフトすれば、焦点となっている数量を絵であらわす方法にさまざまな工夫がしやすくなる。

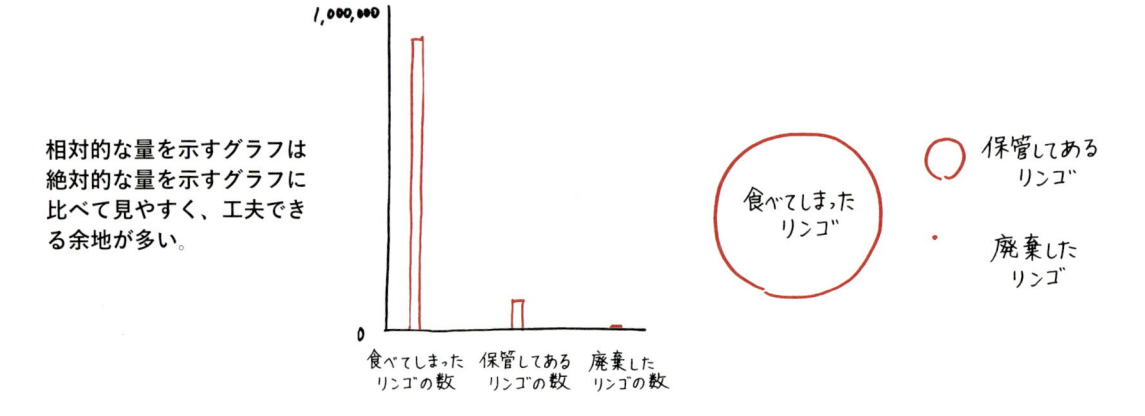

★数学者は昔から大きい数値と小さな数値を扱うむずかしさを知っていた（書くことすらむずかしいと）。そこで彼らは科学的記数法を発明し、簡潔に記す基準としたのである。わたしは数学を攻撃したいわけではない。シンプルな絵を活用して大きな数値の意味を速かに理解しようといいたいのである。そのうえで、さらに本格的な数学を使うかどうかを決めればよい。

相対的な量を示すグラフは絶対的な量を示すグラフに比べて見やすく、工夫できる余地が多い。

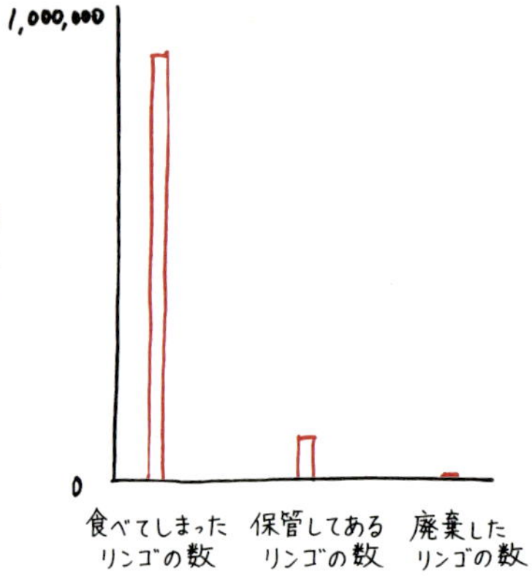

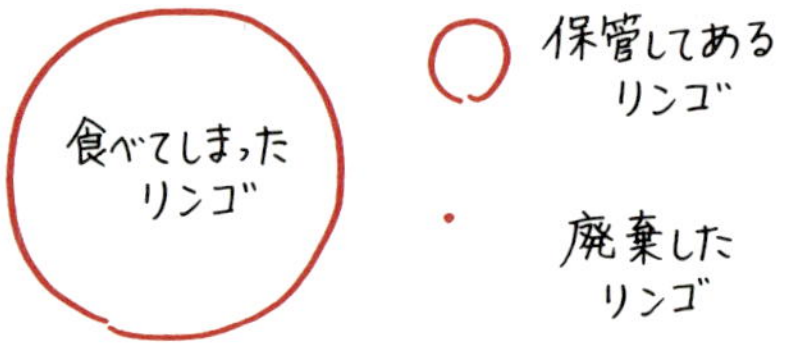

例を見てみよう。

1日1個のリンゴ

「アップル《リンゴ》」と誰かがいうのをきけば、たいていの人は2つのイメージのどちらかを思い浮かべるだろう。果実かコンピュータか。6×6ルールを説明したスライスを思い出してみよう。2つのイメージのちがいを示すのにぴったりの絵がある。シンプルなポートレートだ。

どちらのアップルだろう？ポートレートを描いて区別しよう。

もしもその人物がさらにこう続けたらどうだろう？「わたしはフルーツのことをいっているんです。『1日1個食べれば医者いらず』とはどういう意味でしょうか？」。さきほどとはまるでちがうイメージが必要になる。1日1個リンゴを食べるとなぜ医者がいらないのだろうか？　それはリンゴが赤いからなのか？　そうとは思えない。ではリンゴが丸いからなのか？　ちがう。リンゴがおいしいからなのか？　そうかもしれない。しかし医師はもっぱら健康を〈測る〉――彼らはわたしたちの体温、血圧、体重、コレステロール値などを測る――という前々からの知識をもとに考えれば、リンゴが医師を寄せつけない理由は〈測る〉ことに関係しているのではないだろうか？

なにをどのように測れば、リンゴがヘルシーな食べ物と示すことができるのだろうか？　リンゴに含まれるビタミンは、どうだろう？

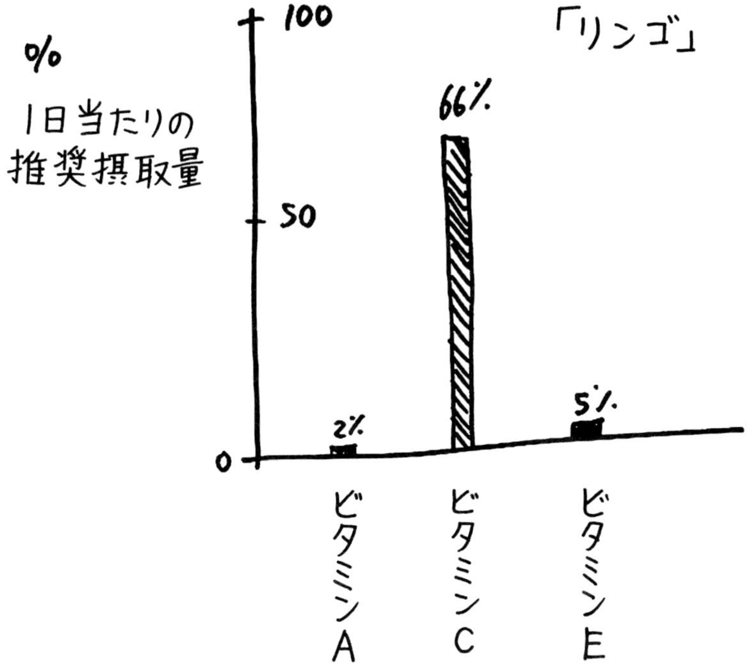

計測した結果をグラフにして、リンゴはヘルシーな食べ物なので医師を遠ざけることを示している。

バナナの価格

フルーツの話題が出たところで、先ほどのバナナのバイヤーの例をもう一度取り上げてみよう。検討課題について憶えているだろうか？　バナナの仕入れ価格は安くなるがいままでよりも遠くから運ぶとなると、果たして費用は節約できるのかという内容だった。バナナとはなにかという部分に関しては問題視していない。関心があるのは費用だけだ。費用が節約できるかどうかを確かめるにはグラフを使えばよい。★

> ★このエクササイズの数字と場所はすべて架空のものである。このエクササイズをもとにバナナのバイヤーにならないようにしていただきたい。

このグラフはバナナ生産国の卸売価格（実際の数字ではない）を示している。国名はブローラ、ハウルー、ウエスタンゴ、そしてわが社の現在の仕入れ先であるクイゾースである。

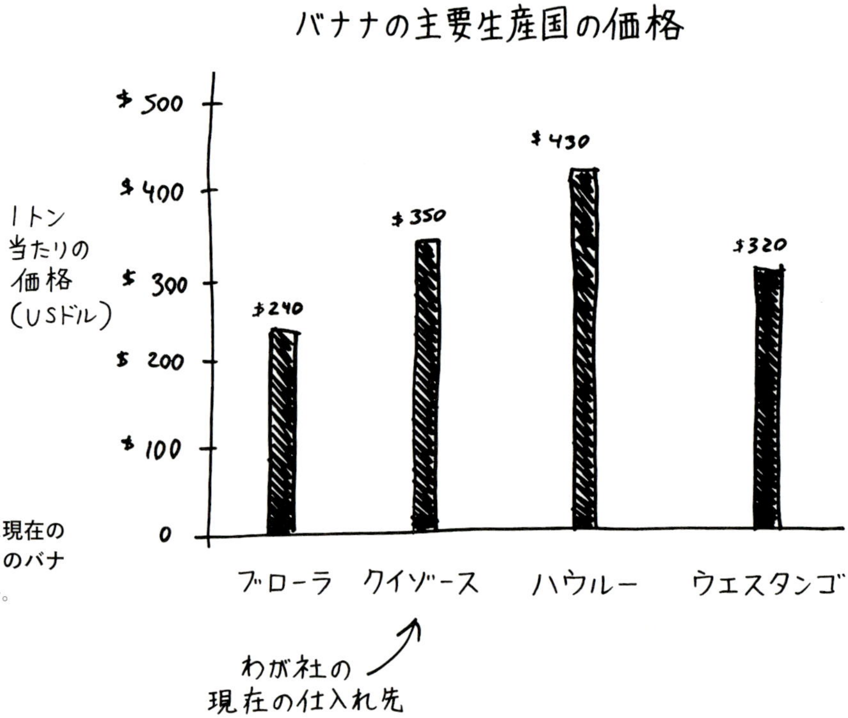

ブローラのバナナは現在の仕入れ先クイゾースのバナナよりもずっと安い。

このグラフは4ヵ国からの輸送費を示している。

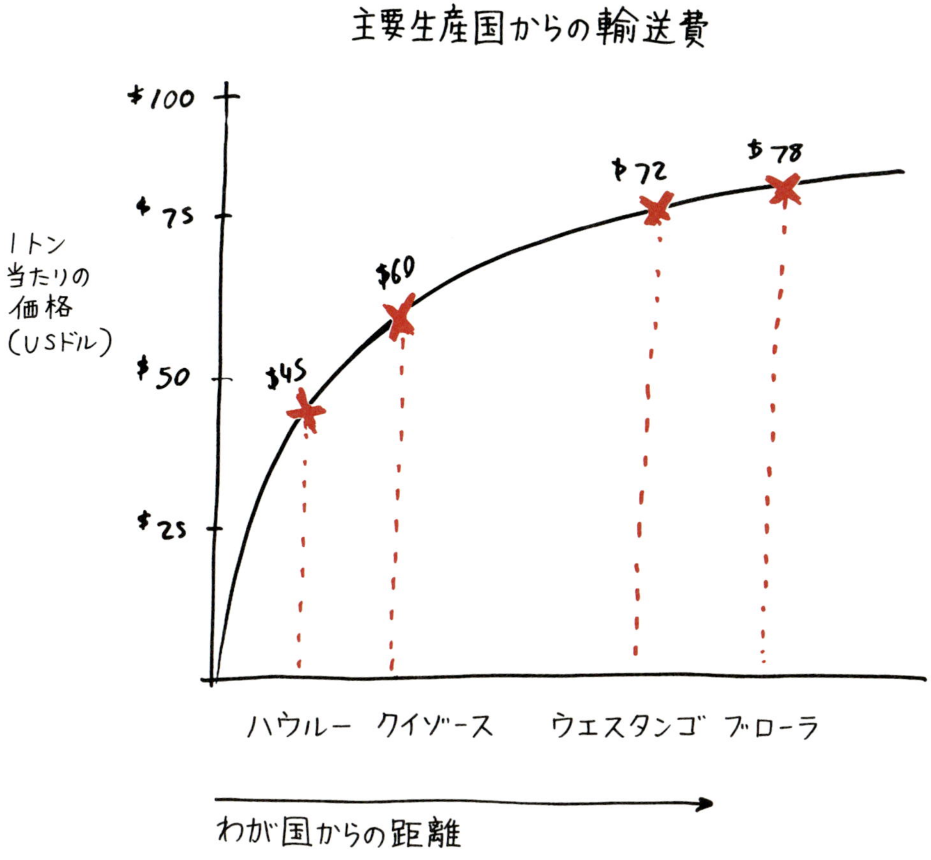

ブローラは遠いので輸送費は高いことがわかる。

「どれだけの量」だけに注目し、2つのシンプルなグラフを並べただけで量的なこたえは明確になった。クイゾースから仕入れるのを止めてあらたにブローラから買うべきである。

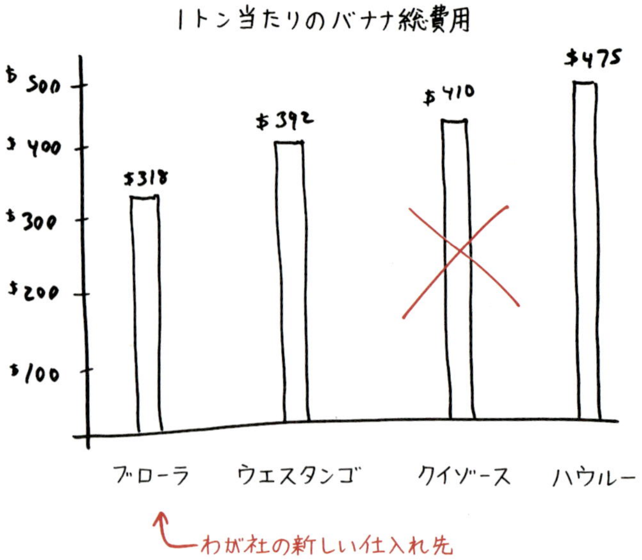

輸送費の増加分を考慮しても、仕入れ先をブローラに変えれば現在よりもずっと安くバナナが手に入る。

「どれだけの量」スライスを見るだけではじゅうぶんとはいえない。なにかを見落としている可能性がある。思い出してほしい。これまでずっとクイゾースにとってわたしたちは大口の売り先だった。わたしたちがバナナを買わなくなれば、あの国ではなにが起きるだろうか？　このグラフはそのこたえを語ってはくれない。バナナの売上が少しでも減少すれば、クイゾースの経済は深刻なダメージを受けるだろう。それはグラフであらわせる。

厳密に「どれだけの量」だけに焦点を絞れば、直接わたしたちにかかわる問題ではない。しかしいつの日か、クイゾースの経済はわたしたちの問題となるかもしれない。値下げ交渉は可能だろうか？　クイゾースとの取引を止めて、同国にはほかの買い手をさがしてもらう、あるいは他に収入源を確保してもらうべきなのだろうか？　誰がその問いにこたえられるというのだろうか？　いくらグラフを見ても、こたえはどこにも示されていない。重要なのは、自分がなにを測っているのか、そしてなにを測っていないのかをつねに自覚しておくということだ。「どれだけの量」だけが示されるこたえには（ビジネスに携る人々はまっさきに「どれだけの量」の絵に手を伸ばす）、別のスライスつまり別の方法で視た場合に得られる重要な情報が含まれていない。

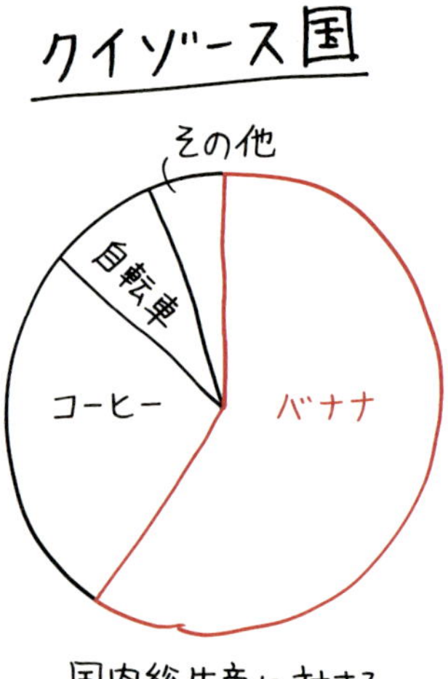

わたしたちはクイゾースにとってバナナの大口の取引先であり、バナナの取引は同国の経済のほぼ3分の2を占めている。わたしたちがバナナを買うことを止めたらなにが起きる可能性があるだろうか？

グラフを描いてみよう。

つぎのなかから1つ選んでグラフを完成させよう（「どれだけの量」についてもう少し慣れたい方はぜひすべてのグラフにチャレンジしていただきたい）。**わたしの解答は338ページの付録をごらんいただきたい。**

選択肢 1　目線を測る

第1日目は、絵を使った問題解決についての「人口分布」を取り上げ、誰でもつぎのカテゴリーのどこかに当てはまると述べた。

- 黒ペン
- 黄色ペン
- 赤ペン

パート 1

これまで何度となく会合の場で出席者にたずね、挙手をしてこたえてもらった。たいていの場合、自分は、第一のカテゴリーにもっともちかいとこたえる人は出席者の4分の1、第二のカテゴリーにはおよそ半数、第三のカテゴリーには4分の1弱である。1人あるいは2人は手をまったくあげない。これをどのようにあらわせるだろうか？

パート 2

全米の教師が結成する最大の組織から約100人の出席があった会議の席上、わたしは同じ質問をした。ところがこの時の結果はほかの会議での結果と大幅にちがっていた。第一のカテゴリーにあがった手はわずか2本、第二のカテゴリーには4本、その他の人々の手は――100本以上に見えた――第三のカテゴリーであがった。手をあげずにいた人は1人もいない。これはどのようにあらわせるだろうか？　パート1と比べあらわすと、どんなふうになるだろうか★!?

★これは事実である。なんとも衝撃的な結果だった。きわめて非科学的な（その点に関しては自信がある）この調査でもっとも偏りのある結果が出たのは、全米教育協会の100人あまりの人々を対象に実施した時だった。ほぼ全員が、自分は赤ペンだと申告したのだ！

絵で問題を解決することはやはりむずかしいのだろうか、と受け止めることもできるが、おそらくそうではないだろう。ほんとうの意味を知るには、わたしなどよりも統計学的素養の深い誰かにお願いして、信憑《しんぴょう》性の高い調査をしてもらうほうがよさそうだ。わが国の教師、教育制度、知性というものの解釈の仕方について、その他もろもろについて、興味深い事実が得られるかもしれない。博士論文のテーマを探している学生はいないだろうか？

選択肢 2　温度計方式

パート 1

あなたは学校の募金活動の指揮を執るように依頼された。新しいコンピュータを購入するための資金としてこれからの3週間で5000ドルを募ることが目標だ。学校が毎週保護者向けに発行しているニュースレターに、目標達成まであとどのくらいなのかを知らせるグラフを載せるとしたら、どのようなものにするだろうか？

パート 2

高性能の新しいコンピュータは1台735ドル。新しいが性能がさほど高くないコンピュータは1台476ドルだ。目標とする予算額を達成したと仮定して、あなたはどのタイプのコンピュータを何台ずつ購入する提案をするのか、グラフで示してみよう（コンピュータ部門の責任者は高性能のコンピュータを望んでいるのだが、校長は価格の低いコンピュータを多く購入したいはずである。それを念頭においてグラフを作成してみよう）。

数字の先にあるものを視る

すでに述べた通り、ビジネスの世界でグラフはとても重要な存在だ★。成功と失敗はもっぱら数値（のみ）で示されるので、ビジネスのプレゼンテーションで登場する絵といえばグラフだけという状況もうなずける。決してまちがっているわけではない。どんな種類の絵であっても、多いに越したことはない。しかしながら、ビジネスをあらわす絵がグラフだけとなると「ビジネス」の意味が正しく伝わらず、全体像を見誤るとまではいかなくても、著しく偏ってしまう。そういう状況はあきらかにまちがっている。

★どれほどグラフが重要な存在であるのかを知るには、ビジネス用のソフトウェアのパッケージを見ればよい。表計算ソフトからワープロソフトに至るまで、たいていはグラフ作成機能が組み込まれているという充実ぶりである。もちろん、こうしたプログラムのおかげで「どれだけの量」を速やかに視ることができるのはすばらしいことだ。が、そこにポートレートとマップ作成のツールもあらかじめ組み込まれていれば、よりいっそうすばらしいのではないだろうか。

午前中いっぱいかけて、ものごとを6通りで視る方法と、それがさまざまに結びついて全体像があらわれる仕組みを学んできた。ビジネスをあらわす絵がグラフのみとなると、わたしたちがビジネスの重要なものとしてとらえるのは「どれだけの量」の部分だけということになる。なるほど数字はお金をあらわし、お金は重要だ。しかしビジネスを視る時に、どれだけのお金が持ち主を変えていくのかを追うだけではじゅうぶんではない——そのお金は「どこ」からきているのかを視ることも重要である。そのためには別の種類の絵を視ればよい。この場合にはマップが必要だ。

先に進む前に、わたしたちの「問題解決のピザ」に絵を1つ描いておこう。「どれだけの量」にかかわる問題を視るにはグラフを描けばよい。

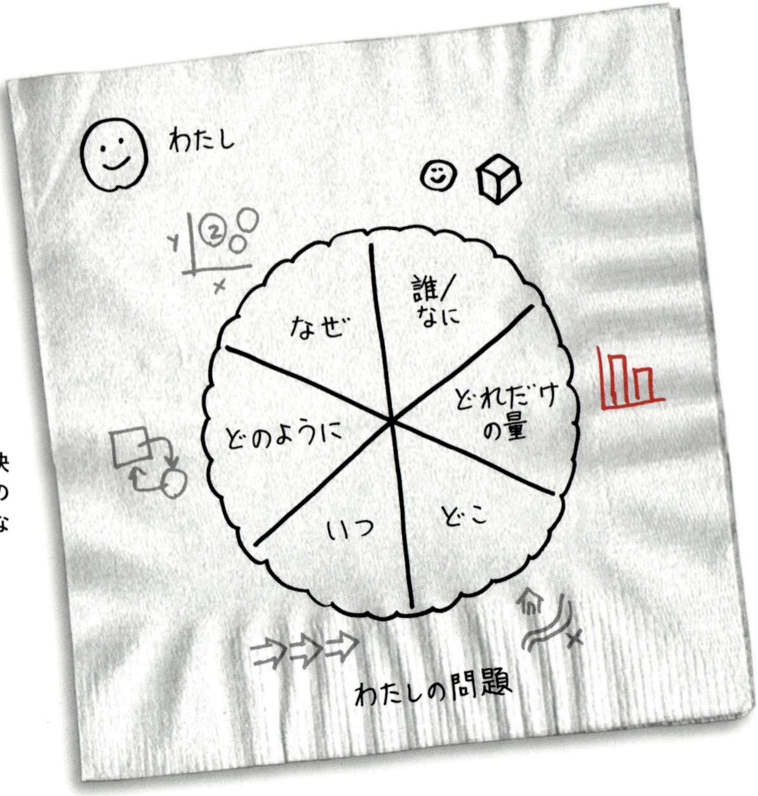

わたしたちの「問題解決のピザ」の「どれだけの量」スライスに、簡単なグラフの絵を描こう。

追加のグラフ　　あなたの「どれだけの量」問題

あなたが直面している困難、あるいはあなたのビジネスが抱えている問題のうち「どれだけの量」にかかわる問題はあるだろうか？　その問題を解明するにはどんなグラフを描けばいいだろうか？

絵3 「どこ」＝マップ

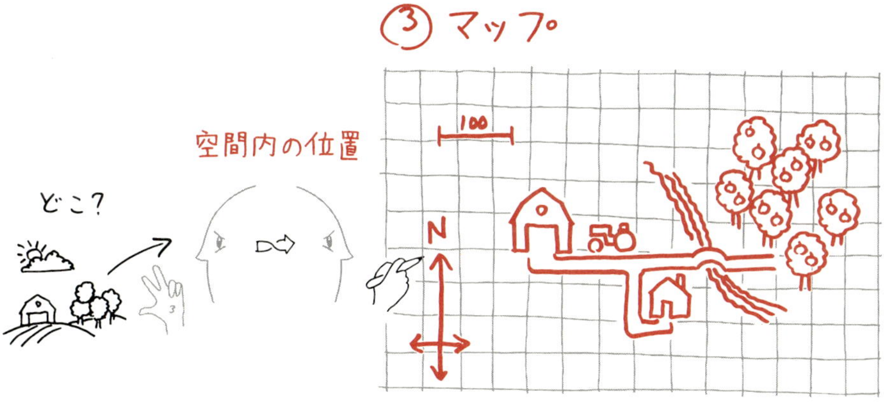

わたしたちの「どこ」経路は目でとらえた対象の位置を特定し、空間のなかでの対象同士の関係を追っていく。そのために、周囲の対象すべての相対的な位置を示すマップを瞬時に作成する。自分を中心としたマップ（なにかがいまこちらに接近している！）もあれば、自分が含まれていないマップ（わたしの台所の冷蔵庫の位置）もある。どんなマップにも共通しているのは、対象が〈なに〉であるのかが特定されていないことだ——それは別の経路の担当である。

たとえば、前方からなにか危険なものが接近していると見抜くのは「どこ」経路である。ワニにはこの経路しかないのだが、仮にわたしたちもそうであったなら、接近してくるものの正体がわからないまま「闘争か逃走か」の行動をとるはずだ。だが哺乳類であるわたしたちには「なに」経路がある。トムと仲間がリンゴめざしてやってきただけだと認識できる。そして全員にわたるだけのリンゴがあるので、たぶん物騒な事態にはならないだろう。

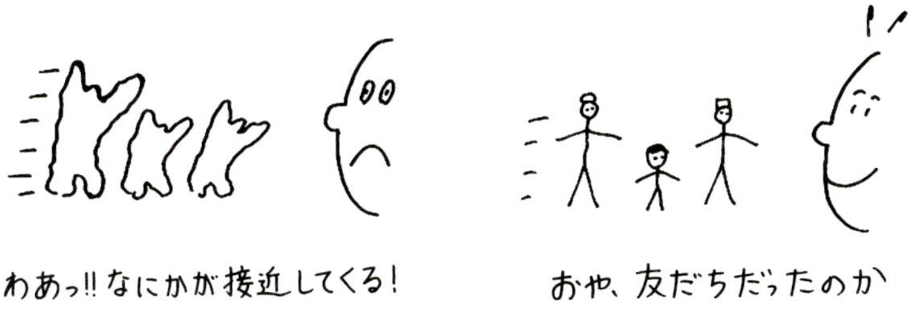

わたしたちの「どこ」経路が教えてくれるのは、なにかが接近してくるという情報だけだ。誰が接近してくるのか、なにが接近してくるのかを教えてくれるのは「誰／なに」経路である。

「どこ」問題の例をあげてみる

- わたしはビジネス戦略チームの一員である。わが社が今後めざすべき方向を定めるためにチームは現在奮闘中だ。〈競合他社と比較すると、いまわが社はどこにいるのだろうか？　わが社がターゲットとしている市場には開拓の余地はまだあるだろうか？　わが社が独自に提供する商品、コスト構造、将来性が交差するのはどこなのだろうか？〉
- わたしは建築家である。浄化槽とテラスの最適な場所を決定したい。〈浄化槽とテラスの関係がベストになる場所はどこだろうか？　浄化槽とテラスの配置として望ましいのはどういうものだろうか？〉
- わたしはウェディングプランナーである。披露宴の席順を決定したい。〈パーティーの主賓たちの席はどこに設けるべきだろうか？　うるさい親戚の席をどれだけ離せばトラブルを最小限に食い止めることができるのか？〉

　これから登場する絵のなかでマップはもっとも多彩だ。どんな対象に関しても相対的な位置を見極めて比較する方法は多種多様だからである。

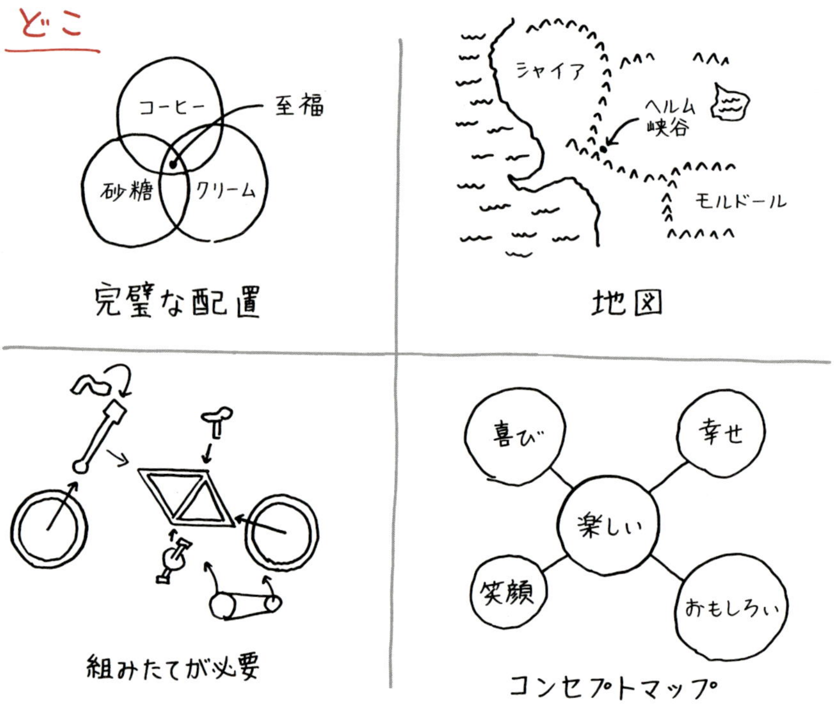

マップはバラエティに富んでいるように感じられるが、じつはどれも同じことをあらわしている。あるアイテムと他のものが空間のなかでどんな関係にあるかを示しているのだ。自転車の部品から抽象的な概念まで、どんなアイテムであっても同じだ。アイテム同士どのようにまとまるのか、あるいは重なるのかを知るにはマップが必要となる。

マップを作成するには、わたしたちの「どこ」経路の活動を模倣して、あるアイテムと他のアイテムの空間的関係を示せばよい。わたしたちが作成するマップは、どんなアイテムにも対応する――家、ビジネスプランの構成要素、マーケティングのコンセプトなど。アイテムとアイテムがどこでまとまるのか、どこで重なるのか、空間的にどこでぶつかるおそれがあるのかをマップで示す。

例として3つのマップを見てみよう。

マップ 1　データはどこにあるのか？

ひんぱんにマップが登場するビジネスの分野といえばIT関係である。とりわけテクニカルアーキテクチャには多い。テクニカルアーキテクチャとは、さまざまな計測器、コンピュータ、サーバ、ソフトウェア、データといったものすべてをどこで組み合わせれば、「システム」が有益なデータを収集し、わたしたち（「ユーザー」）がそれにアクセスできるのかを考え出すことである。このように「どこ」を突き止めるにはマップがふさわしい。

これまでのテクニカルアーキテクチャのマップといえば、つぎのようなものだった。大量の多様なシステムが大量の多様な情報を提供し、「ユーザー」は理解するために四苦八苦することを強いられる。

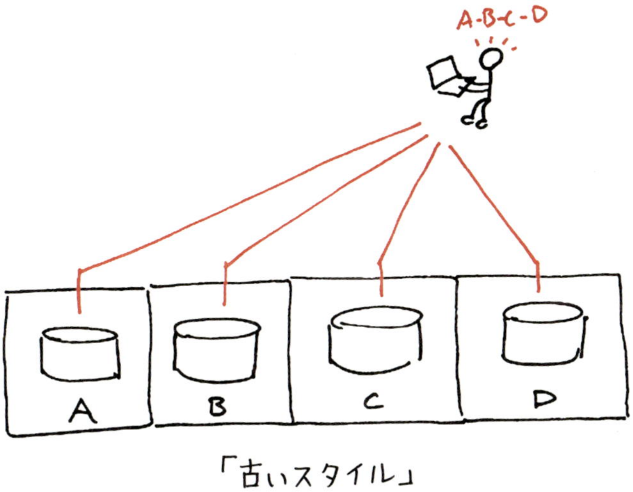

テクニカルアーキテクチャの典型的な「古いスタイル」のマップは、たくさんのシステムが収集したデータをそのまま「ユーザー」に提供している。ユーザーは苦労しながら、そのデータをどのように組み合わせればいいのかを考えなくてはならない。

従来のマップと、テクニカルアーキテクチャの新しいスタンダードである「サービス志向型」のモデルを比較してみよう。あきらかに変わっている部分がある。異なったシステムの組み合わせという点は同じだが、新しく「サービス・バス」または「サービス・レイヤ」と呼ばれるものがシステムとユーザーのあいだに入った。この「バス」はあらかじめ定義されたビジネスのルールを数多く利用してデータの組み合わせ方法を考え出す。ユーザーにとっては膨大なデータを提供されるよりも多くのことがわかる。

この新しい「サービス志向型」モデルには「サービス・バス」が加わり、ルールに従ってデータが統合されるので、わたしたちは過剰なデータに苦しむことなくデータの検討に集中できる。

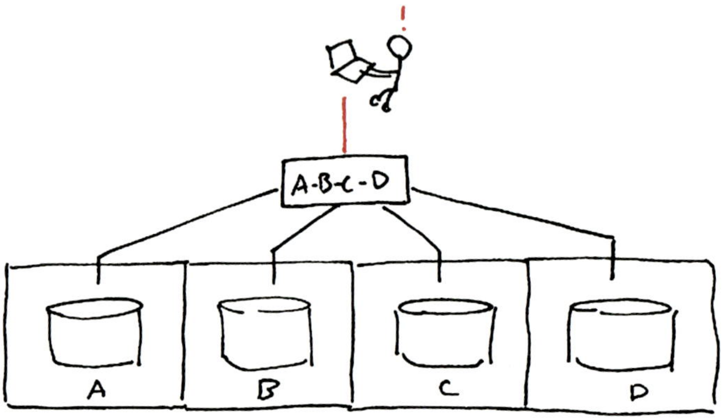

「サービス志向型」

第3日目に取り上げるが、「新」と「旧」のマップを並べて比べると、ちがいは一目瞭然だ。2つのマップをもう一度手早く見てみよう。すると、テクニカルアーキテクトたちが「サービス志向型アーキテクチャ（SOA）」つまりSOAに肩入れする理由がわかる。ユーザーはシステム全体を再構築しなくても必要なものを楽々と得られるのだ。

ちがいが見えるだろうか？2番目のマップでは「ユーザー」はシステム全体を再構築する必要に迫られないので楽になる。だからSOA（サービス志向型アーキテクチャ）はテクニカルアーキテクトたちに好まれる。

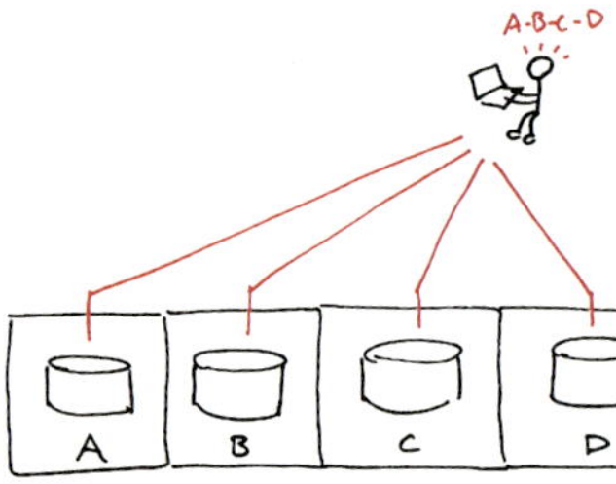

「古いスタイル」

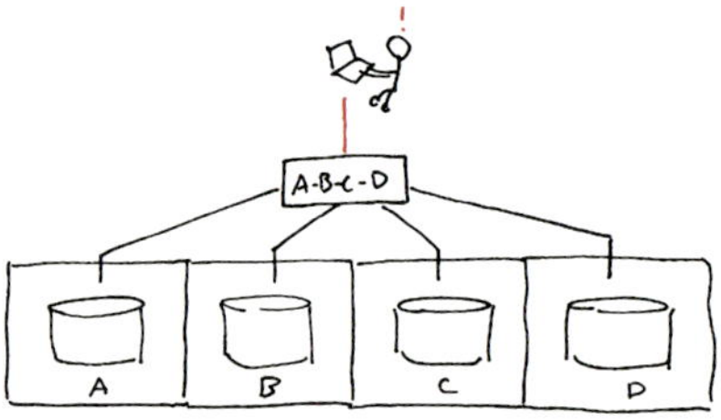

「サービス志向型」

マップ 2　お金はどこにある？

数年前にある銀行から依頼を受けて、多くの収益をもたらす顧客と損失をもたらす顧客を特定するためのマップづくりのお手伝いをした。支店長たちはコストがかかる割に利益が少ないサービスを利用する顧客に多大な労力を費やし、多くの利益をもたらしてくれる顧客との関係づくりに集中できておらず、銀行側はそれを懸念していた。そしてわたしたちに、この状況を1枚のマップであらわす方法はないだろうかと要請してきた。支店長たちにそれを見せてどこに時間を費やすべきなのか気づいてもらいたいという。

マネジャーたちがつくった基準をもとに、わたしたちはつぎのマップを作成した。座標軸で4つの「ゾーン」に区切ったものだ★。顧客がもたらす利益と顧客にかかる経費をあらわすマップである。

★昨日学んだ通り、グラフを作成するにはまず「座標軸」を規定する必要がある。これはマップの場合も同じだ。わたしたちが描くほぼあらゆる絵にあてはまる。

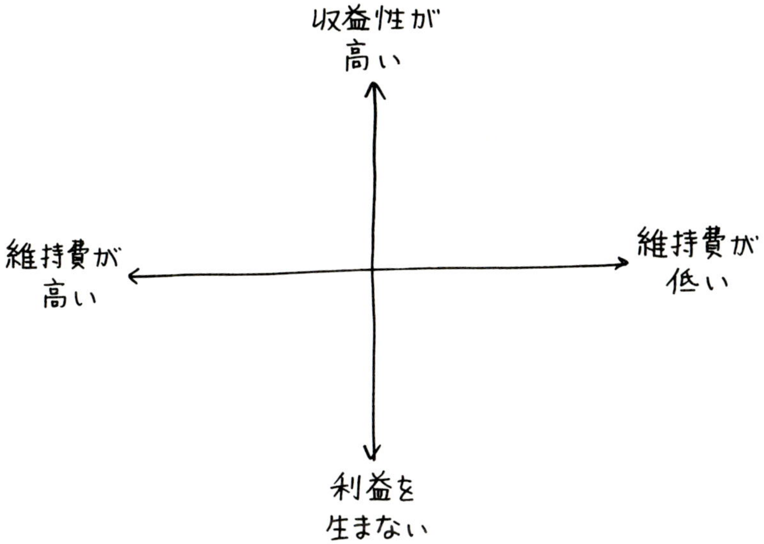

わたしたちは最初にマップの座標軸を定義した（昨日の航空会社のグラフを思い出していただきたい）。「収益性」と「必要とされる維持費」を対比する座標軸だ。

座標軸を定め、4つのゾーンを描いた。★

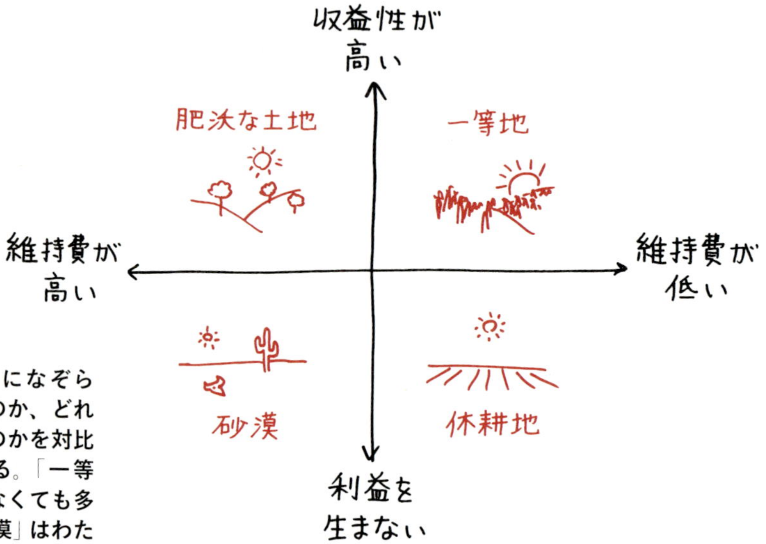

4つのゾーンを「土地」になぞらえ、どれほど肥沃であるのか、どれほど維持費を必要とするのかを対比できるようになっている。「一等地」はほとんど手をかけなくても多大な収益をあげるが、「砂漠」はわたしたちの活力をすべて注いでも決して実を結ばない可能性がある。

★この座標軸は直交座標軸（2×2あるいはクワッド座標、マップ）と呼ばれ、戦略のコンサルティングにおいて「どこ」をあらわす絵としていちばん使われている。複数の観点（善／悪、金持ち／貧乏、成長／縮小、収益性が高い／費用がかかる、など）を明快にあらわせるので、ライバルの位置や未開拓のマーケット領域をさぐるなど、戦略コンサルタントが活用している。あなたが戦略を担うチームのメンバーならぜひとも活用したいマップである。

マネジャーたちはこのマップを見て、自分たちの「土地」はすべて同じではないことをはっきりと認識した。一等地は維持費をほとんどかけなくてもたくさんの収益をもたらしてくれるので耕作しがいがある。いっぽう、砂漠は維持費がかさむ割に収益は期待できないというむずかしさがある。

このシンプルなマップ上に顧客を描くとしたらどのような配置になるのかをマネジャーたちは検討した。確実に大きな収益をもたらしてくれる新規の顧客と、長らく収益をもたらしていない古い顧客は同じゾーンに属しているのだろうか？

今後、ビジネスをどのように展開していくのかを視るために、支店長とマネジャーはこのシンプルなマップをもとに活発な話し合いを重ねた。また、顧客がなにを求めているのかを探る基盤としても、このマップは力を発揮した。

マップ3　アメリカを救う（もしくは風車に突進？）

本書を執筆しているいま現在、アメリカ合衆国の経済は大恐慌以来もっとも困難な状況に陥っている。アメリカだけではない、世界各国の経済が同時に苦しんでいる。執筆をしている時期はちょうど、経済の立て直しに向けて全米でこれまでにない規模の対策が取られ、同じくかつてないほど大量の話し合いが行われた。

わたしは経済活動に積極的に参加している１人として、その話し合いに深い関心を寄せている。だからこの国のリーダーたちがいまの状況を伝える際に、そしてどういう対策を取っているのかを説明する際に、もっと絵を活用する方法はいくらでもあるだろうにと思ってしまう。首都ワシントンDCで議論された言葉、理論、法律、刺激策の量に不足はないのだが、リーダーたちがそれを明確に伝えきれていない。もっと情報を伝えてもらわなくては、どのプランを選択すべきなのか判断に迷ってしまう。

米国政府よ、どうかあなたたちの言葉に絵を添えていただきたい。そうすればこの状態からの脱出方法がわたしたちに見えてくるだろう。具体的にどうすればいいのか？　試しにマップを1つつくってみよう。

過去数ヵ月のあいだにわが国の経済にはおびただしい量の問題が発生した。なかには住宅価格の暴落とそれに関連した消費者支出の落ち込みなど、以前から予想されていた問題もある。が、ほとんど一夜のうちにウォール街とゼネラル・モーターズが破綻してしまったように、どこからともなく湧き起こったとしか見えない問題もある。おそらくわが国の政府はパニック状態になったのだろう。それぞれの問題に資金を投じた。ウォール街に、デトロイトに、消費者に、と個々の問題に対し緊急援助を開始した。それは正しいアプローチなのかもしれない。しかしわたしたちには政府が描く「全体図」が見えていないので、正しいのかどうか判断のしようがない。

たとえばわが国のリーダーの１人がペンを取り上げて「問題解決のためのマップ」を描いたら、どんなことが起きるだろうか、想像してみていただきたい。まず目下の最大の問題を3つ特定する。ウォール街の破綻、デトロイト（自動車産業）の不振、地球上の石油が枯渇する危機、の3つだ。★

★１年前にガソリンの価格は１ガロン当たり４ドルを突破し、省エネは世間の強い関心の的であった。いまではガソリンの価格は下がり、この問題はすっかり過去のものになったように感じられるが、きっとこの先ふたたび浮上してくるにちがいない。

もっとも大きな３つの問題。ウォール街が破綻し、デトロイトの自動車は断崖絶壁をまっさかさま、ガソリンはすっからかん。これは大変だ！

★これはイギリスの論理学者ジョン・ベン（1834～1923年）の名前をとってベン図と呼ばれている。複数の円を使い論理的な関係をあらわす。

リーダーがつぎのようにいう。「3つの問題を別々に見るのではなく、重なり合う部分を見ていきましょう」。そして円が重なり合った絵を描く★。重なった部分にそれまでなかった形があらわれる。

重なっている領域を見てみよう。

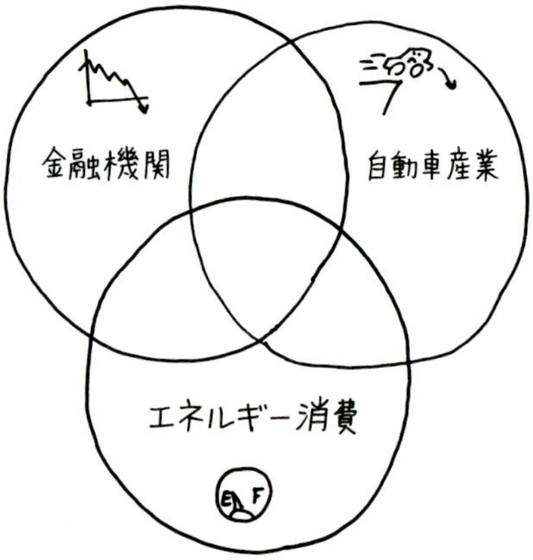

彼女はさらに続ける。「金融機関と自動車産業が交わる部分が与信です。自動車メーカーはよりよい車をつくるために融資を必要とし、消費者はその車を買うためにローンを必要とします。ですからウォール街に多額の救済資金を投入しましょう。ただし金融機関が自動車メーカーと消費者に与信を再設定することを条件としましょう」

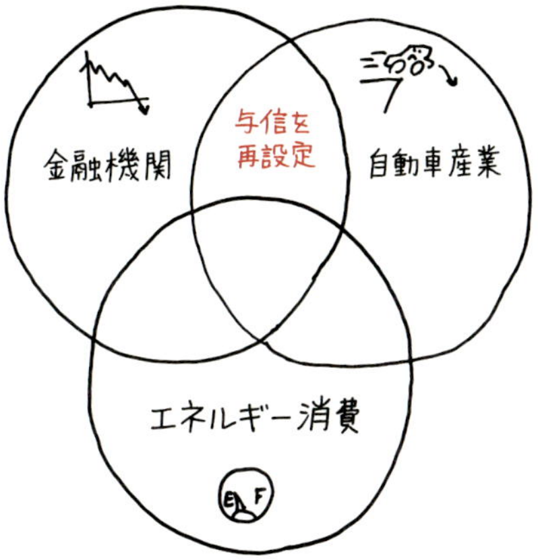

金融機関が自動車メーカーと消費者に与信を再設定することを条件に、ウォール街に資金を注入する。

「自動車産業とエネルギー消費が重なる部分は、エネルギー技術とエネルギー効率をあらわします。自動車メーカーが今後さらにエネルギー効率のよい、そして魅力ある車づくりに投資することが融資を受ける条件となります」

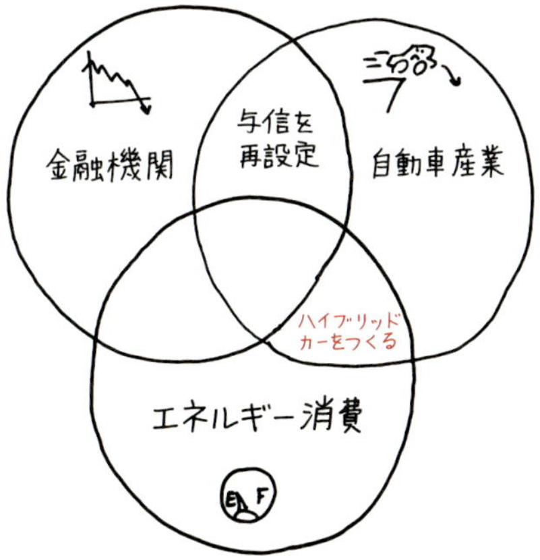

より燃費のいい、より魅力的な車をつくることを条件に、自動車メーカーへの融資を行う。

「エネルギー消費と金融機関が重なる部分は、持続可能なビジネスを実践する企業全般に投資を強化していくことをあらわします。ですから消費者と投資家に対し、環境に配慮した経済活動を実践する企業を支援するように啓蒙していきましょう」

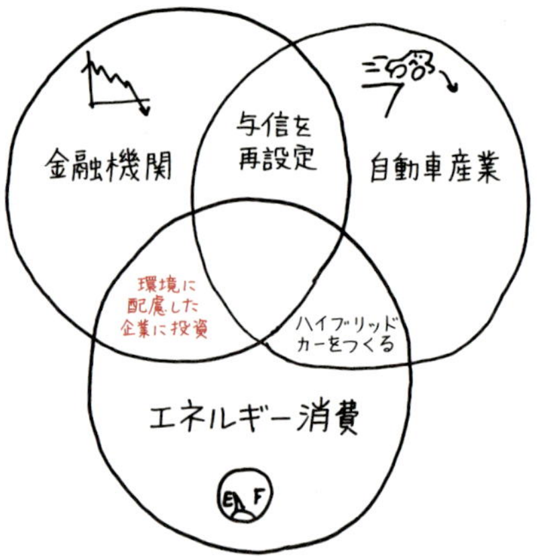

環境に配慮した技術を支援し環境に配慮するビジネスを育てるために、資金を投入する。

「いまわたしたちは3つの問題を個々に取り上げて資金をともなう解決策を検討しているのではありません。1つの問題を改善すれば自動的に他の問題の改善につながるという好ましいサイクルを見極めたいのです。この中央部分にはアメリカの製造業のまったく新しい基盤をつくります。既存の工場設備から代替エネルギーシステムによる大量生産へとシフトするのです」

「振り返ってみればアメリカの自動車メーカーは第2次大戦中に車の製造から航空機の製造へとシフトしました。それを思えば、いま経済上の必要性からふたたび舵を切ることができないはずがありません」

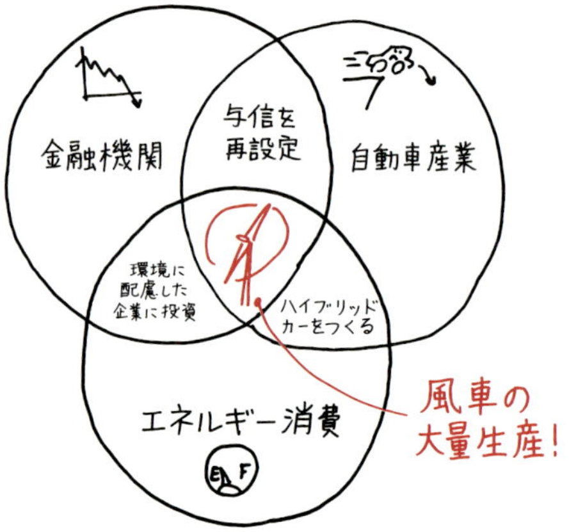

全米規模で不可能を可能にする風車プロジェクトだ。組み立てラインを止めない、お金の流れを止めない、石油への依存を減らす、二酸化炭素の排出を減らすというプロジェクトである。いい線をいっているのではないだろうか。

これで3つの主要な問題にどう取り組めばいいのかという展望が見えた。3つの問題が「どこ」で重なるのかを示しただけで、それが見えるようになったのだ。デトロイトの自動車の組み立てラインを止めず、ウォール街の活動をストップさせず、いっぽうでエネルギーの消費を減らし持続可能な経済の成長を支援する方法が見える。これを描くためにかかった時間はおよそ3分。この絵を描かなければ、わたしたちの目にはこうしたアイデアはまったく見えてこなかっただろう。

リーダーのなかでこういうマップを描くとしたらいったい誰なのか、わたしにはわからない。しかしまちがいなくわたしはその人物に1票を投じる。その絵でわたしは文字通り「全体図」を見ることができる。それ以上に、なにが進行しているのかを確実に把握している人物がいることを教えてくれる。

マップを描いてみよう

つぎのうちの２つを完成させてみよう。なにがどこに当てはまるのかを示すマップを描いてみよう。

マップ　選択肢 1　時間をつくる

部品を所定の位置に戻して腕時計をよみがえらせよう。

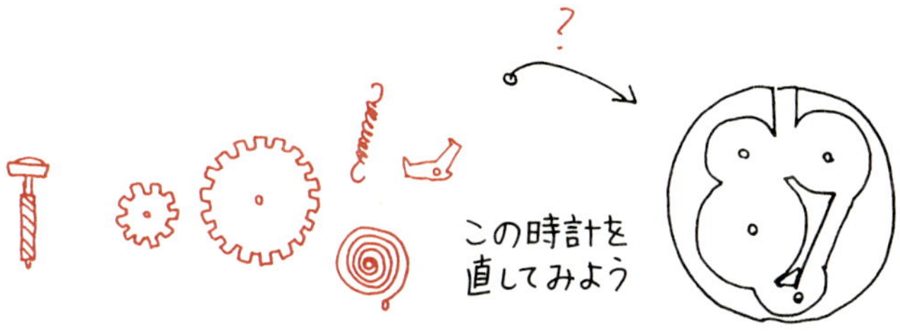

マップ　選択肢 2　なにを残し、なにを捨てるか（ふたたび）

「誰／なに」の消費財のリストを憶えているだろうか？　お気づきの通り、今回は架空の製品を記入してみた。このリストの内容を視やすくするためにマップを描いてみよう（ヒント：先ほどの銀行の例のように直交座標系を設定して個々の製品を配置してみよう）。わたしの解答は付録の 339 ページをご覧いただきたい。

　また、これはどこで消費される「製品」なのかを示す絵を描いてみよう。

これからの方針	売れ行き	評価	製品				
販売に力を入れる	好調に売れている	星のように輝いている	スターチップス	クランペッツ	パープルヘイズ		
		クラスで最高	ドリオス	ヒーホーズ			
費用を上乗せする	かなり売れている	水準並み	ブラストポップス	ブルーパーズ			
		ぱっとしない	ウィングズ				
製造を取りやめる	あまり売れていない	劣っている	スリンギーズ	オレンジオス			
		売れ残っている	スノドーズ	レモンプロップス			

マップ　選択肢 3　ベン図を描いてみよう

ここに 5 つのコンセプトがある。ベン図を作成してみよう（先ほどアメリカを救うために描いたように）。ただし重なった部分が 3 ヵ所以上であること。その重なった部分からどんなコンセプトが生じるのかを示してみよう。

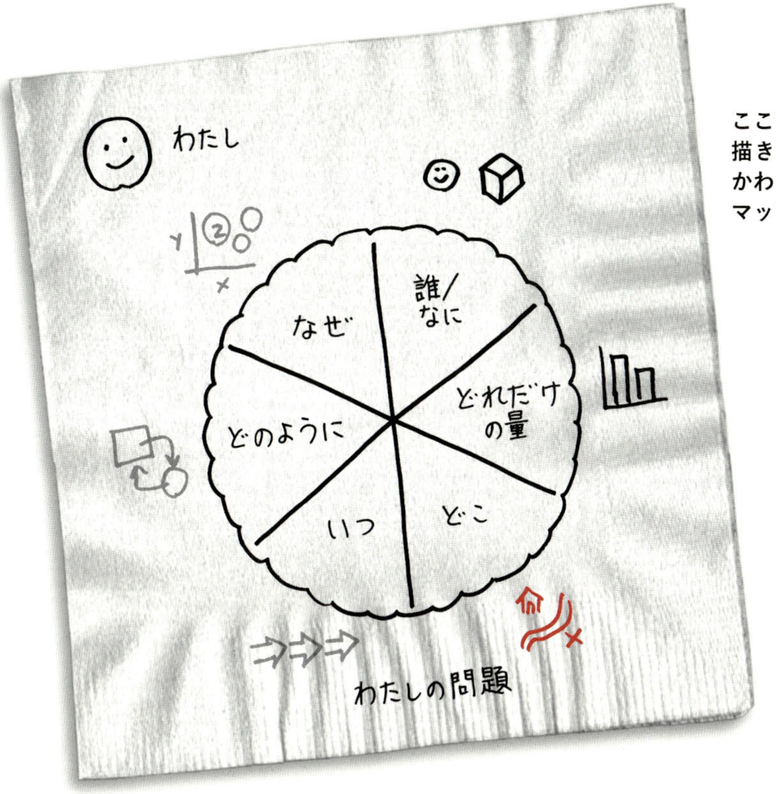

ここで「問題解決のピザ」に描き加えよう。「どこ」にかかわる問題に直面した時にはマップを描く。

さらにマップを描いてみよう――あなたが直面している「どこ」問題

あなたが、あるいはあなたのビジネスが直面している困難のうちで、「どこ」にかかわる問題を思い浮かべていただきたい。どんなマップを描けば問題の解明につながるだろうか？

絵4「いつ」＝時系列表

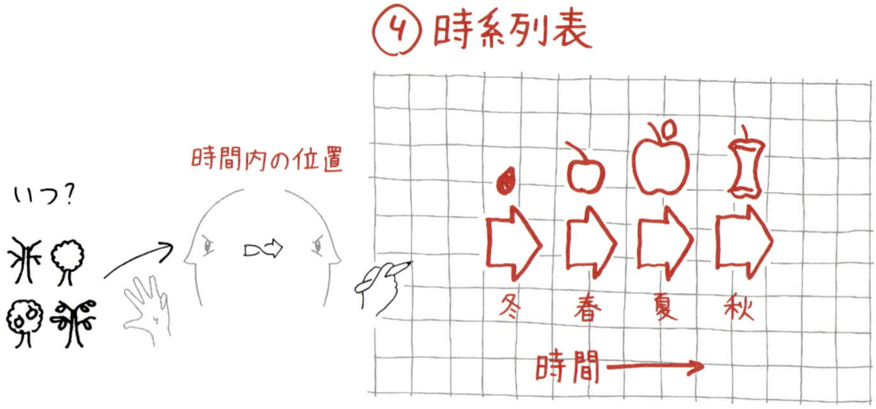

わたしたちの視覚系には暗さと明るさについての情報だけに専念している部分があることをご存じだろうか★？　暗さと明るさの情報をもとに眠るタイミングをわたしたちに教えてくれる。飛行機での移動が多い人ならわかるだろうが、このシステムは時差ボケで簡単に混乱してしまう。

★視交叉上核はわたしたちの目がとらえた光の変化を計測し、その情報を視床下部に提供し、（他の多くのものとともに）わたしたちの体内時計をモニターしている。

わたしたちの睡眠のパターンが光の影響を受けているときいても不思議ではないだろう。なにかの変化を見て時間の経過を知るというのは、わたしたちが時間の経過をたどるうえで欠かせない方法だ。「いつ」を視る方法を思い出してみよう。「誰／なに」の対象の質、量、位置の変化をとらえることで、わたしたちは時間の経過を文字通り視ている。それを見せるためには——時間の経過を示すには——つぎつぎにステップを踏んで変化をあらわす絵を描けばよい。つまりは時系列表だ。

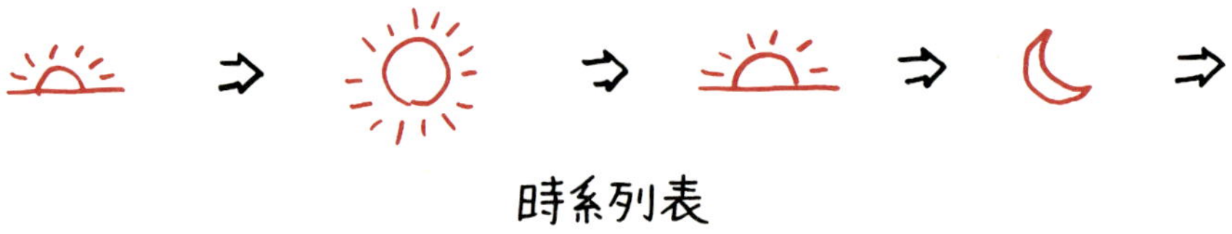

すでに述べたように、「いつ」スライスはこれまでに取り上げた3つのスライス（「誰／なに」「どれだけの量」「どこ」）とは異なる。これまでの3つは同時に、そして多かれ少なかれ独立して機能しているのに対し、「いつ」はその3つのスライスの情報に全面的に依存している。すべてを視ていなければ、なにかの変化を視ることはできないというわけだ。

つまり時間の経過を視るには時間がかかるということだ。つねに時間を追いかけていると感じてしまうのは、そのためなのかもしれない。

〈「いつ」にかかわる問題の例としては、つぎのようなものがある〉

- わたしはプロジェクトマネジャーである。この四半期中に、確実に新製品の販売を開始しなくてはならない。〈期日に間に合わせるには、なにをいつ実行する必要があるのか？　やるべきことをどのように並べていけば最高の順序になるのだろうか？〉
- わたしは交通巡査である。信号で起きた事故について全容をつかもうとしている。「当時の状況をすべて見た」目撃証人を４人確保した。〈どんなできごとがどんな順番で起きて事故につながったのですか？　衝突の直前にあなたはなにかをきいたのですか？　運転していた人物が酒場に入ったのは玉突き事故が起きる前でしたか、それとも後でしたか？〉
- わたしは今日の午前中の飛行機に乗る予定だが、空港に向けて出発するまでに片づけることが山ほどある。わたしはフライトに間に合うだろうか？〈すべてを終えるのにじゅうぶんな時間はあるだろうか？　どんな順序で片づけていけば時間にゆとりができるだろうか？〉

「時系列表《タイムライン》」という名前はまさにそのものずばりのうまいネーミングである。時系列表を描く時には時間を１本の線としてあらわし（たいていは左から右へと流れる★）、時間の経過とともに状況が変わることを示すために線上に目印を置く。

★時間の流れを左から右に向かう方法で表現する「絵の文法」は、言語全般のさまざまな特徴と同じく、文化的な影響を強く受けているのだろう。西欧諸国の大半の言語は左から右という方向に読み書きする。そして英語はビジネスのコミュニケーションの手段として圧倒的なシェアを誇っているので、大部分のアメリカ人はごく自然に、時間がそのような方向に流れると考えるのだろう。他の文化では時系列表の流れは異なっているかもしれない。

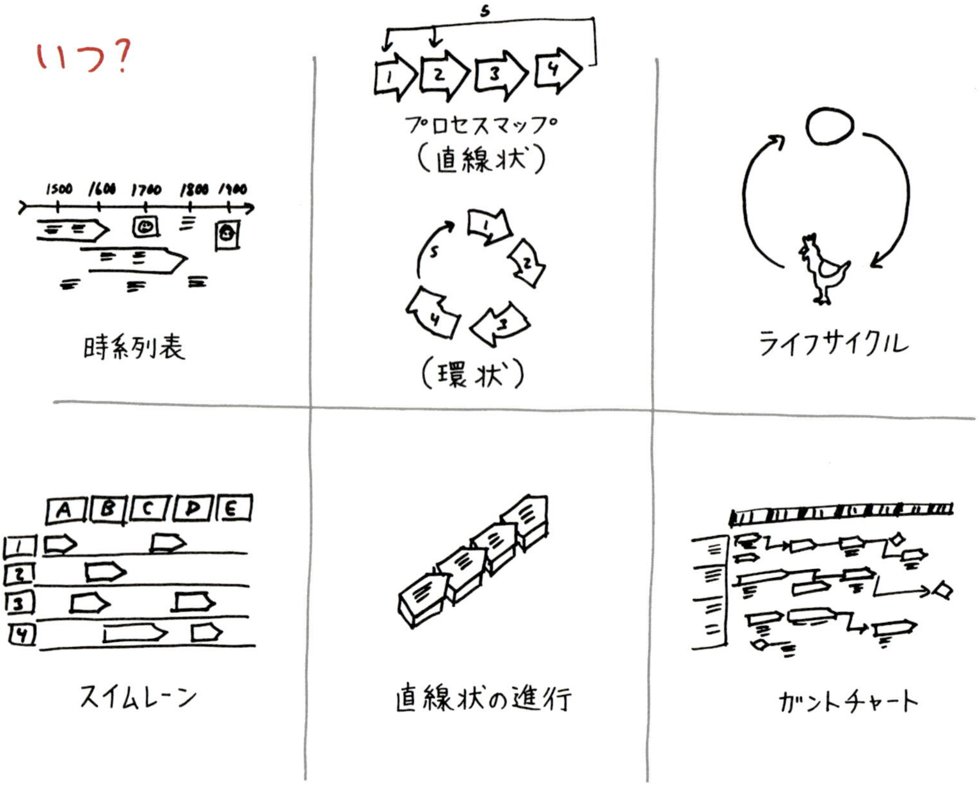

ほかの5つのスライスに比べると、時系列表のバリエーションは少ない。どの場合も時間軸がまっすぐ伸び、そこからできごとの移り変わりとその詳細がぶらさがっているような構造だ。時系列表はライフサイクル、ガントチャート、スイムレーンなどと呼ばれることもある。すべてスタート地点から一定方向に流れて終点へと到達する。終点に到達するとふたたびスタートする場合も多い。時系列表とそれ以外の「流れ」をあらわす他の絵（たとえばこの先で登場する「どのように」をあらわすフローチャート）とのちがいは、時系列表がつねに前へ前へと動いていく点である。

「いつ」にかかわる問題を解明する助けとなる時系列表を見てみよう。

「いつ」にかかわる問題のあっぱれな例　ふたたびトムソン社

トムソン社のCEOにチャートを見せたのは今朝のこと。ブランド力をアップさせる可能性を見てCEOは心躍《おど》らせて退室した。

つぎにすべきことは明らかとなった。問題は、「いつそれにとりかかるか」である。

ここでプロジェクトマネジャー、キースの出番だ。キースは「重要でなければ『デッドライン』などとはいわない」という引用句がお気に入りだ。キースは、あらゆることに関してひたすら「いつ」という視点から問いかける。やるべきことはたくさんある。それをどの順番で行っていくのかを決定するのがキースたちの任務なのである。いつなにを実行するのか、期日はいつなのかを。

このプロジェクトにはおおぜいの人々がかかわるだろう。やるべきことの種類も量も多く、その多くはたがいに関係しているだろう。会議もたびたび行われるだろう。キースの務めは、わたしたち1人ひとりに自分の役割を確実に把握させることだった。そこで彼は集計表ソフトを使って取り組んだ。これまでの経験から詳細な日程表ではだれにも見てもらえないだろうと彼は判断し、シンプルな時系列表を作成した。そしてそれをいたるところで見られるようにした。

時系列表づくりがスタートした。最初に「今日」と描く★。それからデッドラインの3月13日を描く。さらに2つの間のスペースを、期日までの週の数に分けた。

★憶えておいていただきたい。問題解決の絵はすべて、最初に円を1つ描いてそれに名前をつけるところからスタートできる。このケースでは「今日」と名づけた。

キースの時系列表は「今日」と「デッドライン」とその間のたくさんの目盛りをつくるところからスタートした。これはどんな時系列表にも共通するスタート地点だ。

さらに、プロジェクトを期限までに遂行するためにわたしたちが踏んでいく主要なステップをキースはつぎのように描いた。第一に、プロジェクトに関与するすべての人々が積極的に取り組むよう働きかける。第二に、詳細をすべて詰めて不測の事態にも対応できるようにする。第三に、ブランド再生のための作業を実行する。最後に、発売前に完璧に準備が整っていることを確認するために、全員参加で点検作業をする。

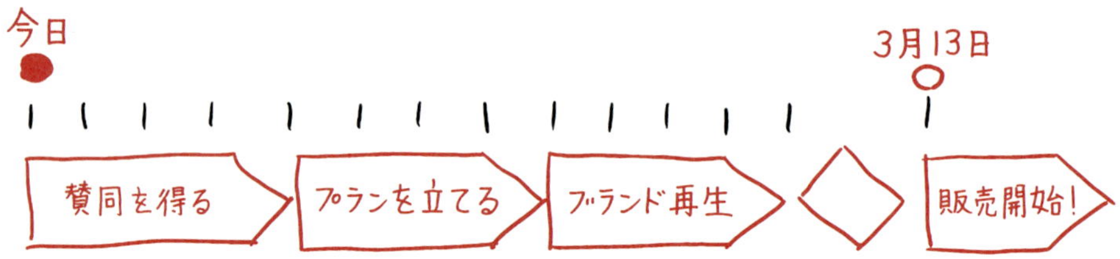

キースは主要なステップとチェックすべき項目を描き加えた。

キースは時間の流れをバックボーンとし、プロジェクトで働くチームすべてを縦に並べてそれぞれのチームがいつなにをすべきかを簡潔に記入した。

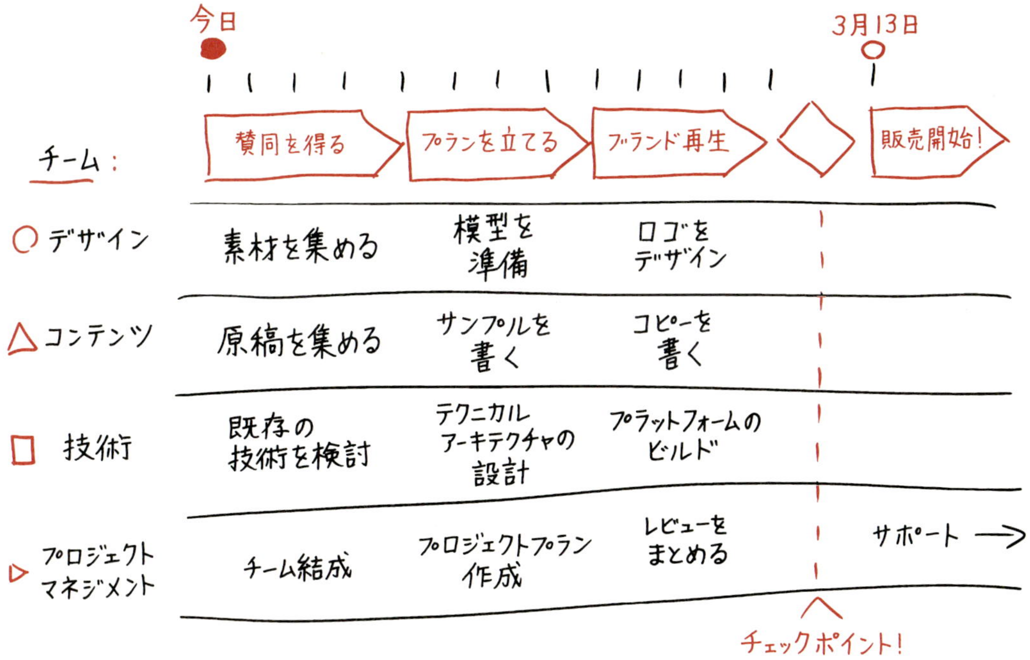

キースは時系列表にプロジェクトチームと
それぞれのチームが各任務をいつ完了する
必要があるのかを描き加えて完成させた。

この簡潔な時系列表を見れば、自分がなにをいつ行う必要があるのかが確認できる。プロジェクトのどこに自分が組み込まれているのかがすぐにわかるシンプルで明快な時系列表だった。

演習　スイムレーン

さいきんプロジェクトマネジャーたちが「スイムレーン」という言葉をよく口にするが、プールで運動しているわけではない。プロジェクトチームのメンバー全員が正しい軌道にそって期限に間に合うように仕事をするためのものだ。スイムレーンは〈誰〉が〈なに〉を〈いつ〉することになっているのかを示し、同時にほかの人々がどんな作業をしているのかを比較できるようになっている。

たとえばトム、ディック、ハリーが同時に昼休みをとっているなら、彼らのランチタイムのスイムレーンはこんなふうになるだろう。

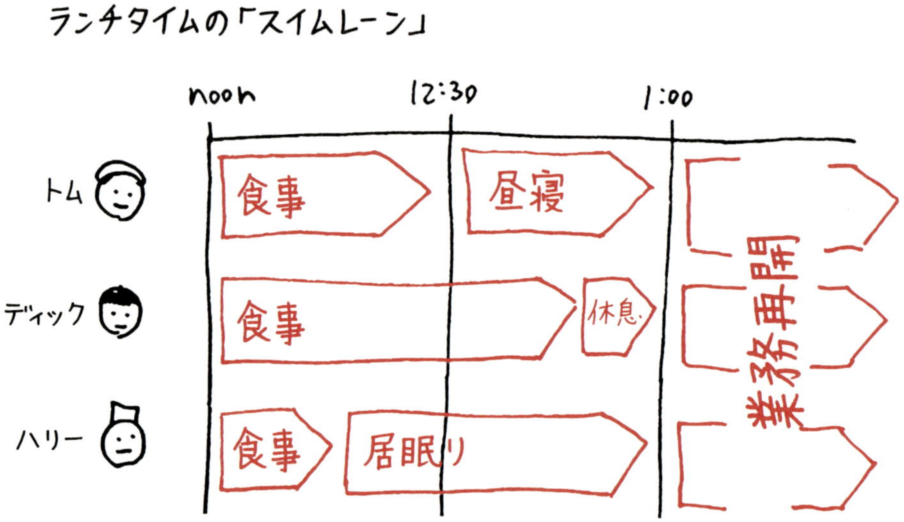

これを見るとトム、ディック、ハリーの昼休みの終了時間は同じだが、その時刻までやるべきことは1人ひとりちがうとわかる。

エクササイズ　つぎの表をもとに、1人ひとりの行動がいっぺんにわかるシンプルなスイムレーンをつくってみよう。

誰	なに	いつ
スージー（秘書）	電話を受ける	1:00-1:05
	メールをチェック	1:05-1:30
	トラブル処理	1:30-3:00
ミッチ（IT 担当）	ブログを読む	1:00-1:30
	ボスの執務室で 「トラブル発生」を ききつける	1:30-1:35
	モードのノート パソコンを修理	1:35-3:00
モード（ボス）	クライアントからの 電話を受ける	1:02-1:29
	激しく動揺	1:29-1:30
	冷静さを取りもどす	1:30-2:10
	ピラティス	2:10-3:00

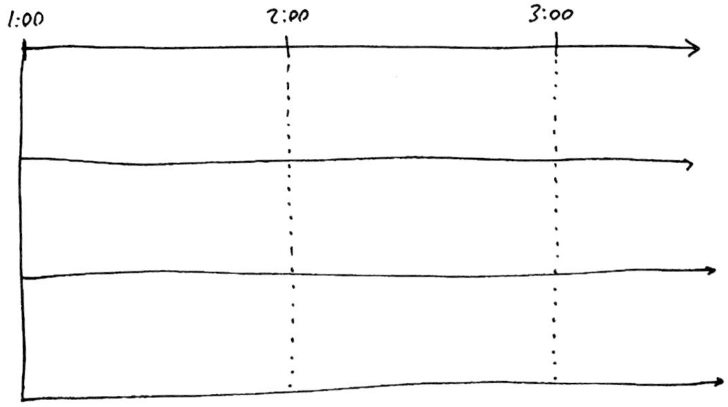

「問題解決のピザ」に絵を加えよう。「いつ」にかかわる問題に直面した時には時系列表を描く。

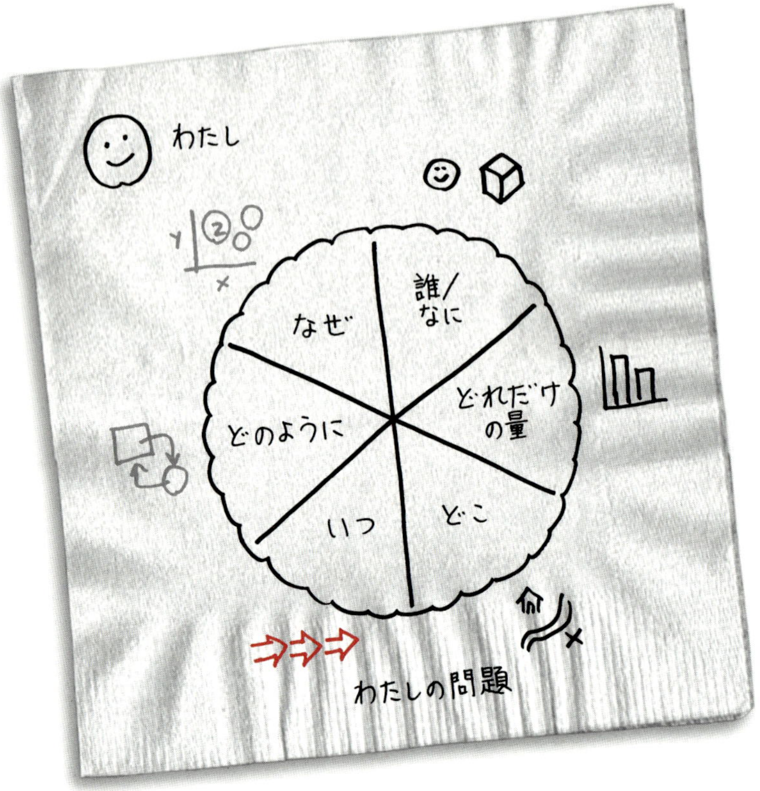

「いつ」を見せるために描く絵は時系列表である。

さらに時系列表を描いてみよう――あなたの「いつ」問題

あなたが直面している困難、あるいはあなたのビジネスが直面している困難のうち、「いつ」に関係していると思われる問題はあるだろうか？　それを解明するためにはどんな時系列表を描けばいいだろうか？

絵 5 「どのように」＝フローチャート

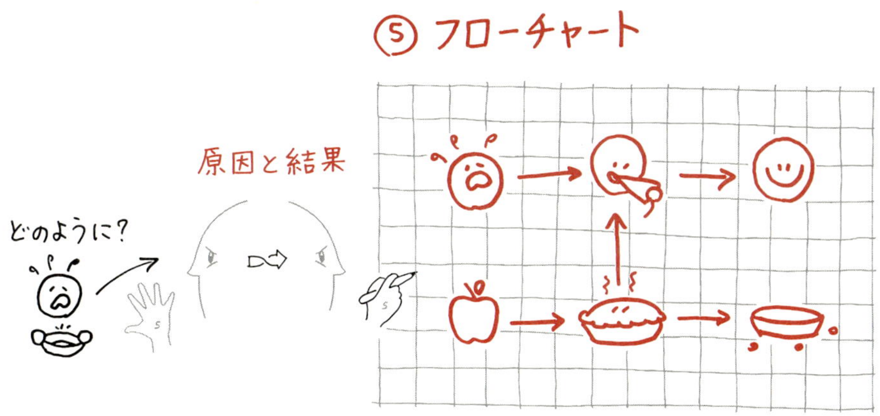

わたしたちの脳は周囲の状況のモデルをつくることが好きだ。世の中はややこしい場所なので、頭のなかのモデルを使ってその仕組みを理解しながら渡っていこうというわけだ。わたしたちはシンプルで直感的なモデル（食べなければ死んでしまう）、ごく幼い頃に頭のなかにつくったモデル（熱いものにさわったらヤケドする）、成長とともに調整を加えたモデル（いい仕事をすれば報われる）に、全面的に頼ることで日々生きているのである。

わたしたちは頭のなかの直感的なモデル、推測をもとにしてつくったモデルに頼って日々生きている。

おとなになるまでに、わたしたちの頭のなかには膨大なモデルが用意され、どんな環境に身を置いた場合にも複数のモデルに頼ることができる。いわばガイドブックのような存在だ。なにか決断をする時、行動を起こす時には必ずこうしたモデルが欠かせない。もしもモデルがなければ赤ん坊同然だ。

こうしたモデルはどのようにしてできるのだろうか？　これについては、生まれつきだという説と成長とともに学ぶという説があり、議論が続いている。おそらく今後も続くだろう。いまのところあきらかなのは、わたしたちの頭は周囲で起きることを見て原因と結果を推測し推論する能力がきわめて高いということだ。

〈「どのように」にかかわる問題にはつぎのようなものがある〉

- わたしはソフトウェアのプログラマーである。この2つのインターフェースボタンがどういう機能を果たすのか突き止めることができない。〈この2つのボタンは互いにどのように作用するのだろうか？　片方を押すとシステムにどのように影響するのだろうか？〉
- わたしはコンサルタントである。顧客はマーケットシェアを拡大する方法を求めている。〈市場について理解するために、そして市場がどのように機能しているのかを知るためにはどうすればいいのだろうか？　どうすれば市場の反応を得られるだろうか？　どのような戦略を実行すれば市場のどんな反応を得られるだろうか？〉
- わたしは本書を読んでいる。本書で読んだことを最高に生かすにはどうすればいいだろうか。〈ビジュアルシンキングで問題を解決する力を磨くと、実際に直面する問題を解決するうえでどのように役立つだろうか？　本書の問題解決のモデルを日々の仕事にどのように取り入れればいいのだろうか？〉

原因と結果を視る、推測する、記憶にとどめるというこの能力は、視覚系の「どのように」経路の仕事である。その仕組みを説明してみよう。わたしたちは一度にたくさんのものを視る。視ている対象の質、数、位置が変わり、時間が経過し、なにかが起きることを知る。同じ対象が同じように変わっていくところを繰り返し視ると、そこにあるつながりがわかるようになる。「いつ」についての情報をじゅうぶんに蓄えると、なにかがなにかを引き起こしていることに気づく。やがて「どのように」を理解する。
「どのように」経路の仕組みをあらわす方法として、フローチャートはもってこいである。初めての状況にはまごついても、同じ変化を繰り返し視ていくうちにものごとのつながりを見抜き、すべての仕組みが理解できるようになるという経路をフローチャートでつぎのようにあらわしてみた。

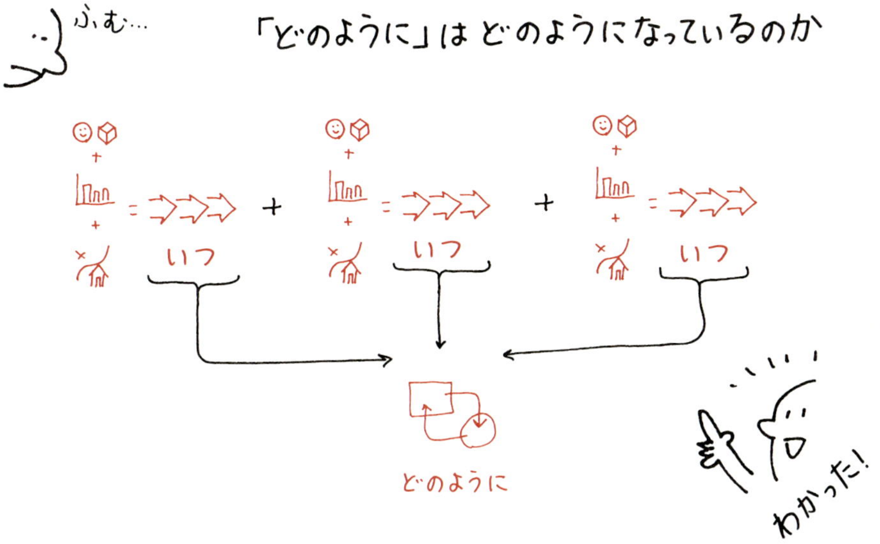

最初は、なにが進行しているのかよくわからない。が、同じつながりが何度もあらわれるのを視ているうちに、「いつ」についての情報がじゅうぶんに蓄えられ、原因と結果のモデルができあがる。こうして「どのように」を理解する。

　むろん、これはあくまでも単純化したモデルだが、「どのように」を理解するにはとても役立つ。つぎの例を見てみよう。

おいしいリンゴが再登場！

　赤ん坊のトムが泣いている。場面を想像してみよう。どうしたらトムは泣き止むだろうか？　赤ん坊が泣く理由はつぎの3つのどれかにちがいないと親は考える。お腹を空かしている、眠たい、オムツを替えてほしがっている。

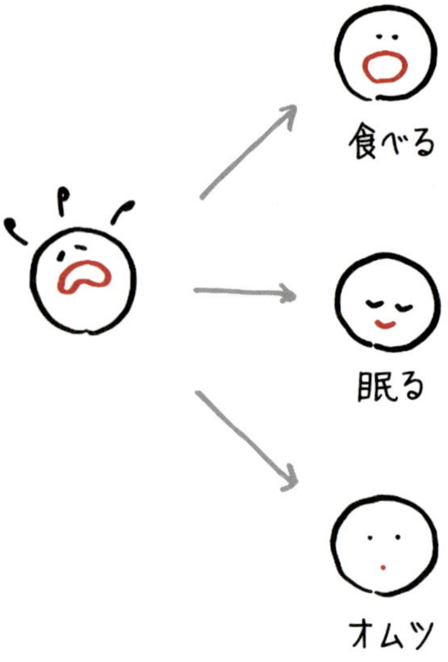

可能な選択肢は３つある。食べる、眠る、オムツを替える。

3つの選択肢（食事をさせる、寝かせる、オムツを替える）のうちのどれかを適切に行えば赤ん坊は泣き止むというつながりを過去に何度も視ているので、そう判断する。それぞれの原因にふさわしいアプローチをしなければ、望む結果は得られない。

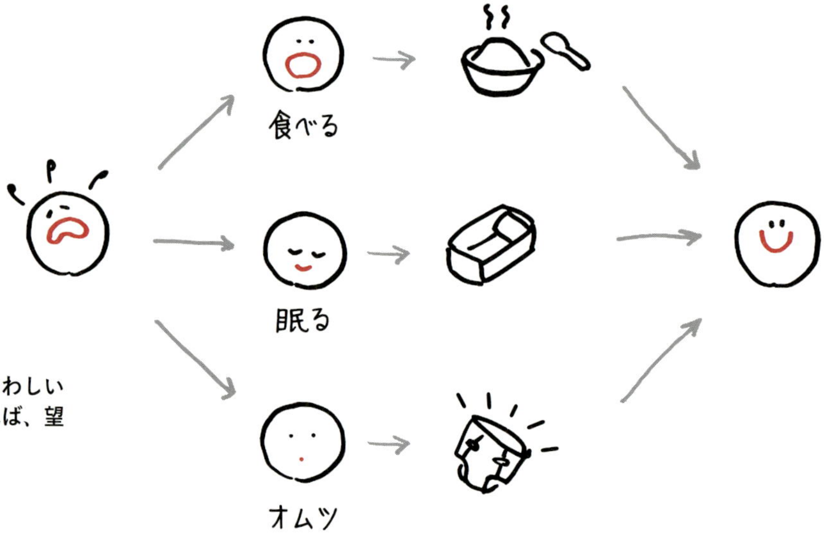

それぞれの原因にふさわしいアプローチをしなければ、望む結果は得られない。

トムにはなにが必要なのか、どうすればわかるのだろう？　フローチャートをつくって原因と結果をそれぞれ視てみよう。赤ん坊がなにかを食べたばかりなら、お腹は空いていないはずだ。いま起きたばかりならベッドに寝かせる必要はないだろう。ウンチをしているなら、新しいオムツが必要な〈はず〉。

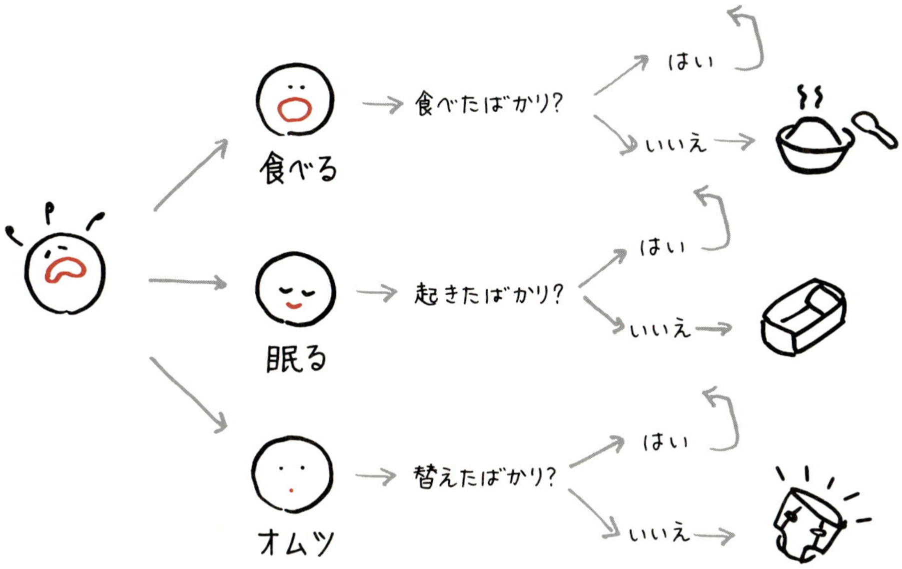

このフローチャートは3つの原因にふさわしい結果、つまり「どのように」すればいいのかをあらわしている。

トムはいま昼寝から起きたばかりでオムツも替えたばかり、という状況であるなら、お腹を空かして泣いているのだろうと推測できる。なにかを食べさせれば泣き止むだろう。

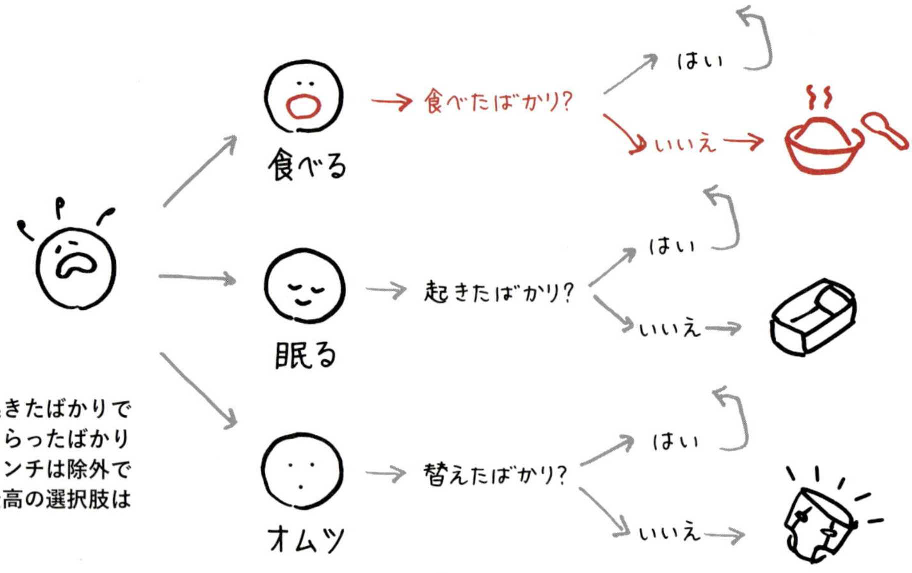

トムは昼寝から起きたばかりでオムツも替えてもらったばかりなので、眠るとウンチは除外できる。どうやら最高の選択肢は食べ物らしい。

これでトムを泣き止ませる方法がわかった。なにか食べさせる支度をしよう。さいわいにも、まだあのリンゴがある！

「どのように」の絵を描いてみよう 1

フローチャート 1　おろしリンゴをつくる
リンゴとおろし金を使ってトムを泣き止ませる方法をフローチャートで描いてみよう（ヒント：スプーン、ボウル、よだれかけなど、アイテムを足してみよう）。わたしの解答は付録の 339 ページをご覧いただきたい。

どのようにしてマーケットシェアを拡大するのか？

わたしたちはビジネスコンサルタントであり、顧客にマーケットシェアを拡大する方法を提案しなくてはならないと想定してみよう。これまでの経験から、実現する可能性のある方法を複数あげる。製品を値下げすれば、より多くの買い手がつくかもしれない。製品の品質を高めればライバルに差をつけることができるかもしれない。新規の市場を開拓すれば独占できるかもしれない。

これで「どのように」の選択肢を3つ特定した。それぞれ予想される原因と結果という形であらわしている。顧客がこの選択肢のなかから最良の方法、最良の組み合わせを選ぶ際、わたしたちはどのように協力できるだろうか？　まず3つの選択肢を並べたシンプルなフローチャートを描いてみよう。

マーケットシェアを拡大する可能性のある3つの方法を特定した（これ以外にもたくさんある）。顧客が最良の選択をする際に、わたしたちはどのように協力できるだろうか？

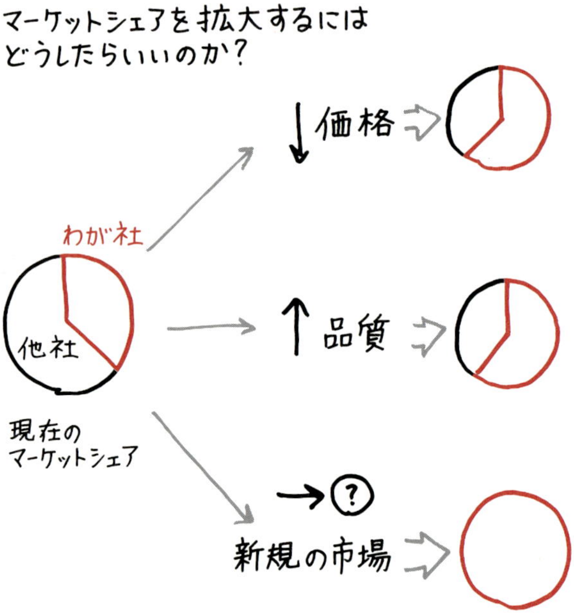

最良の方法を決定するにはこれ以外にもさまざまなフローチャートを活用できる（その一例をこれから描き、実際に使ってみよう。これでじゅうぶんに仕組みが理解できるはずだ）。さきほどの選択肢のうち1つを選んでフローチャートをつくり、顧客がどれほどマーケットシェアを拡大できるのかを検証してみよう。

まず値下げという選択肢から始める。最初に、この市場は値段によって売れ行きが左右されるかどうかを規定する。顧客が牛乳を販売しているのであれば、値下げは消費者の購入をうながす可能性がある。顧客がダイヤモンドを販売しているとしたら、買い手は値段をほとんど重視しない。むしろもっと多く支払いたいと〈望む〉かもしれない。

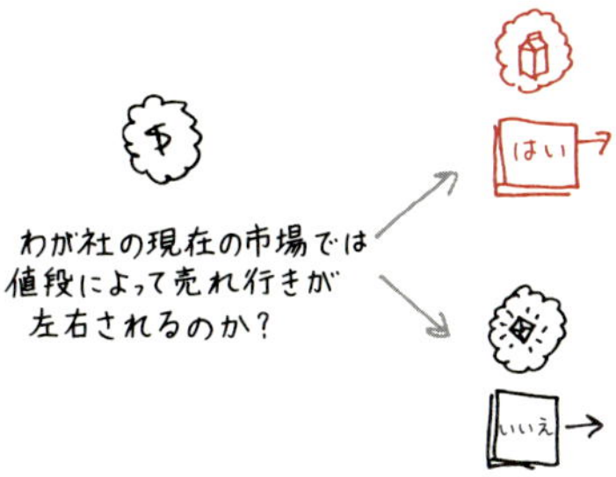

最初に、取り上げる市場が値段によって売れ行きが左右されるかどうかを考える。おそらく牛乳は左右され、ダイヤモンドは左右されないだろう。

もしも値段が売れ行きを左右しないのであれば、値下げをしても意味はない。ならばいったん引き返して別の選択肢を見てみよう。もしも値段を検討する価値がおおいにあるならば、現在の値段がライバルよりも高いのか低いのかを確認しよう。

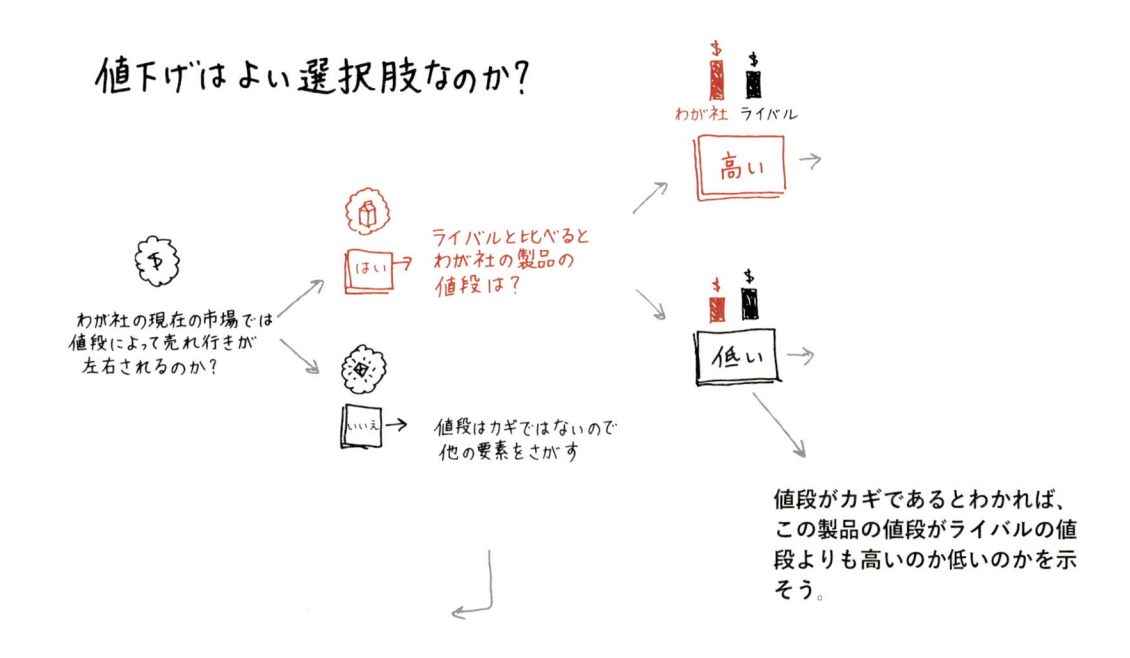

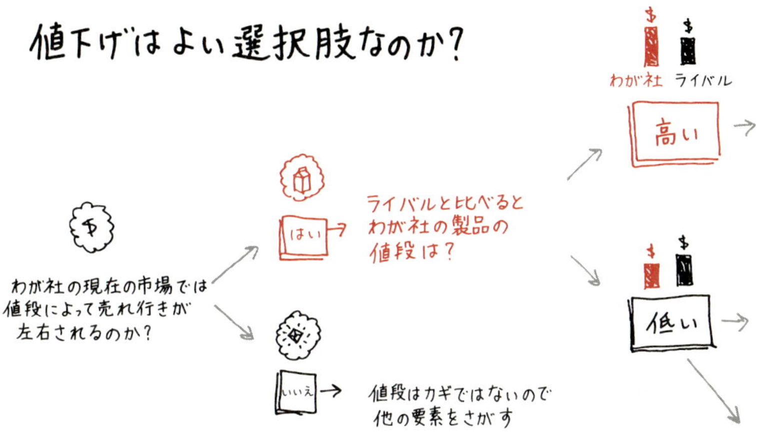

値段がカギであるとわかれば、この製品の値段がライバルの値段よりも高いのか低いのかを示そう。

もしもライバルよりもわたしたちの製品の値段が高いならば、値下げはよい選択肢だ。最終的な決定には他の要素も加味されるだろうが、値下げをする意義についてはこれでわかった。いっぽう、すでにライバルよりも値段が安い場合には、2つの選択肢がある。

1つ目は、さらに値段を下げて売上が増えるかどうかを見る。2つ目は、現在の市場では値段がカギであるという判断そのものを見直す。値段を下げても売上の増加につながらないのであれば、他に目を向けるべき要素があるにちがいない。たとえば製品の品質はどうなのか、市場が適切かどうかといったことも。

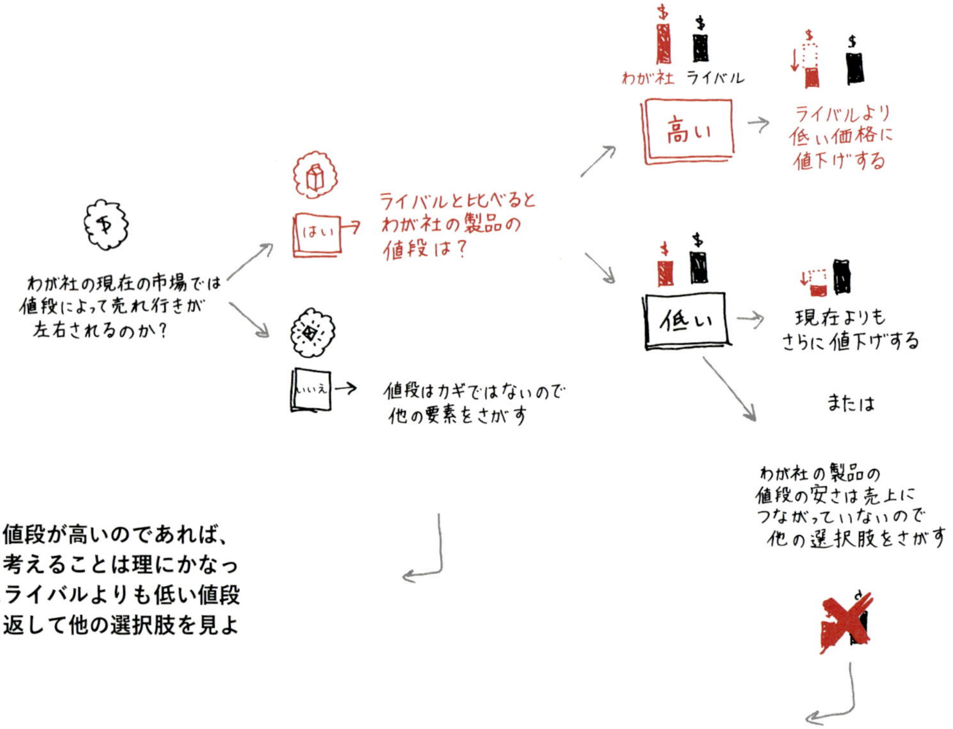

ライバルよりも値段が高いのであれば、値下げについて考えることは理にかなっている。すでにライバルよりも低い値段であれば、引き返して他の選択肢を見よう。

このような小さなフローチャート（こうしたケースでは「デシジョンツリー」と呼ばれることもある）はある要因が他の要因に与える影響を視覚的に見せてくれるので、顧客が適切な判断を下す助けとなる。マーケットシェアを拡大するための他の選択肢についても同様のフローチャートを作成すれば、実行する価値があるものとないものがはっきりする。ペンと紙さえあれば、すぐに描ける。

「どのように」の絵を描いてみよう 2

フローチャート 2　クリック1回

つぎの要素を置き換えて論理的なフローチャートをつくってみよう。「どのように」問題が解決したのかを書き留めてみよう。わたしの解答は付録の 340 をご覧いただきたい。

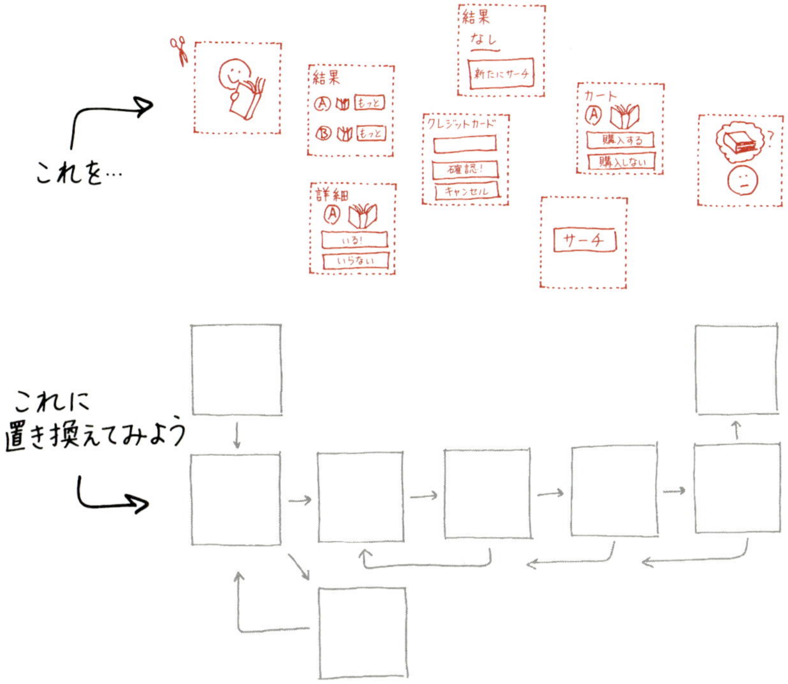

こうした例では「もしも〜なら〜である」というつながりがたくさんあることにお気づきだろう。もしもトムが空腹ならば、わたしたちは彼に食べ物を与える、もしも顧客のマーケットシェア拡大に協力したいならば、顧客のマーケットを理解しなくてはならない、といったぐあいに。フローチャートを作成すると、もしも〜なら〜であるというつながりがあきらかになり、影響を与えたり受けたりする関係を視ることができる。そして原因と結果を示す複数の選択肢を同時に

比べることができる。これがフローチャートの働きなのである。

いまのところ、ここで登場するフローチャートはこれですべてだ。「問題解決のピザ」に描き加えよう。

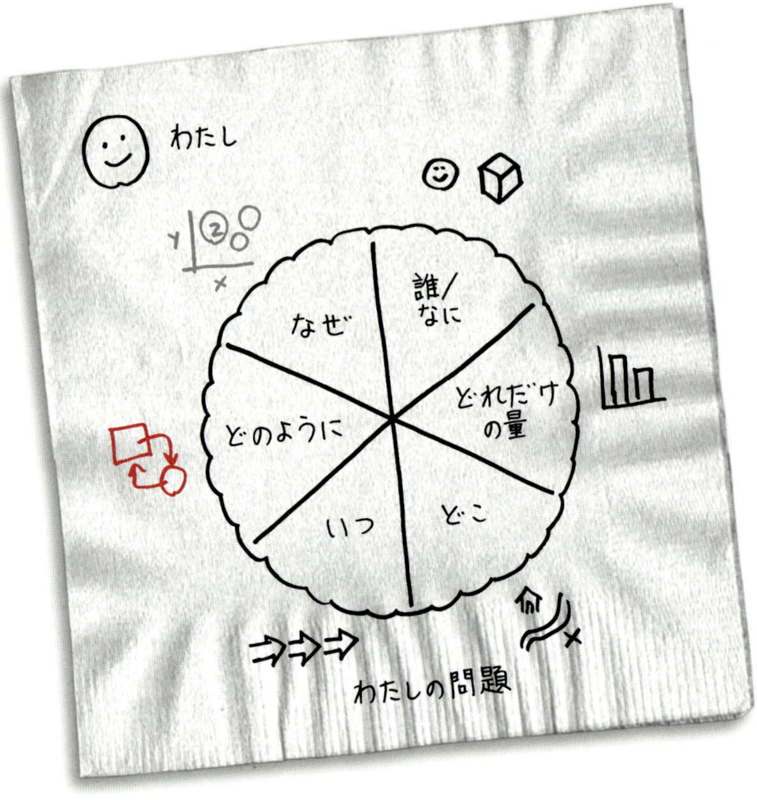

「どのように」に関する問題をあらわすにはフローチャートを描く。

さらにフローチャートを描いてみよう――「どのように」に関するあなたの問題

あなたが直面している問題、あるいはあなたのビジネスが直面している困難のうち「どのように」に関する問題を思い浮かべることはできるだろうか？　どんなフローチャートを描けば解決につながるだろうか？

絵 6 「なぜ」＝系統立てて解き明かすプロット

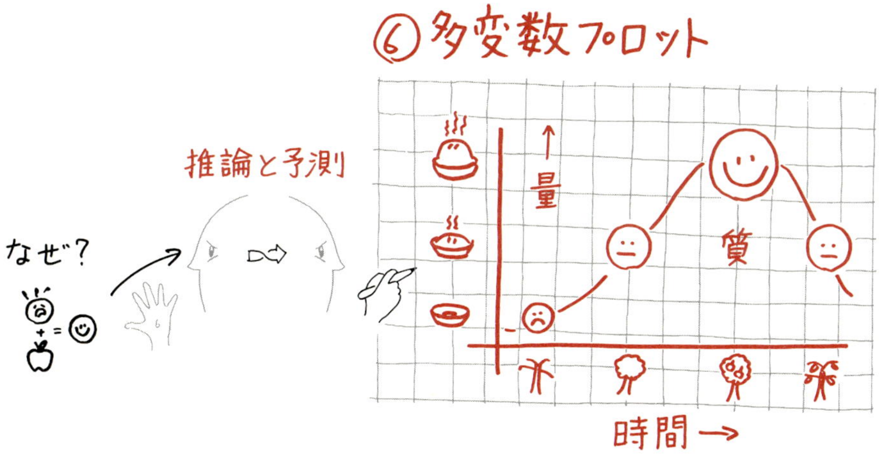

ついに最後のスライス、そして大きなスライスまでやってきた。「なぜ」は問題解決のための究極の問いかけだ。これにこたえることができるなら――なぜものごとはこのように機能するのか、なぜこれが起きてあれが起きないのか、なぜあることは不可避であるように見えるのか――おそらく、問題の大部分はすでに解決している。解決策を明確に目で視ることはまだできないかもしれないが、どういう理由で個々の要素がつながっているのかという根本的な部分を理解すれば、あとは時間の問題だ。

たとえば、トム、ディック、ハリーが〈なぜ〉ここにいるのか（彼らはお腹を空かせている）、〈なぜ〉彼らが空腹なのか（午後いっぱいワークショップに参加していた）、〈なぜ〉1個のリンゴがおやつにぴったりなのか（おいしくヘルシーで満腹感をもたらす）がわかれば、解決策はまぢかだ。

これがどのように機能するのか、それがいつ起きるのか、それはどこで起きていることなのか、それにはどれだけ必要なのか、誰がなんのためにそれを必要としているのか、といった理由よりも「なぜ」は意味合いが大きい。なぜとは、すべての理由が1つに集約された根本的な〈理由〉なのである。

「どのように」がじゅうぶんに集まると、ようやく「なぜ」を視ることができるようになる。つまり、ある原因と結果が何度も繰り返されて自分の周囲で起きる状況に動じなくなった時だ。そしてたいていの場合、どのようなことが起きる可能性があるのかを自信をもって予想できるようになる。世の中の「なぜ」を熟知し、なんとかうまく切り抜けていけるようになるのである。

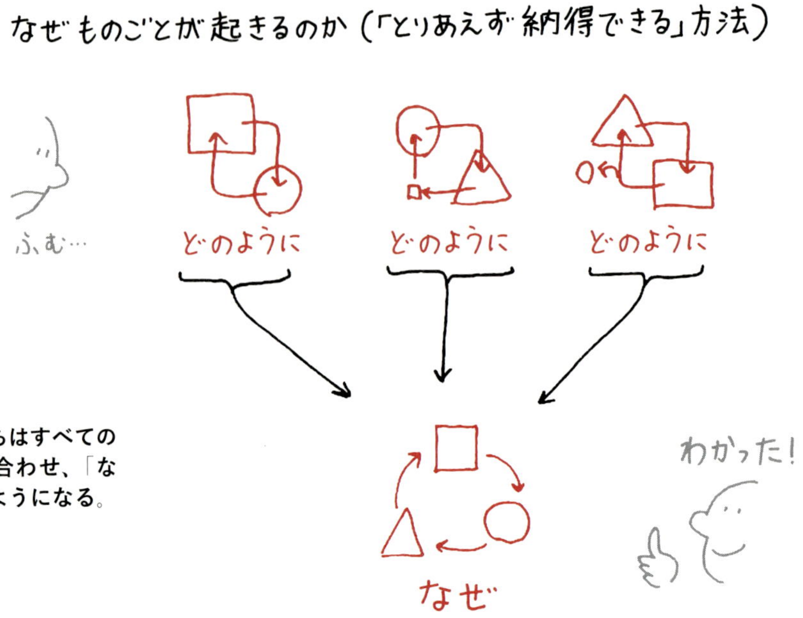

何年もかけてわたしたちはすべての「どのように」を結び合わせ、「なぜ」のモデルを築けるようになる。

〈**「なぜ」にかかわる問題の例はつぎの通り**〉

- わたしは人事部門に所属している。一時解雇を行うように指示されたが社員になんといったらいいのかわからない。〈なぜわが社はいま規模の縮小に踏み切るのか——人数だけの問題ではないのでは？〉
- わたしは CEO である。これからわが社が経験しようとしている大きな変化について全員に知ってもらいたい。〈市場のグローバル化が進んだことでなぜわが社が製造業から撤退しなければならないのか？　なぜこれまでのように事業を続行していけないのか？〉
- わたしは 4 歳だ。なぜ空が青いのかを知りたい。なぜ 1 日中テレビを見てはいけないのかを知りたい。なぜ質問し続けると叱られるのかを知りたい。〈なぜわたしは質問を止められないのか？〉

このような例を見ればおわかりのように、「なぜ」という問いかけに対して2通りのこたえ方がある。「とりあえず納得できる」理由をあげる方法（経費を節約する必要があるから、グローバリゼーションのため、わたしがそういったから）と、根本的な理由をあげる方法（時間をかけて懇切丁寧にこたえていく方法）である。後者を「系統立てて解き明かす」方法と呼ぼう。

「なぜ」にこたえる方法は2通りあるので、この最後のスライスは2つの絵となる★。つまり、「とりあえず納得できる」こたえをあらわすシンプルな絵、そして「系統立てて解き明かす」方法をあらわす複雑な絵だ。系統立てて解き明かす絵には複雑な（そして正確な）「多変数プロット」という名前をつけよう。そしてシンプルな絵には、今日すでに登場しているポートレートという名前を与えよう◆。

まずシンプルな絵から始めてみよう。

★確かにこれはルール違反だ――だがほんの1秒間だけ待っていただきたい。理由はすぐにあきらかになる。

◆「なぜ」の問いかけ――今日最大の問い――をあらわすために、最初につくった絵を使おう。これで「問題解決のピザ」はスタート地点にもどる。このようにまるく収まるとは、なんとすばらしいことだろう。

おーい、マイクロソフトよ。なぜYahoo！を買おうとするのか？（パート1）

昨年、マイクロソフト社のCEOスティーブ・バルマーとYahoo!のCEOジェリー・ヤンのあいだで激しい応酬があり、世間の注目を集めた。あるシンプルな問題について両者ともうまい解答を出すことができなかったのである。そのため、きわめて優秀な彼らがひじょうに愚か者に見えてしまった。そのシンプルな事の次第はつぎの通りである。マイクロソフトがYahoo!に対し380億ドルで買収したいと申し入れた。バルマーとしては大金を積んだつもりだった。だがヤンは金額に満足しなかったので買収話を断った。バルマーはさらに金額を上乗せしたが、ふたたびヤンは拒否した。ところがヤンは考えを改めて買収話に乗り気になり、その条件として金額の上乗せを要求した。それに対し今度はバルマーがノーといい、マイクロソフトは買収話そのものを撤回した。

一連のできごとは何ヵ月にもわたって繰り広げられ、最後にはヤンは辞任し、バルマーが率いるマイクロソフトの時価総額は数十億ドル減少した。

この時期、新聞もビジネスやIT関係のブログもテレビのニュースも、マイクロソフトとYahoo!の話題に触れない日はなかった。並外れた能力の持ち主たちを、巨額の予算を、役員室のヒステリックな反応を、マスコミはこぞって取り上げた。確かに端で見る分には、なかなかおもしろかった。しかし、そもそもマイクロソフトはなぜ買収の話をもちかけたのか（マイクロソフトの歴史においてもっとも大規模な企業買収の試み）という理由について真に納得できるものは、この騒動のさなかに見聞きすることはなかった。検索エンジンの分野でGoogleを打倒するつもりだったという噂はあったが、「誰／なに」「どれだけの量」「いつ」に関してはじゅうぶん過ぎる情報がありながら、「なぜ」はほとんど伝わってこなかった。

その時期にわたしはマイクロソフト社でワークショップを行った。エクササイズ（このワークブックのエクササイズと同じようなもの）の1つとして、わたしは参加者に――彼らのなかには、その買収話について直接知っている人は誰もいなかった――こうたずねた。マイクロソフトがYahoo!買収のために440億ドルを投じようとする理由についてみなさんの考えを説明するには、どんな絵がふさわしいでしょうか、と。

参加者たちはすばらしい絵をたくさん描いた。人気投票をしたところ、2つの絵が他の絵を大きく引き離した。1つはマイクロソフトというアイスクリームのてっぺんにYahoo!というチェリーが1つのっている絵だった。もう1つはマイクロソフトという大きな魚がYahoo!という小さな魚を食べようとしている絵だ。前者の絵にわたしたちは「いっしょなら、もっとおいしくなる」と名前をつけ、後者の絵には「彼らにはそれが自然なことだから」と名づけた。

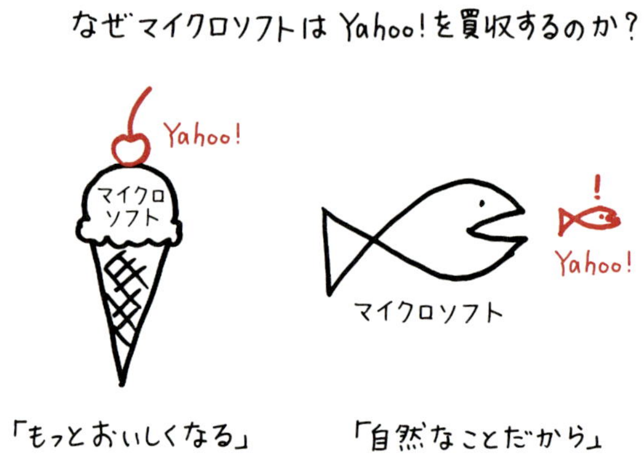
なぜマイクロソフトはYahoo!を買収するのか?
Yahoo!
マイクロソフト
Yahoo!
マイクロソフト
「もっとおいしくなる」
「自然なことだから」

マイクロソフトはなぜYahoo!を買収しようとするのか、それに対する2つの見方。「いっしょなら、もっとおいしくなる」と「彼らにはそれが自然なことだから」。どちらも「なぜ」を示すポートレートであり、「とりあえず納得できる」こたえとして完璧だ。

どちらの絵も平易で、なるほどと思えるので「なぜ」の絵としてはすばらしい。報道にのらなかった部分がひとめでわかる。マイクロソフトがYahoo!をほしがるのはアイスクリームに1粒のチェリーを加えるようなもの。つまり面白みに欠けるメガブランドが生き生きとした味わいに変わりたがっているという意味だ。それをじつにうまく表現しているではないか。もういっぽうは、大きなマイクロソフトが自分よりも小さなYahoo!を食べようとするのは仕方がないのだという意味だ。アメリカのビジネス界の貪欲な食欲をじつにみごとに描いているではないか。

しかしいくらなるほどと思えても、どちらも「とりあえず納得できる」こたえに過ぎない。「とりあえず納得できる」こたえをあらわすポートレートとしては確かにうまくできている。「なぜ」が簡潔に述べられている。しかしそれが万全なこたえであるかといえば、そうではなさそうだ。

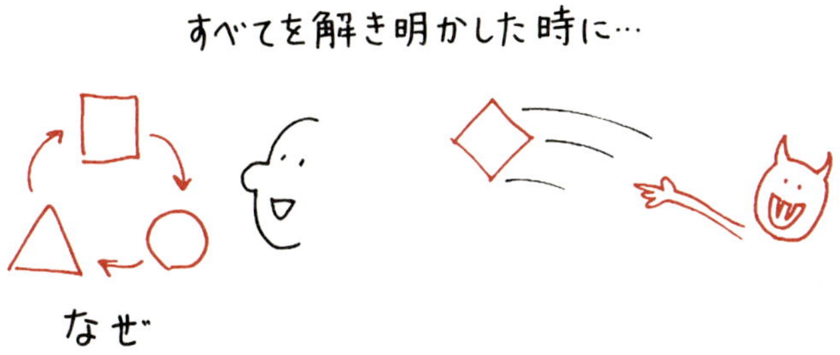
すべてを解き明かした時に…
なぜ

「とりあえず納得できる」こたえの絵を鵜呑みにするのは要注意だ。重要なことが欠けているかもしれない。

こうした「とりあえず納得できる」モデルは、わたしたちが過去に視たものを基盤としている。生まれてこのかた、わたしたちは情報を収集して「なぜ」のモデルを築いてきた。それなのになぜそういうモデルを信頼しないのか？　わたしたちが身を置く世界がずっと同じままであるならば、「なぜ」モデルはずっと効力を発揮するだろう。しかしながらわたしたちが身を置く世界はつねに変化している。「誰／なに」は同じままではない。量は変化し、位置は変わり、タイミングはずれる。原因は変わらないのに、わたしたちには視ることのできない理由である日突然、異なった結果が生じるかもしれない。

変動要因があまりにも多い状況で、どんな結果が生じるのかを絵で説明できるだろうか？　すべてを1つの絵に入れてしまうのはむずかしいが、不可能ではない。ここではそれに挑戦してみよう。といってもこれまでに描いてきた絵と同様に、思うより容易に描ける。やるべきことといえば、これまで登場したすべてのスライスに取り組む際と同じく「なぜ」という推論のプロセスを反転させてみるだけだ。〈多くのことを1つの絵に組み込むために、それぞれがどのように影響を及ぼし合っているのかを視る〉「なぜ」を系統立てて解き明かす絵に登場してもらおう。「多変数プロット」だ。多種多様なデータとアイデアの相互の関係を視るには、最適の方法である★。

★見覚えがあるのではないだろうか。今朝トムソン社の戦略を描いた絵は多変数プロットの格好の例である。

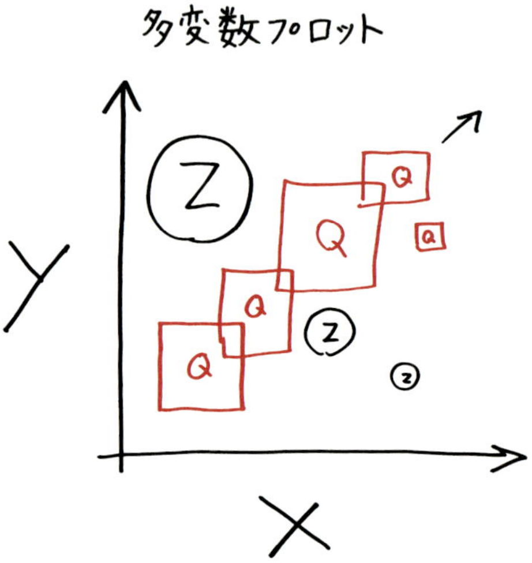

名前から想像がつくように、多変数プロットは異なったタイプの多くのデータ（X、Y、Q、Zなど）を1つの絵として描いたものである。こうすることで、いままで気づくことのできなかったつながりを見極める。

多変数プロットを大量のシチューにたとえることもできるだろう。異なった味わいの大量の情報のなかからこれぞというもの（変数）を選び、すべてを1つの鍋（座標系）に投入し、火を強める。材料が混じり合い、なにが浮かび上がってくるのかを視る。簡単な食事ですませたい場合には「とりあえず納得できる」こたえをあらわすポートレートを選べばよい。それでは足りない、という場合はこちらの絵だ。

なぜものごとが起きるのか（系統立てて解き明かす方法）

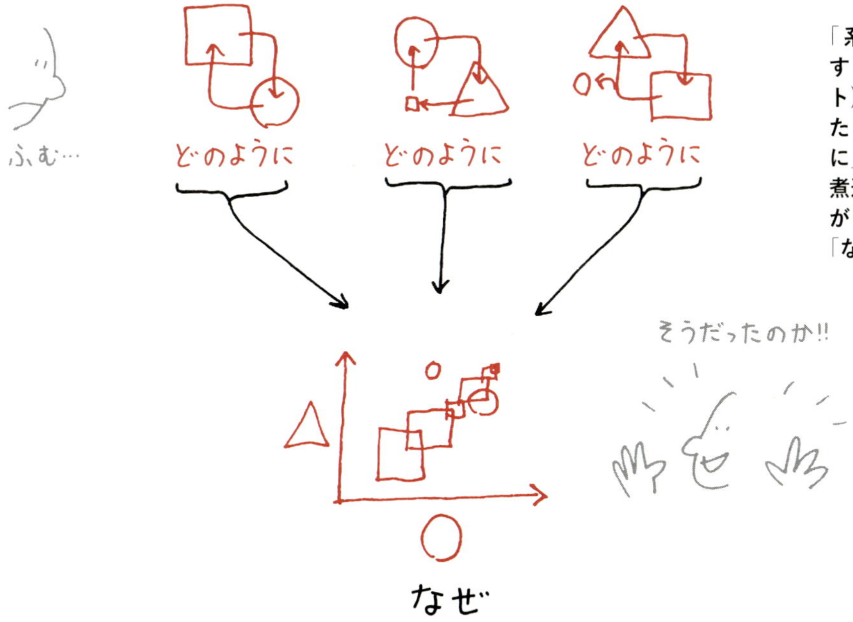
ふむ…
どのように
どのように
どのように
そうだったのか!!
なぜ

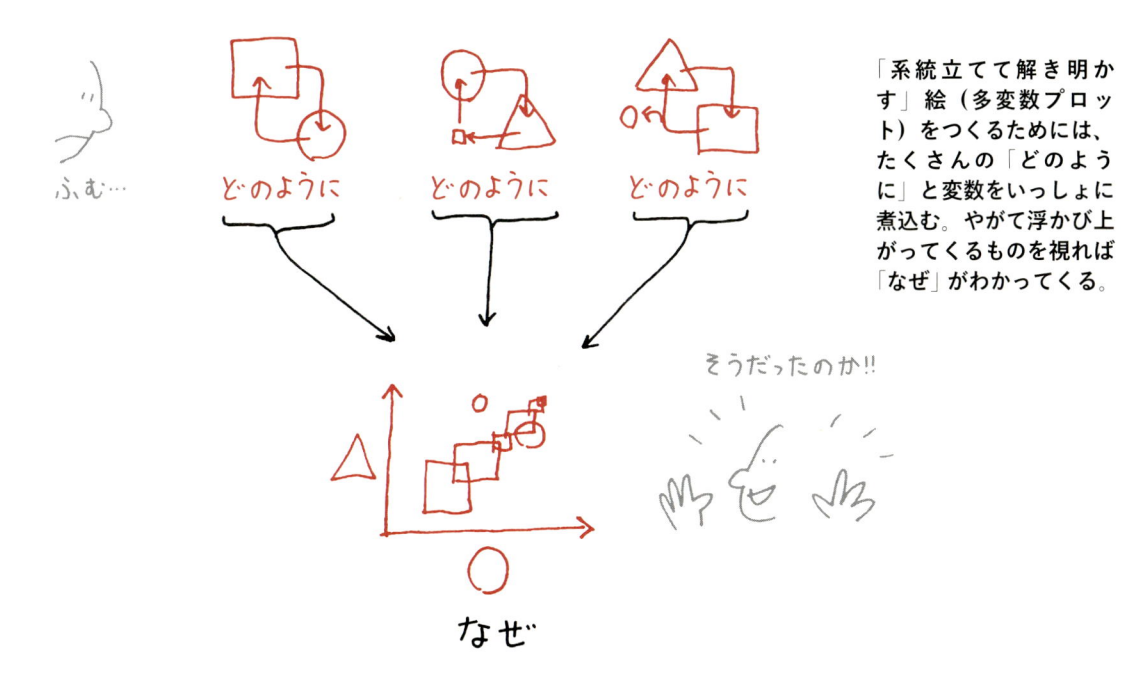

「系統立てて解き明かす」絵（多変数プロット）をつくるためには、たくさんの「どのように」と変数をいっしょに煮込む。やがて浮かび上がってくるものを視れば「なぜ」がわかってくる。

多変数プロットのすばらしさといえば、鍋でぐつぐつ煮込み始めたら、さらに新しい変数をどんどん追加できる点である。新しい材料に合わせて座標系を変える必要があるかもしれないが、その柔軟性がこの絵のよさである。思いがけない情報が突然登場することがあっても、おろおろする心配はない。情報をしっかりキャッチしてしかるべき場所に納めれば事なきを得る。

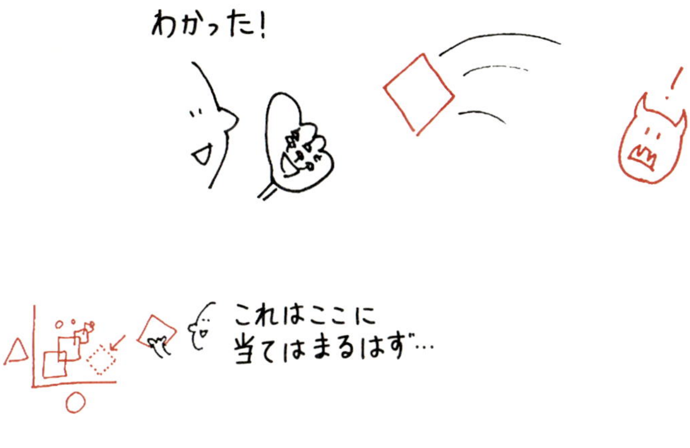
わかった!
これはここに
当てはまるはず…

「なぜ」を系統立てて解き明かすためのフレームワークを活用すれば、思いがけない情報が登場しても柔軟に対処できる。

おーいマイクロソフトよ。なぜYahoo！を買おうとするのか？（パート2）

このケースの「なぜ」をアイスクリームと魚の絵ではなく多変数プロットを使って視てみよう。今朝トムソン社のケースで行ったエクササイズとの共通点が多いが、新しく学んだ6×6ルールを活用すれば楽に描いていけるだろう。1つの絵としていっしょに描いていく情報は今回もあきらかになっている。

- **「誰／なに」** マイクロソフト、Yahoo!、Google、つまりIT企業とその商品。
- **「どれだけの量」** 440億ドルという価格、マイクロソフト（2820億ドル）とYahoo!（350億ドル）とGoogle（1810億ドル）の時価総額★。
- **「どこ」** 各社は市場のどの部分を占有しているのか？
- **「いつ」** 今日、そして最低でも今後数年間。マイクロソフトは明らかに長期戦略の構えである。
- **「どのように」** お金。しかも多額のお金。

★マスコミで派手に取り上げられた2週目の3社の時価総額。

要素が特定できたので、つぎに座標系をつくる。自分自身にたずねてみよう。自分はこの企業についてなにを知っているだろうか？　彼らはなにを提供しているのだろうか？　マイクロソフトは多くのアプリケーションを提供している（ワード、エクセル、ウィンドウズ、パワーポイント、アウトルック、MSN.comなど）が、Yahoo!が提供しているアプリケーションはそれよりも少なく（メール、ファイナンス、フォト、トラベルなど）、Googleはごくわずかだ（検索、ドキュメント、マップ）。マイクロソフトは自社のソフトウェアを有料でユーザーに販売しているが、Yahoo!とGoogleが提供しているものはほぼすべて無料で使える。

このような変数を使えば、簡単に座標系ができる。「提供されているアプリケーションの数」をx軸、「利用者が利用する際の価格」をy軸とする。

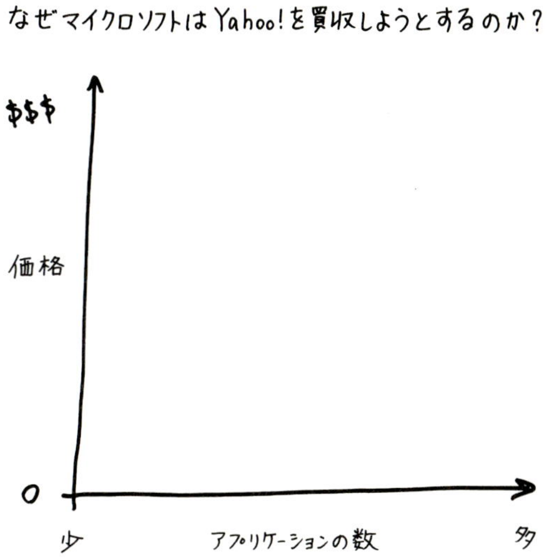

提供される「アプリケーションの数」と「価格」を比べる座標系からは興味深いことがあらわれるかもしれない。

3つ目の変数として「誰」を描き入れよう。それぞれを円で囲んでその会社の相対的な時価総額をあらわせば（「どのように」のグラフと同じ方法だ）一石二鳥だ。マイクロソフトは大きな円となる。同社は多数のアプリケーションを有料で提供している。対するGoogleはマイクロソフトの円よりも小さい。提供するアプリケーションは少ないが無料である。これだけのことが絵になった。

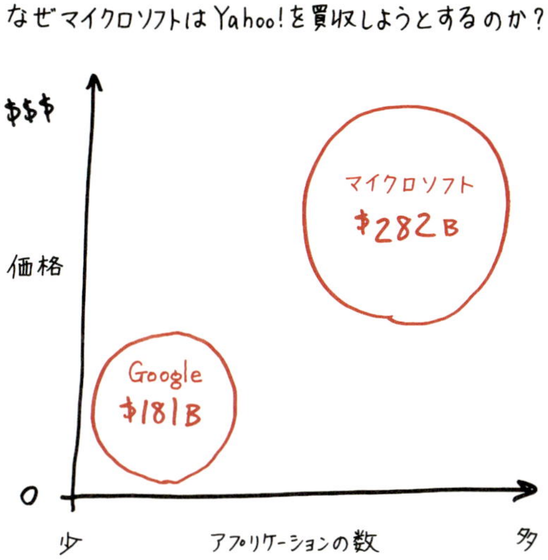

マイクロソフトとライバルのGoogleはこんなふうに比較することができる。マイクロソフトはより大きく、提供するソフトウェアは多い。Googleのアプリケーションは事実上ユーザーに無料で提供されているので、マイクロソフトのソフトウェアはユーザーにとって途方もなく高額だ。

Yahoo!を描き込むまでもなく、このソフトウェアの市場の絵を視ればマイクロソフトとGoogleはまったく異なるビジネスを行っていることがわかる。これはライバルといえるのだろうか？　この絵に時間という要素を加えると、その点があきらかになってくる。Googleはいまのところは限られた数のアプリケーションを提供しているだけである。しかし2ヵ月に一度、同社は新しいアプリケーションを発表している（Googleアース、アンドロイド、ファイナンス、スプレッドシートなど）。ということは、時間の経過とともにGoogleの円はマイクロソフトの円にじりじりとちかづくということだ。

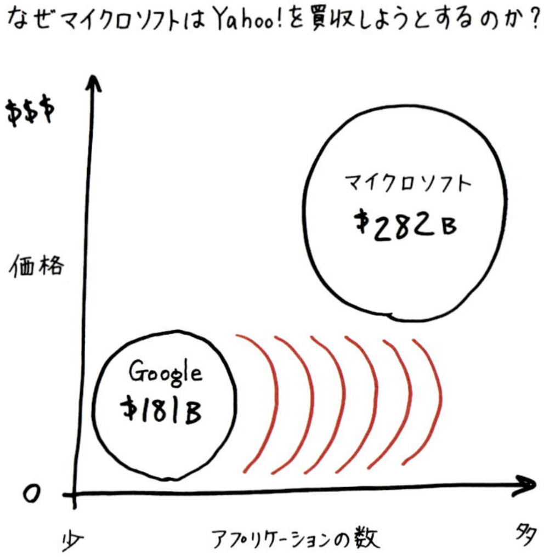

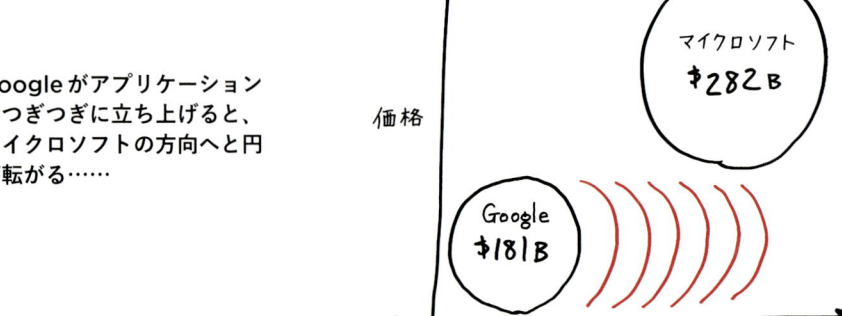

Googleがアプリケーションをつぎつぎに立ち上げると、マイクロソフトの方向へと円が転がる……

おやおや。もしもGoogleがマイクロソフトと同種のアプリケーションを、しかも無料で提供すれば、果たしてマイクロソフトは事業を維持できるのだろうか？　つまり、無料で使えるソフトウェアがあるのに、わざわざお金を出して使おうという人がいるだろうか？　Googleがユーザーに対しアプリケーションの有料化を図るという根拠はいっさいない。だからGoogleの円は上方には移動しないだろう。いっぽうマイクロソフトがいきなりアプリケーションを無料で提供するとはとうてい考えられない。ということはマイクロソフトの円が下に移動する可能性はいまのところないだろう。

ますます多くのソフトウェアが無料で使えるようになれば、マイクロソフトとしてはどんな手を打てばいいのだろうか？

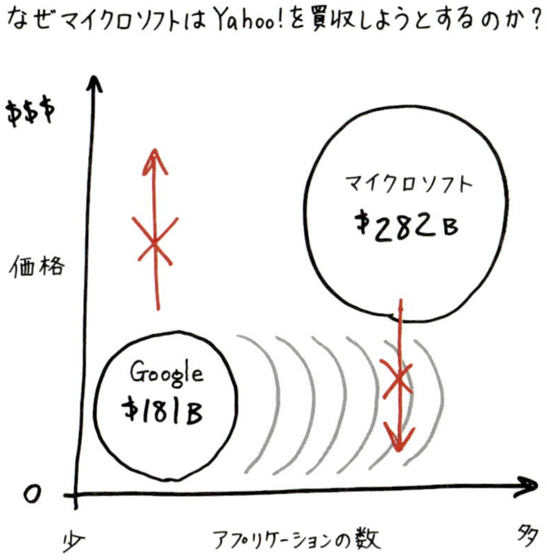

ちかいうちにGoogleの円が上方に移動する可能性、あるいはマイクロソフトの円が下降する可能性はないようだ。Googleが提供するアプリケーションの数が増えていくという状況で、マイクロソフトが事業を維持するにはどうすればいいのだろうか？

ここで一度、ストップしてみよう。あまりにも興味深いので、Yahoo!を描き入れるのをすっかり忘れていた。描き入れてみよう。アプリケーションの数はGoogleよりも少しだけ多く、どれも無料で提供している。

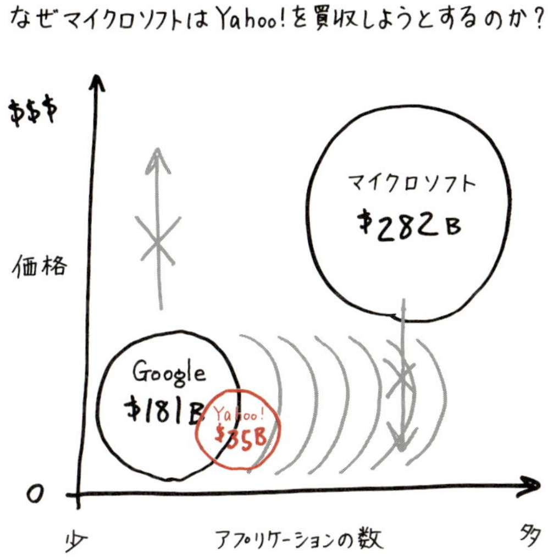

マイクロソフトが440億ドルをかけて実行しようとした戦略が理にかなっていることがいよいよ判明してきた。もしも同社がYahoo!を買収できれば——時価総額をはるかに上回る金額を出しても——じりじりとちかづいてくるGoogleの円という脅威を自力で押しとどめることができる。マイクロソフトは自社の大きな円を今後どうするのかを考えるために、時間を稼ぐ必要があるのだろう。

なぜマイクロソフトはYahoo!を買収しようとするのか？

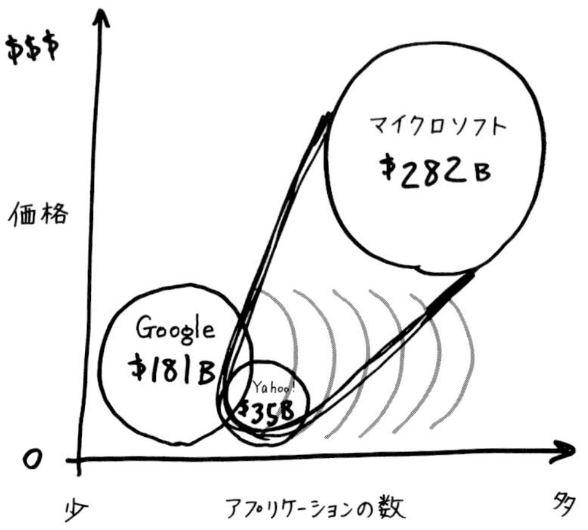

マイクロソフトがYahoo！を買収すれば、Googleという円がごろごろと転がりながらちかづいてくるのを阻む方法を手に入れたことになる——これで少なくとも少しの間は時間が稼げる。

昨年マイクロソフトのCEOバルマーが買収の意向をあきらかにした時にそこまでの意図があったのかどうか、わたしにはまったくわからない。しかしこの絵をもとに自分を彼の立場に置いて考えてみると、なぜあのような行動をとったのか納得できる。

これで今日わたしが用意したエクササイズはすべて終わった。今度はあなたの問題に取り組んでみよう。それが終わったらビーチに飛び出そう。

あなたの「なぜ」の絵　テーマとバリエーション

1　簡潔な真実

ビジュアルシンキングは問題を解決するための強力な手段であるという理由を、「とりあえず納得できる」簡潔なポートレートを描いてみよう。わたしの解答は付録の341ページをご覧いただきたい。

2　系統立てて解き明かすための絵

つぎのデータ同士のつながりを1つあるいは2つ、基本的な多変数プロットで示してみよう。

- ごく普通のビジネスの会議に出席している人のうち黒ペンの人（一刻も早く描きたい）の割合は25%。
- 同じ会議の出席者のうち黄色ペンの人（わたしは絵は描けませんが……）の割合は50%。
- 同じ会議の出席者のうち赤ペンの人（わたしは絵を描くのが嫌いだ）の割合は25%。
- 目で見て得た情報は耳できいて得た情報に比べ、思い出す割合が2倍高い。
- 目で見ると同時に耳でもきいて得た情報は、耳できいただけで得た情報に比べ、思い出す割合が4倍多い。

- 1時間程度の一般的なビジネスのプレゼンテーションで使われる資料のうち、文字だけで作成されているページ数は40ページ。
- 1時間程度の一般的なビジネスのプレゼンテーションで使われる資料のうち絵がメインになっているページ数は6ページ。

（ヒント：スタートするための座標系を1つ提案しておこう。ただし座標系はこれだけではない。これが気に入らない場合は、自分の好みのものを描いてみよう）

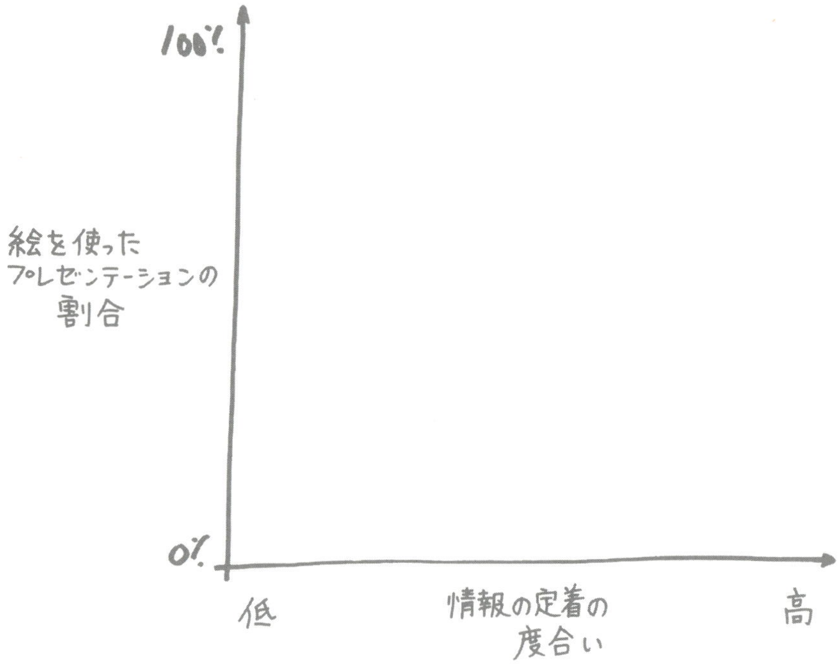

「問題解決のピザ」に最後の絵を加えよう。「なぜ」にかかわる問題を解明するには多変数プロットを描いてみる。もう一度繰り返すと、「とりあえず納得できる」こたえで納得できるのであれば「なぜ」を示すシンプルなポートレートを描くだけでよい。どちらの絵を選ぶにしろ、これで円がすべて埋まった。

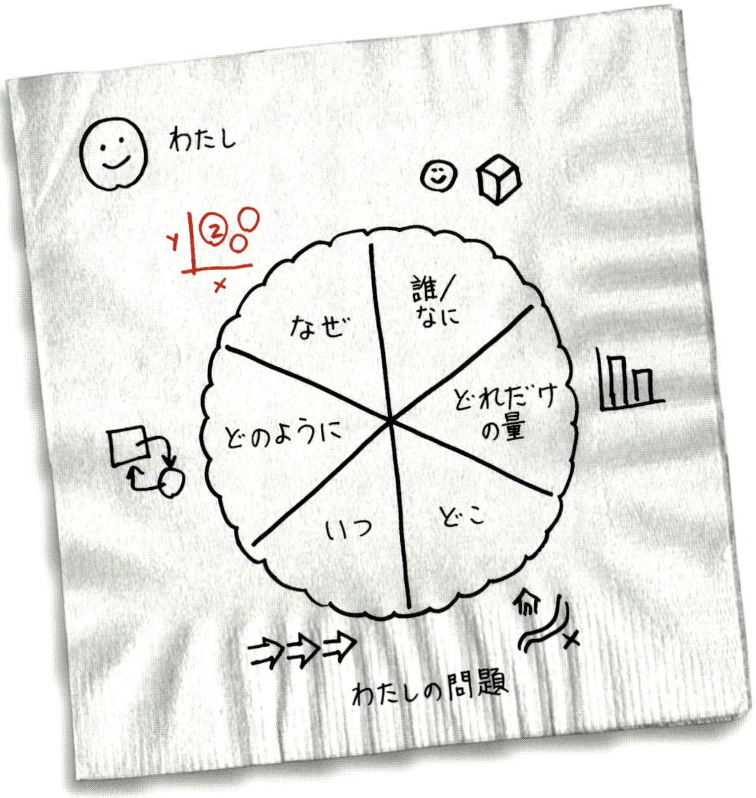

「なぜ」にかかわる問題に直面した時には多変数プロットを描く（「とりあえず納得できる」こたえで納得できるのであれば「なぜ」を示すシンプルなポートレートを描けばよい。これで円を一巡して最初の地点に戻る）。

簡単なまとめ　コインには表と裏がある——両面を使おう！

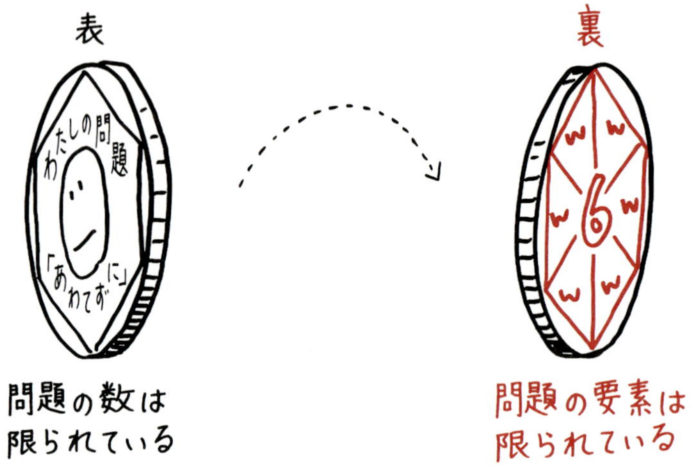

わたしたちが直面している問題がなにに関するものであるのかを特定できれば、6種類のシンプルな絵のうちの1つであらわすことができるだろう。これが6×6ルールである。じつにすっきりとしている。

だが問題がどんな種類のものであるのかを特定できなければ？　問題があまりにも曖昧で、「誰／どこ」に関する問題なのか、「いつ」に関する問題なのか、あるいはその他のどれなのかわからない場合、いったいどの絵であらわせばいいのだろうか？

じつはここが6×6ルールの真のすばらしさなのであるが、直面する問題がなにに関するものであるのかをすぐに見極められない場合には「コインを投げる」だけでいい。そしてスライス1つにつき絵を1つずつ描いていく。ポートレート（問題には誰がかかわっているのか）、グラフ（何人がかかわっているのか）、マップ（彼らはどこに位置しているのか）、時系列表（いつお互いに影響し合うのか）、フローチャート（どのようにお互いに影響し合うのか）を描いていく。するとしだいに問題を明確に視ることができるようになり、さらに視るべきものはどの部分にあるのかがわかってくる。つまり6つの絵を使って問題の種類をあきらかにしていくのである。

コインの表と裏のどちらも、絵で問題を解決する際にはもっとも活用しがいのあるツールだ。

さて残りの午後の時間は外で楽しんでいただきたい。明日、わたしたちはこのすべてを実践に移す。

第3日目 想像する

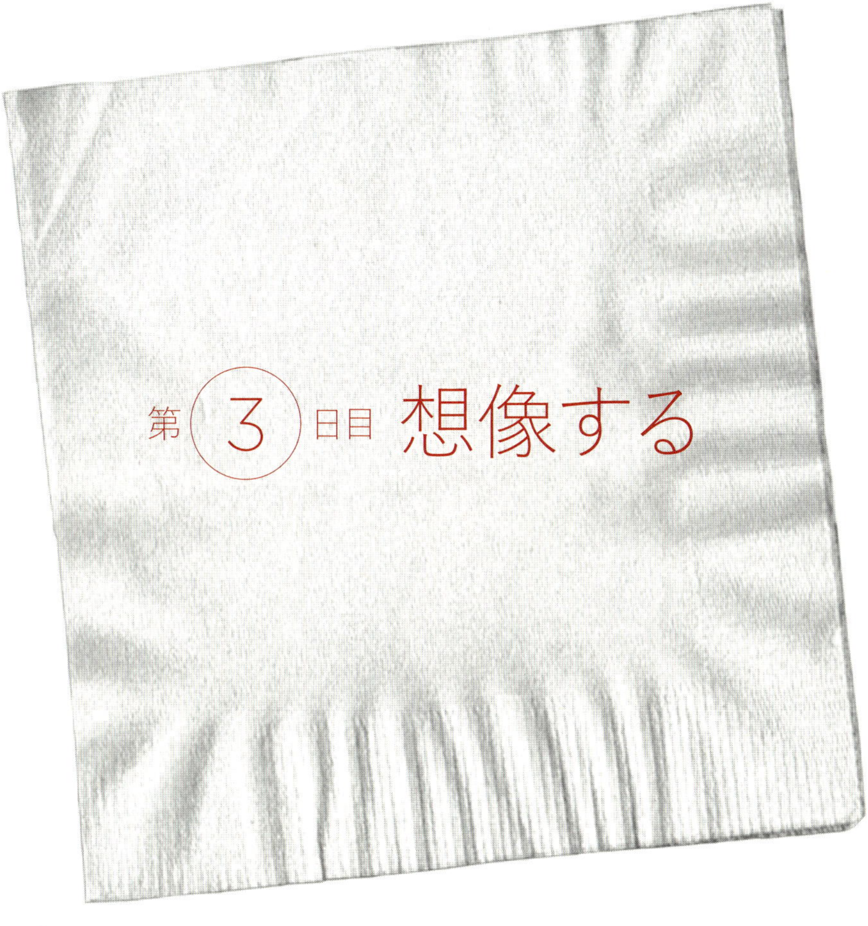

第3日目にようこそ

ポートレート、グラフ、マップづくりに奮闘しているさなかには明かさなかったが、昨日はこのワークショップのヤマ場だった。6×6ルールをマスターしてしまえば、後は楽に滑り降りていける。6×6ルールとビジュアルシンキングによる問題解決の基本さえ自分のものにできれば、積極的に視覚を活用できるようになり、視覚という能力に秘められた可能性がどんどん引き出されていく。

このワークショップの冒頭で、〈あらゆる〉問題は1つの絵で解明できると申し上げたが、それは決して誇張ではないことが少しずつみなさんも実感できるようになったのではないだろうか。わたしたちに〈搭載された〉3つのツール、4つのステップで構成されるプロセス、6×6ルールはどれも欠かせない重要なものだが、ビジュアルシンキングのツールキットのうち、まだ広げていないものが1つある。これまではあくまでも目をひらいて見ることに重点を置いてきた。注意深く見ること、そのなかからパターンを視ることを学んだ。ここからはそうした枠を取り払い、目では見ることのできないものを心の目で見ていく。問題解決の方法を想像していくのである。

6×6ルールからいったん離れ、まったく別の観点からの解決策をさがそう。わたしたちの心の目をしばらく利用して、なにが見えてくるのかを見ていこう。

わたしたちの心の目

ビジネスの会合、本、雑誌、会議、オフサイトミーティング、ブレーンストーミングのセッションでは「新しい発想をしよう」「想像力を使おう」「既存の枠にとらわれずに考えよう」とうながされる。どれもすばらしいことだ——いままでとはちがう考え方をしよう、思いがけない解決策をさがそうという働きかけには大賛成だ。ただ、そこには大きな問題がある。過去にとらわれずまったく新しい発想をしろといわれても、果たしてどれだけの人がそれを実行できるのだろうか。これまでにそのような方法を教わってきただろうか。どうしたらいいのかわからなくなり、まさに「ヘッドライトの光のなかにシカが出現」したような状態になってしまう！

この困難の核心部に切り込んでいくのが、今日学んでいく「想像する」ステップだ。じつはわたしたちの頭は新しい発想をするために地球上でもっとも強力な機能を備えている。それは想像力だ。想像力を稼働させる、つまりわたしたちの心の目のスイッチを入れてフル回転させてやればいいのである。

そのスイッチとは？（そう、お察しの通り）絵をうまく使うことである。

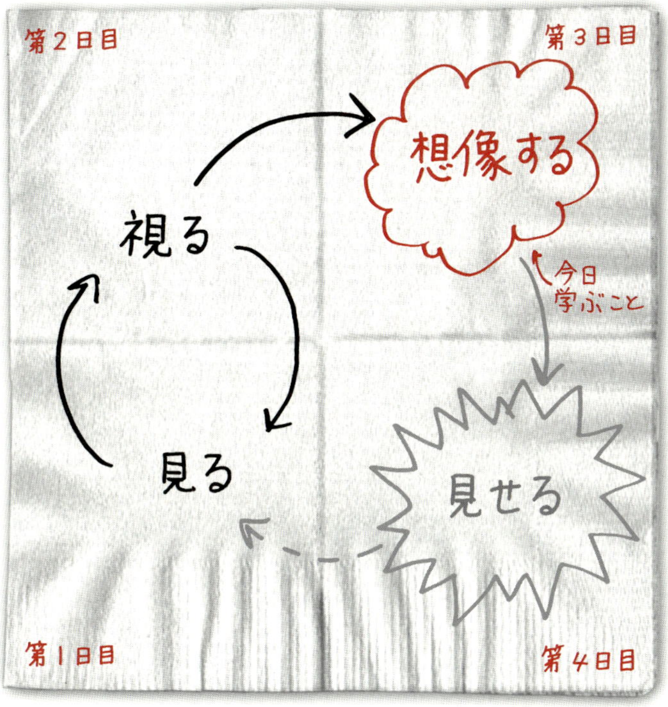

**今日、わたしたちは第3のステップ、
つまり想像することへと移行する。**

知られざる知恵 その3

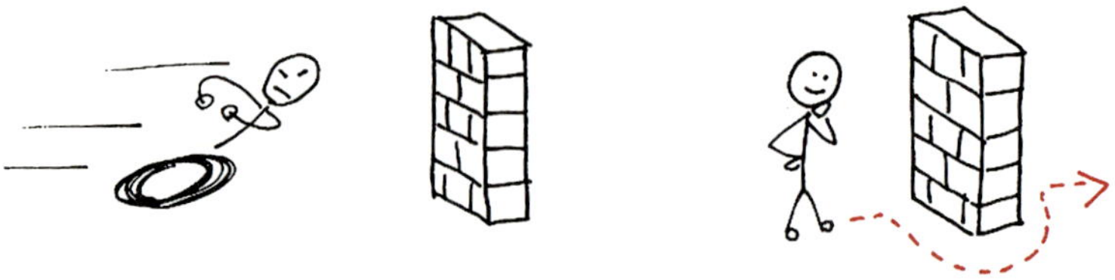

問題を解決するのは、もっとも利口な者でも、もっとも速い者でも、もっとも強い者でもない。もっとも可能性が見える者である。

これまで企業のブランド再生からバナナの仕入れまでさまざまな問題を見てきた。どのケースにも共通する本書の基本的な考えをここであらためて明確にしておきたい。それは、〈問題を視ることで、解決する方法を視る〉ということだ。

とても重要なことなので、はっきりとさせておこう。問題を視るから解決するわけではない。たとえば地球の気候の変化が与える影響を多くの人々が視ているが、それだけでは問題の解決にはならない。しかし視ることで問題がどういう要素で構成されているのかを知ることはできる。そしてなんらかのパターンを見抜くことができる。そのパターンをどのように扱えば現状とは異なる結果をもたらすことができるのかがわかる。となれば、後は決断するだけで問題は解決する。

必要なのは、最良の選択肢を選ぶための能力を発揮することだ。もちろん、期限内にスピーディーに達成する力、達成後もその状態を維持する力もたいせつだろう。しかしいちばんの難所を切り抜ける——解決策を発見する——ためにわたしたちが発揮しなくてはならないのは、目の前の状況を視て、それに対処するための方法をできるだけたくさん想像する能力である。

知られざる知恵その3には後半がある。

問題を解決するのは、もっとも利口な者でも、もっとも速い者でも、もっとも強い者でもない。もっとも可能性が見える者である。

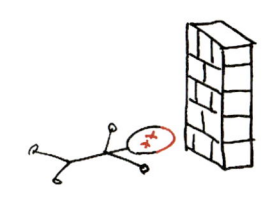

最高の想像力を発揮する者が成功者となる。

わたしは楽観的な人間だ。世の中に目を向ければ取り組むべき問題は日々、山のようにみつかる。それでもわたしたちははるか昔からこの地球でなんとか困難を切り抜けて、まだ笑顔でいられる。だからきっとこれからも同じようにやっていけるとわたしは信じるのだ。

どんな問題が行く手を阻んだとしても、それを視ることによって切り抜ける方法を想像できる。心の目で解決策を視ることができれば、あとはそれを実行するだけだ★。では、ここで考えてみよう。解決策と実行不可能なことをどのように見分けたらいいのだろうか？　必要に応じて想像力をフル回転させるためにはどういうふうにスイッチを入れればいいのだろうか？　第1日目を振り返って「見る、視る、想像する、見せる」というプロセスをもう一度見てみよう。

★「あとはそれを実行するだけ」といっても、決してたやすいわけではない。けれどもビジュアルシンキングの4つのステップを踏んで問題を分割し、それを理解すればきっと不可能を可能に変えることができるだろう。現に、これまでもそうして解決してきたのだ。

問題をよく見る、どんな種類の問題なのかを視る、問題を構成している要素を知る。これで問題を解決するための材料が頭のなかにすべてそろう。いよいよスタートだ。あとは目を閉じて、知られざる知恵その3の〈後半〉へと進んでいけばよい。

問題を解決するのは、もっとも利口な者でも、もっとも速い者でも、もっとも強い者でもない。もっとも可能性が見える者である。

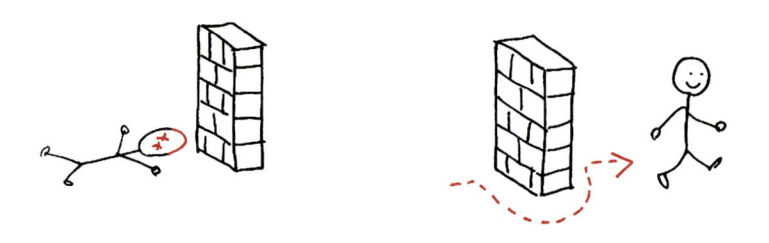

最高の想像力を発揮する者が成功者となる。

目をあけているよりも閉じているほうがたくさん見えることがある。

つぎの刃

スイスアーミー・ナイフの絵が登場するのはいよいよこれが最後だ。最後の刃を加えよう。コルクスクリューを。ねじれはかならず5つ描き、ひとつひとつに〈S〉〈Q〉〈V〉〈I〉〈D〉と名をつけよう。

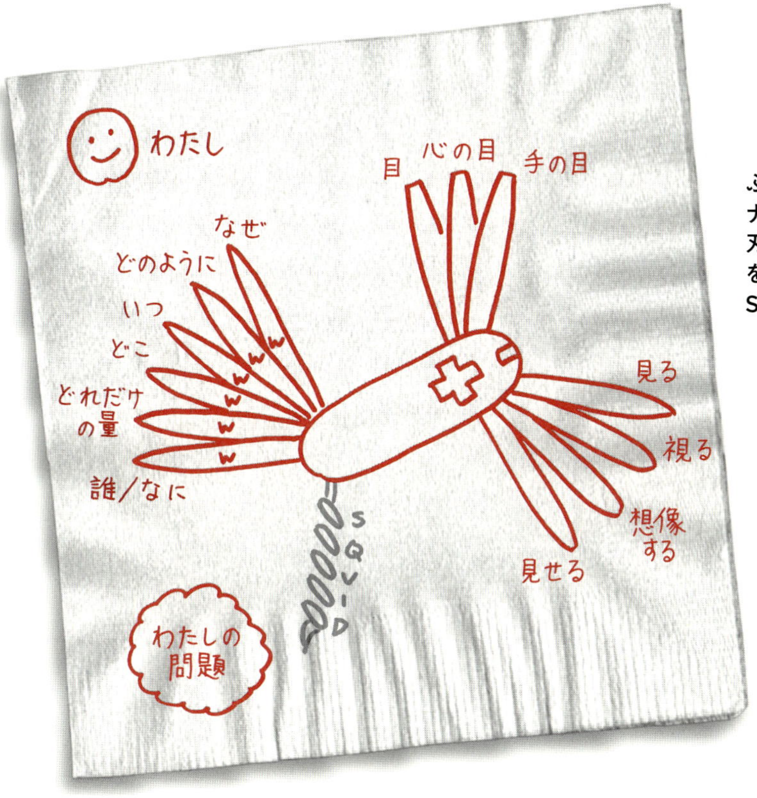

ふたたびスイスアーミー・ナイフの絵に戻り、最後の刃としてコルクスクリューを描く。5つのねじれにS-Q-V-I-Dと名をつける。

ワインボトルのコルクはどうすれば抜けるのか？

「SQVID」《エスキュービッド》という妙な名前のツールが心の目をどのようにしてあけてくれるのかを説明する前に、例を1つ見てみよう。つぎのようなシナリオを想定してみる。あなたがわたしを夕食に招待し、わたしはワインを1本持参する。お宅を訪問するとちょうどあなたは手が塞《ふさ》がっている。ワインの瓶をあけてもらいたいと頼まれてしまった。これは困った。恥ずかしながらわたしはコルクスクリューを見るのはこれが初めてだ。だから使い方がさっぱりわからない。が、ありがたいことに想像力があるので、SQVIDという5つの文字とともに働かせてみたい。
最初にわたしは自分が持っている2つのアイテムを見る。片方の手にはフルボトル。もういっぽうの手にはグルグルとねじれている金属製の道具。わたしの頭は可能性を想像し始める。

わたしは2つのアイテムを持っている。ボトルを1本とねじれのある道具が1つ。それを見てわたしの想像力がフル回転を始める。

瓶をあける方法として最初に思い浮かぶのは〈簡潔〉なやり方だ。コルクスクリューをかなづちとして使って瓶に割れ目をつくれば、あけることができる。

コルクスクリューを使った〈もっとも簡潔〉な解決策は瓶を割ってあけること。

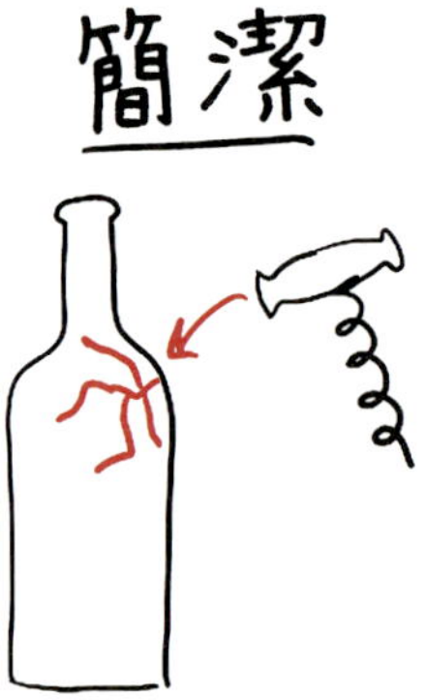

しかし、それはあまりにもシンプル過ぎるのではないか。コルクスクリューにねじれがあるのは、それなりにわけがあるのだろう。第一その方法ではワインにガラスのかけらが混じってしまう。それでは正しいとはいえない。きっともっと〈精巧〉な方法にちがいない。そうだ、瓶のどこかに小さな穴をあけて、そこから漏れ出すワインをグラスに受ければいい。

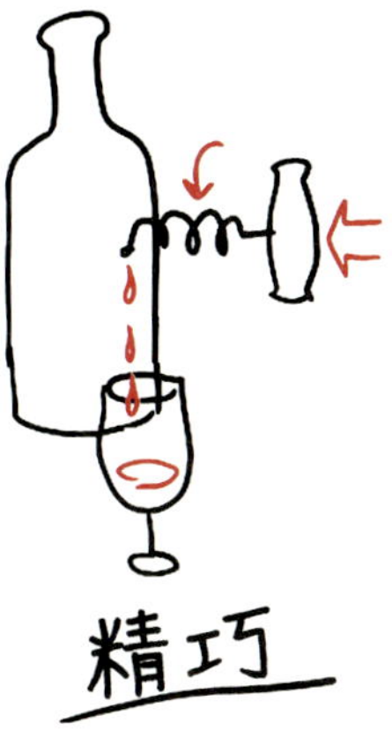

もっと〈精巧〉な解決策としては、瓶に穴を1つあける方法がある。

しかしガラスに穴をあけるのはひじょうにむずかしそうだ。この道具ではガラスに引っ掻き傷をつけることすらできやしない。さらに見ていると、もう1つの可能性が見えてきた。ああ、そうか。瓶のてっぺんの部分には柔らかいコルクがあるから、そこに穴をあければいい！　解決策の〈質〉としては妥当に思える。だが、これだけではコルクを引き抜くところまで解決できそうにない。

これは解決策の〈質〉だけをあらわしているので、これだけでコルクを引き抜くことはむずかしそうだ。

わたしが構造工学の技術者であれば、この方法で瓶をあけるにはコルクスクリューを回したりひねったりする力の〈量〉にかかわる解決策を思いつくだろう。それをグラフにあらわせば、コルクがポンと外れる正確なポイントがわかるにちがいない。

〈量〉にかかわる解決策で、このコルクをポンと抜くために必要な力を計測する。

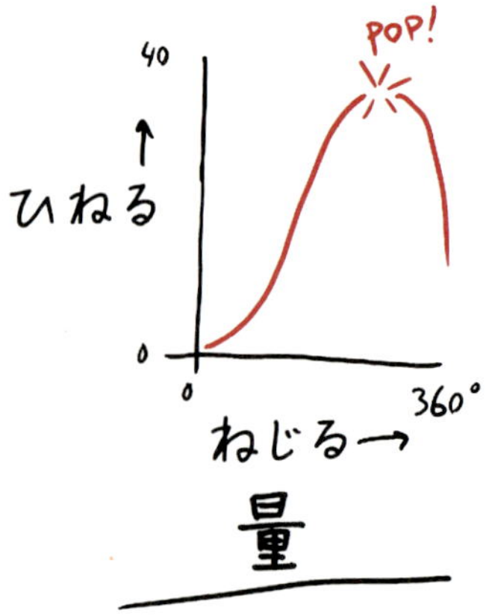

おやおや、どこをめざしているのか少々わからなくなってきた。そもそも自分はなぜこんなことをしているのだろう？　ここで思い出してみよう。わたしの〈構想〉はシンプルだ。日が沈むのを見ながらワイングラスからワインを飲みたい。単に数字を追い求めているわけではない。めざしているのは口のあいた瓶とグラスに入ったおいしいワインだと思い出した。

わたしの〈構想〉はこの通り。口のあいた瓶とグラスに入ったワイン、そして水平線に沈もうとしている太陽。

これで基本的なプロセスは組み立てた。では具体的にどのようにその目標を達成したらいいのだろうか。ビジネスの目線でとらえれば、どのようにその戦略を〈実現〉させるのか？

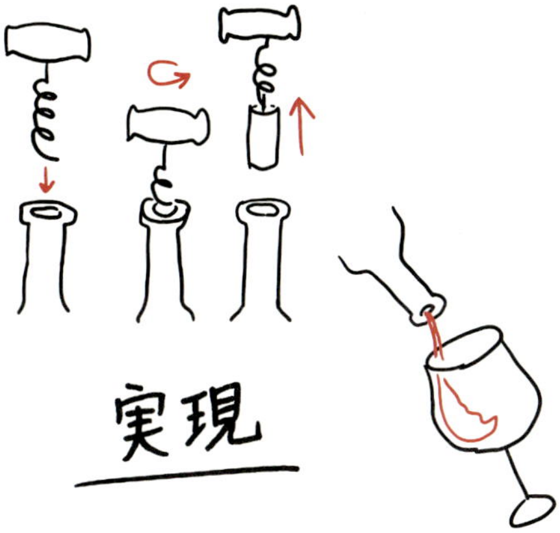

構想を〈実現〉させるには、複数の異なるステップを正しい順序で踏んでいく必要がある。

行動に移る前に、この戦略が正しいことであるかどうか確かめておきたい。ツールの〈個性〉に注目し、この先なにを実現できるのかを確認する。

〈個性〉に注目する限り、望ましい軌道を描いて進んでいくように思われる。

さらに確信を得るために、想像力を稼働させてみる。速やかに他の選択肢と〈比較〉してみよう。自分が選んだ選択肢は最高の結果をつくりだす可能性がもっとも高いと確信できた。

他の選択肢と〈比較〉し、自分が選んだ方法を速やかにチェックする。

比較

正しい軌道にいると確信できた。すべてを実行すれば、いま手元にある対象には〈変化〉（Δつまりギリシャ文字のデルタはコンピュータ関係者にはおなじみのものだ）が起きるだろう。正しく実行すれば、まもなく瓶は空っぽに、そしてグラスも空っぽになるだろう。

△変化

短時間のうちに現在の状況にはこれからある〈変化〉が起きるだろう。瓶は空っぽになり、わたしのグラスもほぼ空っぽになるだろう。

しかしまだその変化は実現していない。いまは――〈現状〉では――まだやるべきことが残っている。なにをなすべきなのかはわかっている。

〈現状〉は中身が詰まった瓶とコルクスクリューがある。仕事に取りかかる時がきた。

ほら、瓶の栓が抜けた。想像力の栓も抜けた。これがSQVIDだ。

SQVIDを学ぶ　想像力を活用した実用的なエクササイズ

SQVIDは5つの文字で構成された略語であり、5つの問いかけの頭文字をつなげたものである。アイデアについても心の目をフルに働かせて可能性を想像するために、自分に5つの質問をする。先ほど瓶をあける例を実践したわけだが、SQVIDはあらゆるアイデアに応用できる。想像力を発揮しようという時にはSQVIDが思考を大きく広げてくれる。

SQVIDとは、想像力のためのコルクスクリューのようなものだ。あることについて複数の考え方を開拓する確実な方法である。このつぎ誰かに「枠にとらわれずに考えよう」といわれたら——いま見えていない可能性を見出す必要に迫られた時には——SQVIDの5つの文字があらわす5つの質問を自分に問いかけてみよう。

SQVIDの5つの問い

SQVIDの5つの問いをご紹介しよう。

1 〈簡潔〉な絵にしたいのだろうか、それとも〈精巧〉な絵にしたいのだろうか？　それぞれどんな絵になるだろうか。

2 〈質〉に注目したいのだろうか、それとも〈量〉に注目したいのだろうか？　それぞれの絵にはどんな発見があるだろうか。

3 いま重要なのは実現しようとしている〈構想〉なのか、それとも〈構想〉を〈実現〉することなのか？　2つの絵はどのようにちがうのだろうか。

4 アイデアの〈個性〉に注目したいのか、それとも他のものと〈比較〉してみたいのか？　それぞれをあらわす絵を描くことができるだろうか。

5 このアイデアがもたらす〈変化〉に注目したいのか、それとも〈現状〉を重視したいのか（いまの状態はどうなっているのか）？　絵にあらわせば、どのようなものになるだろうか。

これを1枚の絵にまとめてみると、5つのカテゴリーで構成するフレームワークがあらわれる。5つのカテゴリーにはそれぞれ、対照的な視点が設定されている。

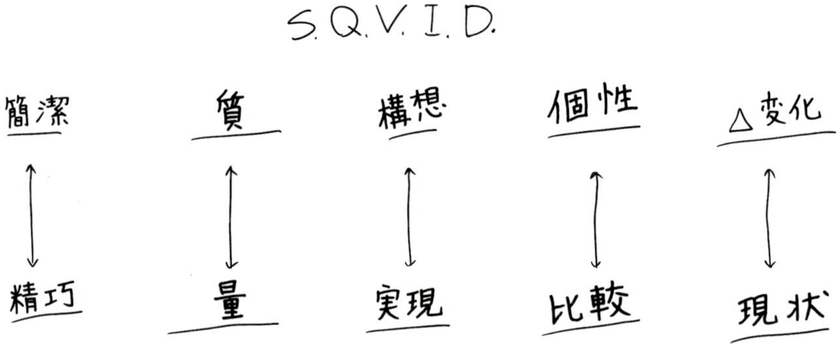

SQVIDは5つのカテゴリーそれぞれに2つの対照的な視点が設定されている。

先ほどのコルクスクリューのケースを絵であらわせば、想像力がどのようなプロセスを経ていくのかを忠実に写し取ったものとなるだろう。直面している問題を見て、さらに9通りの方法でそれを見る――心の目で見る――プロセスの記録だ。どれも同じこと――ワインのボトルをどのようにあけるか――を描いているが、1つとして同じものはない。

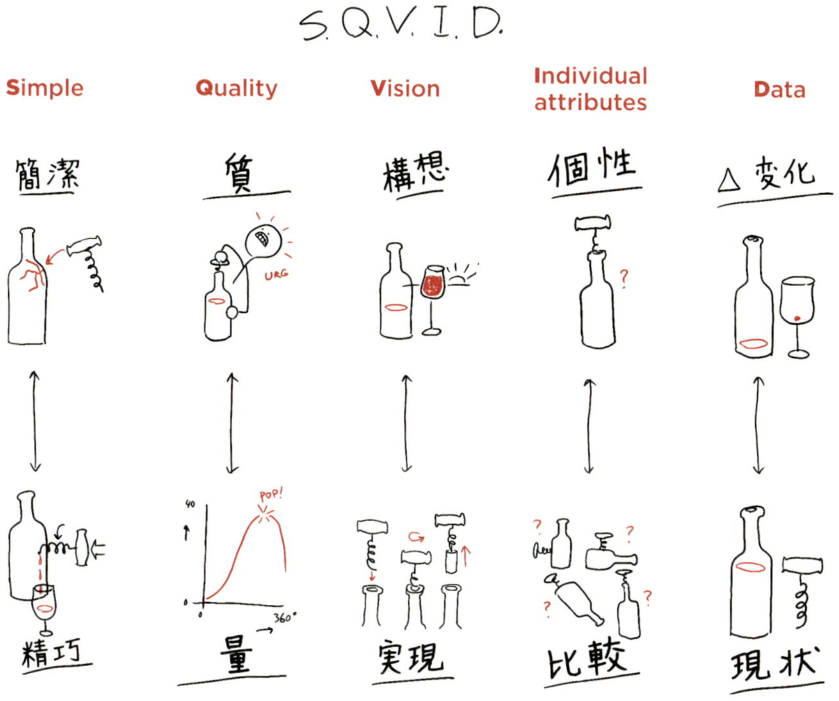

SQVIDを実行して絵にあらわせば、わたしたちが考えるプロセス全体を写し取っていることになる。すべての絵は同じこと――ワインのボトルをどのようにあけるか――をあらわしているが1つとして同じものはない。

SQVIDは想像力を活性化させるためのフレームワークとしてたいへんに優秀だ。この5つのカテゴリーは、わたしたちがものごとを考える際の視点をほぼすべてカバーしている。質（感触、感情、感覚）から量（数、量、計測）へ、構想（目標、方向、目的）から実現（プロセス、時間、時系列的な過程）へとシフトするたびに、脳がギアチェンジするようなものだ。

想像力には5段ギアがついている

昨日はオートマティック・トランスミッションとマニュアル・トランスミッションを比較したポートレートが登場したが憶えているだろうか？　自分の心の目を、つねに稼働しているパワフルなエンジンと考えてみよう。わたしたちはオートマティックの状態にしていることがとても多い。頭のなかのイメージのギアチェンジを想像力にまかせてしまうのだ。そして、たいていはそれで不都合を感じない。しかし問題解決に向けて可能性を能動的に見るには、それでは間に合わない。だからマニュアル・トランスミッションに変更してひとつひとつギアを換えながら心の目ですべての可能性を見ていく。個別の問題を解決するために簡単に実行できる方法である。そのためにSQVIDが存在する。

SQVIDはわたしたちの想像力のためのマニュアル式の5段変速ギアである。「量」から「変化」までのシフトがあり、わたしたちは意識的に脳のギアチェンジをしていける。

これを試すために、SQVIDの5つのギアをもう一度試してみよう。今回はみなさんにもいっしょにやっていただこう。

SQVID　演習 1　リンゴとオレンジ

最初なので簡単にしよう。SQVID を使って、わかりやすい 2 つのものを比較する。比較するのはリンゴとオレンジにしよう。わたしはリンゴに関してギアを順々に変えていくので、みなさんはオレンジを担当してみていただきたい。

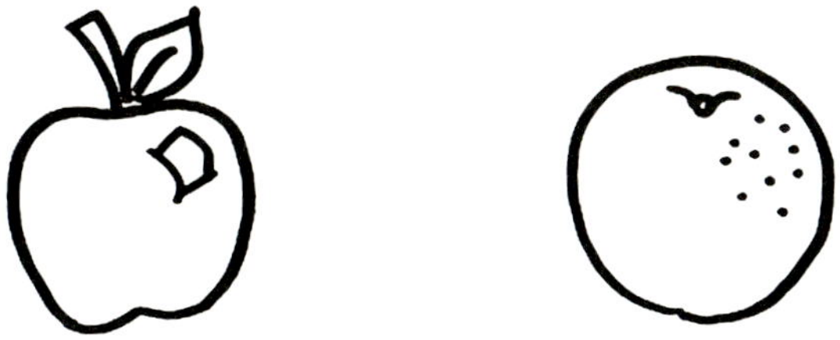

まずはシンプルに、2 つを並べて比較するところから始める。わたしがリンゴを担当するので、オレンジで同様にやってみていただきたい。

簡潔か、それとも精巧か

リンゴを簡潔に描いた絵

果樹園全体を見せれば、もっと精巧な絵になるだろう。

簡潔か、それとも精巧か

オレンジを簡潔に描いてみよう

どうすればオレンジをもっと精巧に描けるだろうか？

質か、それとも量か

リンゴの「質」をあらわすにはどう描けばいいだろうか？

リンゴの「量」的な面をあらわすにはどんな絵を描けばいいだろうか。栄養素を描いてみたらどうだろう？

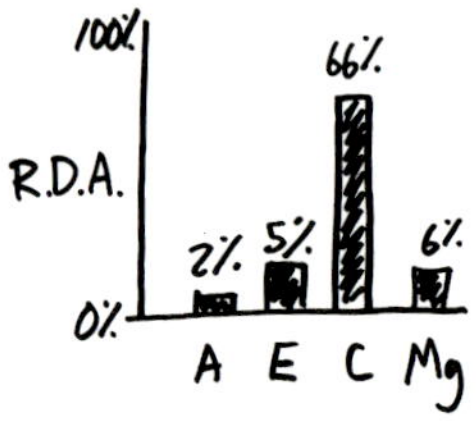

質か、それとも量か

オレンジの「質」をあらわすにはどう描けばいいのか？

オレンジの「量」的な面をあらわすにはどう描けばいいのか？

構想か、それとも実現か

リンゴについての理想的な「構想」とは？

その構想を「実現」する方法は？

構想か、それとも実現か

オレンジについての理想的な「構想」とは？

オレンジの構想を「実現」する方法は？

個性か、それとも比較か	個性か、それとも比較か
リンゴを単独で見ると、どんな点に注目するだろうか？  他の果物と比較するとどんな点に注目するだろうか？ 	オレンジを単独で見ると、どんな点に注目するだろうか？ 他の果物と比較するとどんな点に注目するだろうか？
変化か、それとも現状か	**変化か、それとも現状か**
このリンゴの未来の姿はどんなふうに描けるだろうか？  リンゴのいまの姿は？ 	このオレンジの未来の姿はどんなふうに描けるだろうか？ オレンジのいまの姿は？

SQVIDを使う最初の方法　心の目をひらいて想像力をふくらませる

オレンジを幾通りもの方法で見ながら頭のなかでギアチェンジが行われるのを感じただろうか？　わたしたちの脳はアイデアをバラエティ豊かな方法で取り扱うことを好む。このエクササイズはそれをよく教えてくれる。いまのエクササイズでは心の目を働かせ、想像力を無理なく活性化させた。少々刺激を与えるだけで活性化したのである。たいていの人は勘が鈍っている。エンジンは動き続けているのに、ずっとアイドリングさせたままでいるような状態である。

アイデアをSQVIDで見ていく時には脳のなかの処理センターがつぎつぎに稼働している。たとえば側頭葉と頭頂葉のあいだ、あるいは視覚野と上丘のあいだでアイデアを弾ませる。そのような処理センターが具体的にどういうもので、なにをしているのかという知識は必要ない――実際、神経科学者は無数の個々の処理センターの役割をようやく理解し始めたばかりだ。ただ、処理センターを活性化させればさせるほど多くの可能性を発見できることは、わたしたちにもわかる。

またSQVIDの問いにこたえる際にアイデアは右脳と左脳のあいだを行ったり来たりしている。その結果、心の目は思いも寄らないイメージを発見する。わたしたちの右脳は空間的、概念的な思考を得意としている。いっぽう左脳は言語的、時系列的な思考を得意としているということを、この20年間の科学的なデータは物語っている。

多くの科学的根拠から、脳の思考は２種類に分かれていると考えられる。「はいその通り」、そして「いいえそれはちがう」と。

右脳と左脳とは具体的にどういうものであるのか、どのように測定するのかについて専門家の間では激しい議論があるが、じつはSQVIDはリスクをヘッジするための偉大な方法である。右脳と左脳の議論の行方がどうなったとしても、わたしたちがなにかを見る時にはかならず「ウォーム」つまりそのアイデアの情緒的な面と「クール」つまり理性的な面を見ている。両方を見てようやく対象を理解しているのだ。

SQVIDの質問は、「ウォーム」と「クール」の両方を見ることができる。それぞれの質問の「上」側（簡潔、質、構想、個性、変化）は「右脳」的つまり統合的な見解を引き出す。「下」側（精巧、量、実現、比較、現状）は「左脳」的つまり分析的な見解を引き出す。意識的に両極端を行き来することで心の目をじゅうぶんに活性化させる必要がある。

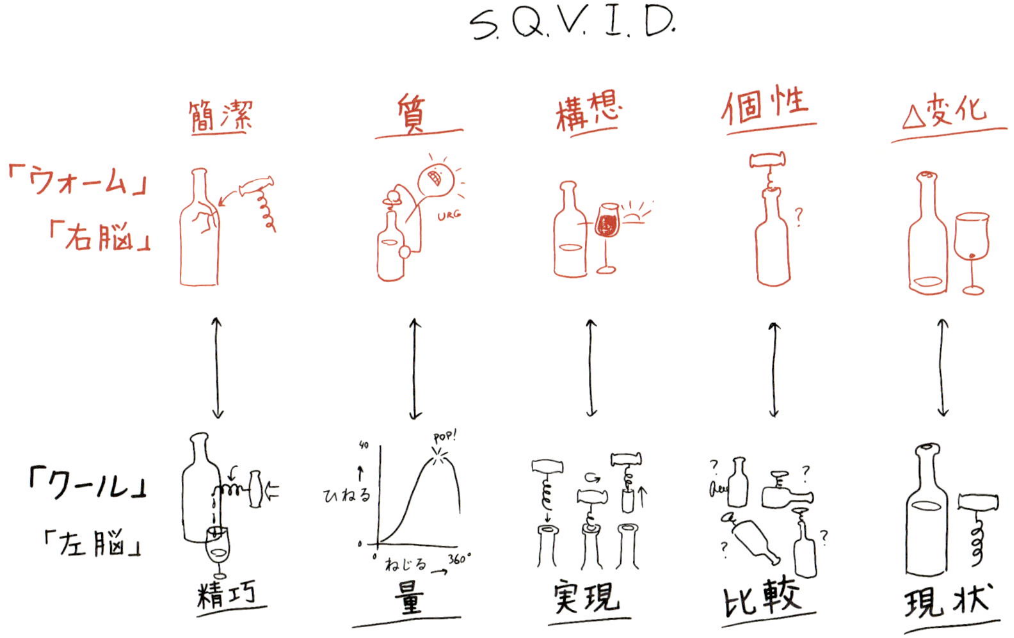

SQVIDの上側に置かれた問いは統合的見解を引き出す。下側に置かれた問いは分析的見解を引き出す。想像力が能力を発揮するには両方が必要だ。

SQVIDの問いを眺めながら、さまざまなアイデアの例を検討してみよう。

簡潔か、それとも精巧か？

なにかを見る時には必ずシンプルなとらえ方がある。必ずしも細部まで完全にわかるとは限らないが★、少なくとも速やかに「わかる」はずだ——「対象」がなにであるのかを。簡潔なとらえ方の良さとは、速やかに理解していいアイデアかどうかを速やかに判断できることだ◆。

★簡潔なアイデアが必ずしも、いいアイデアとは限らない。ナポレオンの行軍はとんでもなくシンプルなアイデアだった。〈初夏にわたしたちはロシアとの国境に50万人を集結させ、暖かい時期に行軍し秋の初めにモスクワを制圧する〉。これは傲慢な考えである。シンプルだが、破滅的なアイデアである。

◆これも「簡潔」なとらえ方の難点である。なにかを平易に、そして簡単そうに見せるのは、複雑にするよりもはるかにむずかしいということが珍しくない。効果的で——そして誤解されるおそれが少ない——簡潔なとらえ方をするには多くの要素を長時間ゆっくり煮込み、やがて好ましいものが浮かび上がってくるのを待つ必要がある。

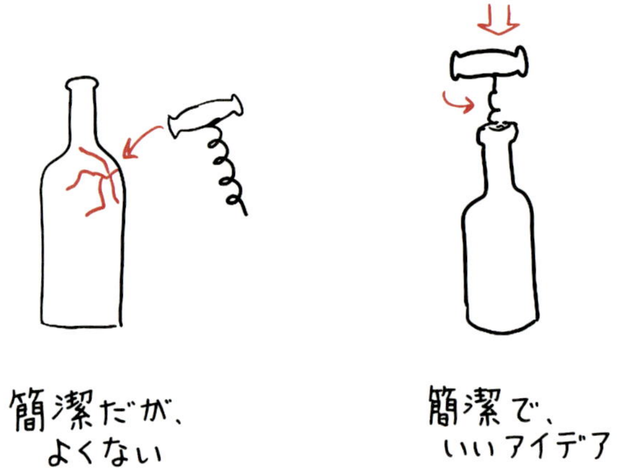

簡潔なアイデアがいいアイデアであるとは限らない。しかしシンプルなとらえ方をすることで、難点に気づくことができる。

なにかを見る時には精巧なとらえ方が必ずある。これは細かな部分と微妙なニュアンスまでとらえた絵となる。なにが進行しているのか、そこになにが含まれているのかを正確にあらわし、伝えてくれる。精巧にとらえた絵の難点といえば、ぱっと見てあまりにも複雑なので専門家でなければ理解できないところだ。これについてはランチのあとでくわしく取り上げるので、絵には2種類の極端なあらわし方があるとだけいまは憶えておいていただきたい。限りなく簡潔か、精巧かの2種類だ。

同じものを簡潔にとらえる方法と精巧な部分までとらえる方法を比較してみよう。光（虹と電磁波スペクトル）、カギ（錠とカギの絵、そしてタンブラー錠の概略図）、命（1輪の花とクレブス回路★）。あなたの専門知識のレベルを基準にすると、それぞれの絵はどういう点で魅力的であるのかを見てみよう。

★クレブス回路の絵といえば、時系列表とフローチャートを組み合わせたもの（「いつ」と「どのように」の絵）であり、植物が光をエネルギーに変えるプロセスを描く時に使うことが多い。

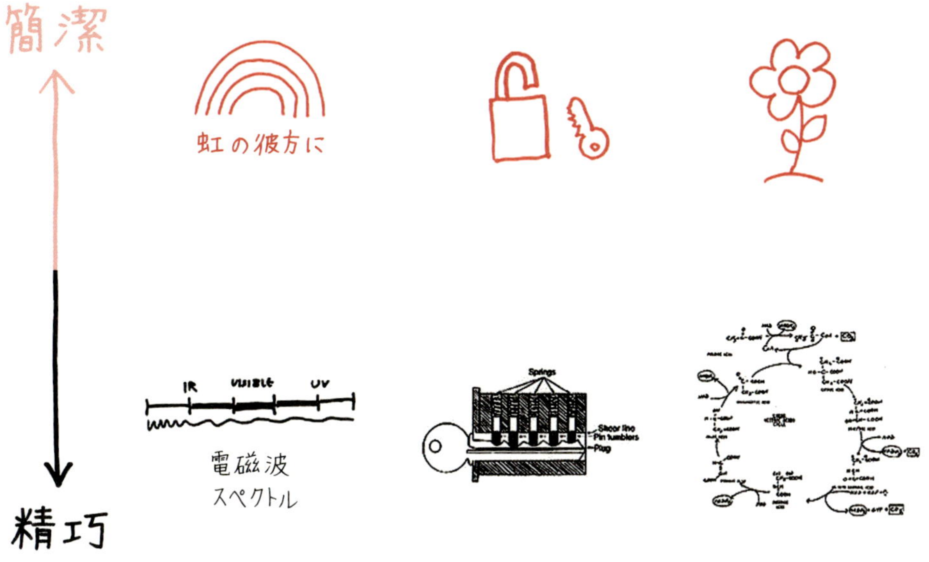

「簡潔」と「精巧」の3つの例、
光、カギ、命。

演習——簡潔か、それとも精巧か

つぎのアイテムから1つを選んで、簡潔な絵と精巧な絵を描いてみよう。

- 飛行機を1機
- ビジネスのプロセスのマネジメント
- ウェブサイト
- 言語

質か、それとも量か？

よい、悪い、醜いなど、わたしたちが心に思い浮かべるものに関してはすべて、つぎのように問いかけることができる。どんなものか？　どんなふうに感じられるのか？　どんなふうに見えるのか？　どんなふうに動くのか？　これはみんな質を問うものだ。こういうものは計測したり数えたりすることはできないが、本質をあらわす特徴といえる★。昨日のポートレートでわかるように、質的な絵はあるアイデアと他のアイデアを視覚的に区別するためのカギをこうして提供する。

量をあらわす絵はこれとはまったく違い◆、あるアイデアについて計測したり勘定したりできる面を反映している——いいかえると、「どれだけの量」の絵に組み込める特徴すべてを。昨日取り上げたバナナの仕入れの例のように、あるアイデアを過不足なく表現するには質と量の両方を取り上げる必要がある。質は直感的なイメージを提供し、量は数量的な計測をあらわす。

★実存主義的な表現にきこえるかもしれないが、無理もない。実際にその通りである。「実存的」とはまさに、なにかがそれそのものとしてその場に存在しているという意味だ。ビジネスに携わる人々にとって耳慣れない表現であるとしたら、ひじょうに残念だ。こうした「質」こそが、ある製品を他の製品よりもずっと魅力的にしている。もちろんこうした質を計測するのは困難にちがいないので——グラフであらわすこともむずかしい——ビジネスのプレゼンテーションではめったに登場しない。

◆質と量の違いについては「誰／なに」のポートレートと「どれだけの量」のグラフを取り上げた際に見たが、もう一度見ていきたい。

つぎに、宝石（いっぽうはまばゆく輝いている、もういっぽうは原子の種類と構成量を正確に数値であらわしている）、愛（いっぽうは子どもへの親の筆舌に尽くし難い気持ち、もういっぽうはホルモンの相互作用を正確な量で示した）、帆をいっぱいに張ったヨット（いっぽうは風、海、エネルギーの美しい表現、もういっぽうは移動について速度と進路を専門的な計算法で正確にあらわす数値）の質的な絵と量的な絵を示す。どんな文脈においてどちらが「よりよい」絵であるのか、想像してみよう。

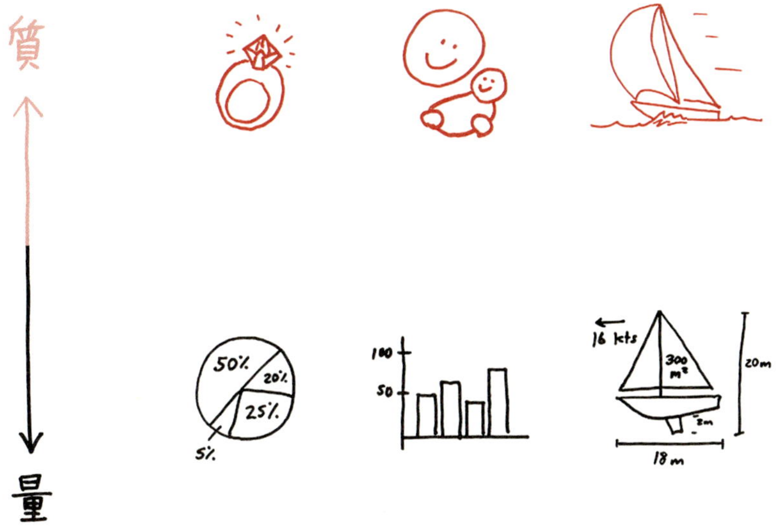

質と量の絵。ダイヤモンド、愛、セーリングをそれぞれ2種類の絵であらわした。時と場合に応じてどちらもアイデアをじゅうぶんに表現する。

演習——質か、それとも量か

つぎのアイテムから1つを選んで、質的な絵と量的な絵を描いてみよう。

- 音楽
- 成功
- 夏時間
- タバスコ・ソース

構想か、それとも実現か？

リーダーであれば当然、明確な構想を持っていなければならない。その他全員がうつむいて必死でオールを握っている時でも、リーダーはめざす地点を把握しているはずである。目標地点をはっきりとらえて、月に行く、アップルパイをつくるといった構想を持つ。その構想を人々に伝えることは優れたリーダーの際立った特徴である。

ただし、特定の方向にみんなを向かわせようとしてもそこに到達するための方法がなければ、あまり意味はない。そう、実現させる方法だ。この先踏むべきステップを1つずつ規定し、いまいる地点からはるか彼方の地平線の魅惑的な場所へと到達する道筋をあきらかにしなくてはならない。目的地が見えていてもプロジェクトマネジャーと詳細な計画がなければ、出発する前にあきらめてしまうかもしれない。

時と場合に応じて、SQVIDの質問であきらかにした絵のどちらか片方あるいは両方の絵を使えばよい。つぎの絵は構想と実現を対照的にあらわしたものだ。フットボール（目的はスーパーボウルのゴールポストだ。プレーオフに勝って着実に進んで到達する）、富士山（自然界の力が完璧に表現されている山であり、何世紀も前から巡礼者たちがたどった道をわたしたちもたどりながら山を理解する）、月面着陸（旗を立てることは国をあげての目標だ。無数の人々が組織的に参加して機器を開発し、到達できる）。

あなたがリーダーだとしたら、自分が率いるチームのためにどんな絵を描くだろうか？　プロジェクトマネジャーの立場であれば、どんな絵を描くだろうか？

構想はゴールポスト、輝く山の頂、月に旗を立てること。実現はプレーオフの勝利、山腹を1歩1歩登る、ロケットをつぎつぎに切り離していく。

演習——構想か、それとも実現か

つぎのアイテムから1つを選んで「構想」を描き、それを実現する方法を描こう。

- 連邦準備銀行
- 全米オープン
- フレンチフライ
- フランス革命

個性か、それとも比較か？

あるアイデアを真に明確に見るには、視界から他のものをすべて排除するというのも最良の選択肢といえる場合が多い。無関係な要素に気を散らされずに詳細に集中でき、対象だけを熟慮することができる。この方法でたった1つのアイデアを追求し、成果をあげたという例は多い。たとえばライト兄弟が世界初の飛行機を製作したケースだ。彼らは飛行機づくりに専念するために自分たちの自転車店をたたんだばかりか、風を利用するため、そして家で気が散ることを避けるために、国を半分ほど横断して寂しい砂地に移動した。

ひとけのない浜辺に移動し、気を散らすものすべてを断ち切り、ライト兄弟はようやく飛行機という成果を「見る」ことができた。

また、自分のアイデアを真に理解するには、他のアイデアと比較し類似点と相違点を探すことがただ1つの選択肢という場合もある。ライト兄弟の設計は、飛行の感覚を自転車に乗る感覚と比較した点で画期的だった。彼ら以前にエンジンを搭載した飛行機を設計し飛ばして成功させた例は1つもなかった。彼ら以前のどの設計者も、飛行機を制御するには飛行機が本質的に安定していることが必要であるという前提に立っていたためだ。ライト兄弟は自転車をモデルとして、意図的に安定性を欠いた飛行機をつくった。航空学的な概念においてこれは決定的な突破口をひらいた。

ライト兄弟は自分たちの飛行機を他の飛行機のアイデアと比較したからこそ、飛行を可能とする方法を思いつくことができた。

これまでの例とおなじく、個性の観点も比較の観点もつねに適切であるというわけではない。アイデアをじゅうぶんに見るには、すばやく両方を心に思い描く必要がある。個性と比較の絵の例をつぎにあげてみる。それぞれ、どんな状況がふさわしいのかを考えてみよう。野球（縫い目とサインだけであらわす、あるいはフットボール、サッカーボール、バスケットボールと比較した際の大きさと形であらわす）、男性（大きさ、衣服、髪型であらわす、あるいは群衆のなかの1人ひとりと比較）、「わたしたち」のグラフ（あるスペースのなかの場所のポジションであらわす、あるいは「彼ら」のポジションと相対的にあらわす）が見えてくる。

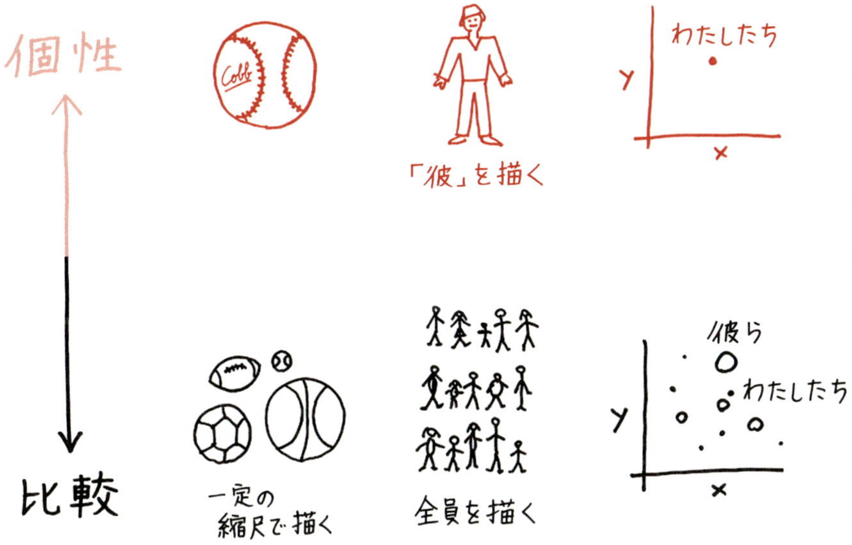

このボール、あの男性、わたしたち、という個性をあらわす絵はひとつひとつを明確に見せてくれる。複数のボール、人人、わたしたち〈と〉彼ら、という比較の絵は類似点と相違点を見せることでコンセプトを明確にする。

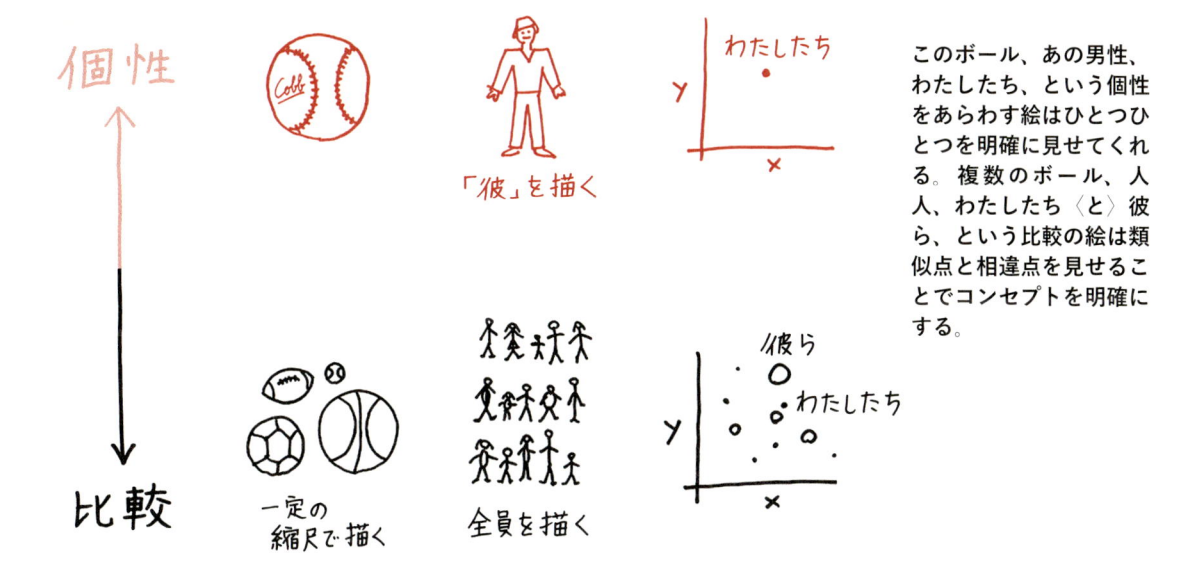

演習——個性か、それとも比較か

つぎのアイテムから1つを選んで、単独の絵と他のものと比較した絵を描いてみよう。

- かなづち
- 映画を観る
- わたしの会社
- 最終損益

変化か、それとも現状維持か？

「つねに変わることこそ、唯一普遍的なことである」。昨日は、周囲で起きる変化に注目することで時間の経過がわかると述べた。もしもなんの変化も起きなければ、時間というものは存在しなくなるだろう。よりよい世界を想像することも、なにかをよりよくするために懸命に働くとどうなるのかを想像することも、変化の先にある状態を見るということだ。なんらかの方法で、まだ存在していない世界を見る方法を見なくてはならない。

それには「変化」の絵を描けばよい。わたしたちが行動を起こすとどうなるのか、なにか——天気、わが社の財務状況、わが社のマーケットシェア——はどうなるのかを見せる絵だ。「変化」をあらわすシンプルな絵とは、目の前にある状態がこの先どうなるのかを想像して表現したものである。ビジネスに携わる人は誰もが、この先いる場所を変えるために決断をくだすことを迫られる。

だが自分がいまどこにいるのかを知らなければ、どこに行くのかを知ることは不可能だ。「現状」の絵はわたしたちがどこからジャンプするのかという基盤を提供する。現在のポジションを知り、なにがどうなって自分はここにいるのかを理解しなければ、現状を変えることはできない。この先自分はどこにいたいのかという構想をはっきりさせ、いま自分はどこにいるのかを明確にすれば、なにを変える必要があるのかがわかる。

つぎの「変化」と「現状」の絵を見て、どの時点でどちらの側の絵が有益な情報を提供してくれるのかを考えてみよう。天気（明日は今日よりもよくなるが、今日はかなりいい）、マーケットシェア（拡大するかもしれない、縮小するかもしれない、今日は現状維持である）、財務状況（明日の所持金は1ペニーかもしれないし、1ドルかもしれない、今日は25セントある）の絵だ。

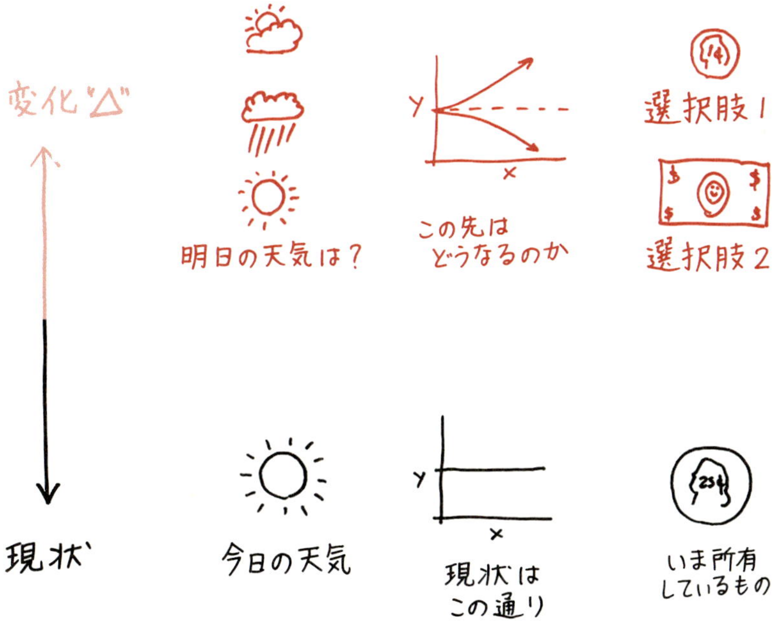

明日の天気の予想、変化する可能性のある未来、明日手にする可能性のある金額。どれも変化をあらわしている――ものごとが異なった状態になる可能性を示している。今日の太陽、いまの状態、いまの所持金はどれも現状を示している。

演習――変化か、それとも現状か

つぎのアイテムから1つを選んで、現在の状態と今後の可能性を描いてみよう。

- 牛肉の一部
- 株式市場
- ガソリンの価格
- わたしの気分

ふたたびSQVID

例を使いながらここまで多種多様なアイデアを引き出し、SQVIDの働きをじゅうぶんに引き出した。SQVIDはまるで真の魔法のようにわたしたちの想像力を刺激する。それを実感するために、ふだんは〈本腰を入れて〉考えることがめったにないコンセプトを追求してみよう。

これは今日行う最後のエクササイズだ。なじみのあるものを1つ選び、SQVIDを使って新しい見方を5通り、6通り、7通り、あるいはそれ以上発見してみよう。

つぎのリストのなかから1つ、あるいはあなたのビジネスに関するコンセプトを1つ、選んでみよう。

SQVIDを使いこなす演習1

つぎのSQVIDのフレームワークの空欄に（リストの1つあるいは、あなた自身が選んだコンセプトの）絵を10通り描き入れてみよう。

- リーダーシップ
- 人事
- IT
- 製造
- マーケティング
- 利益
- ＿＿＿＿＿＿＿＿

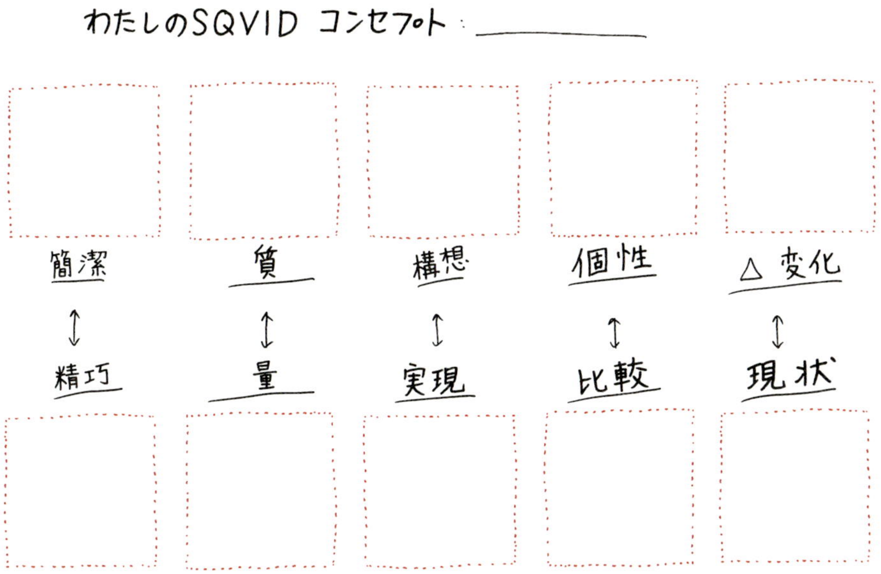

もしも行き詰まってしまった場合には、つぎのヒントを試してみよう。

- このワークショップに登場した例を振り返ってみる。たとえばオレンジの例だ。想像力は刺激されるだろうか？
- 「簡潔」からスタートする必要はない。たとえば利益は「量」から描くのがもっとも簡単だ。
- あなたが選んだコンセプトについて、まっさきに思い浮かべるイメージはどんなものだろうか？　それを「簡潔」な絵にして、そこから進もう。
- 第１日目を思い出して円を１つ描き、それに名前をつけるところからスタートしてみよう。
- 絵が「うまい」かどうかは気にする必要はない。ここで求めているのはアイデアである。

いまは脳全体を酷使しているということをお忘れなく。当然ながら、疲れる。しかしがんばって最後までやり遂げよう。自分の想像力からどんなものが生まれるのかを知れば、きっと驚くはずだ。

SQVIDはこれで終わりではない

これがSQVIDだ。オンデマンド方式で想像力から最高のものを手に入れる方法である。このつぎ誰かが「枠にとらわれずに考えよう」といったら、「オーケー、まかせて」といえるはずだ。

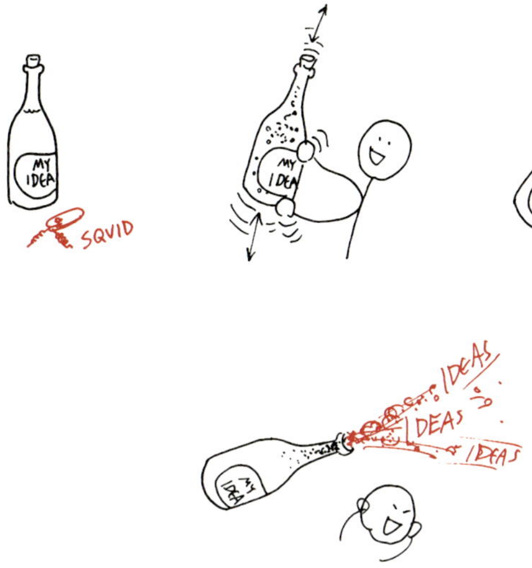

SQVIDは確実にわたしたちの想像力を活動させアイデアをどんどん引き出す。

ランチの時間だ。だが休憩に入るその前に考えてみたいことがある。本書はここまでわたしたちが主役だった――わたしたちがものごとを見る方法、問題をよりよく視て解決する方法、ビジュアルシンキングのスキルを高める方法について扱ってきた。どれもひじょうに重要だ。しかしそれだけではじゅうぶんではない。いままで学んだことをほんとうに活用するには、他の人々がなにを視ているのかに目を向ける必要がある。自分以外の人の目を通して視てみるのだ。それを可能にしてくれるのがSQVIDなのである。

解決策の価値

午前中は想像力の栓を抜いて、問題を見るためのさまざまな方法を考えた。そして望み通り「さまざまな方法」がわかった。ここで知られざる知恵その3を思い出してみよう。問題を解決するのは、もっとも可能性が見える者だ。

ここが肝心なところだが、いくら可能性が見えても自分以外の人にもそれが見えるとは限らない。見ようとしてくれるかどうかもわからない。どれほどすばらしい解決策であっても、他の人がそれを見てくれなければ、そしてサポートしようと考えてくれなければ、すばらしいとはいえない。これはどんなビジネスでも同じである。重要なポイントなので、繰り返しておこう。

周囲の支持を得ることができなければ、
すばらしい解決策とはいえない。

なぜQWERTY配列なのか

じゅうぶんに満足していないのに依然としてそのままの状態が続く、という場合がある。身近なところでは、キーボードのQWERTY《クワーティ》配列が代表的な例だ。これは1873年にクリストファー・ショールズが完成させたタイプライターのレイアウトである。彼がキーの配列を考えた時にもっとも注意を払ったのは、すでに自分で特許を取得していたタイプライターのデザインを――キャリッジが隠れているデザイン――優先することだった。そのために使用頻度の高いキーは両手で交互に打つようにして、同じ側のキー同士がからまないようにしたのである。ショールズの狙い通りとなった。E・レミントン・アンド・サンズ社は彼のタイプライターの製造権を買い、その後は歴史が物語る通りだ。以来、QWERTYは英語のキーボードの標準的な配置として生き残った。

QWERTY　1873

クリストファー・ショールズのデザインは、タイプする人間が両手を交互に使うようにキーが配置されていた。キー同士がからむのを防ぐためだ。このQWERTY 配列が 100 年以上前に英語のキーボードの普遍的な標準となり、今後永遠に標準であり続ける可能性が高い。

QWERTY配列は世界中で採用されたが、だからといって最高のデザインというわけではない。ある特定の機械のキーがからまないようにすることをめざしたデザインであり、もっとも簡単なレイアウト、もっとも直感的なレイアウトをめざしたものではない。1930年代にはすでにタイプライターのデザインはキー同士がからみにくいものに改良されていたが、キーボードはすでにQWERTY配列が標準となってしまっていた。1936年に教育心理学者オーガスト・ドボラクはQWERTY配列よりもはるかに効率的なキーボードの特許を取得した。彼のデザインはタイプのスピードをアップさせ、習得も容易だった。

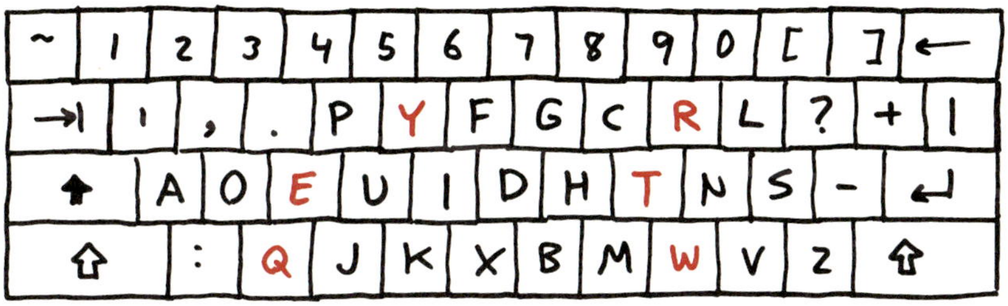

ドボラク　1936

オーガスト・ドボラクが 1936 年にデザインしたキーボードは習得しやすく、より速くタイプできるものだったが、QWERTY に取って代わることはなかった。

ドボラクのアイデアは当時、あらゆる意味でQWERTYよりも優れていた。しかし、すでにあまりにも多くのタイプライターが普及し、多くの人々がそれを使いこなしていたので、タイプライターのメーカーはドボラクの「よりよい」デザインを却下した。以来、採用されることはなかった★。

★正確にいうと、ドボラクのデザインを採用しようとしたテレタイプと企業はあったのだが、すでにあまりにも遅過ぎた。QWERTY配列の普及率があまりにも高かったので置き換える労力をかけるほどの価値はないと見なされたのである。ただしドボラクのキーボードは実用化されており、ウィンドウズの大部分のバージョンで用意されている。

どんな人？

ドボラクから得られる教訓はつぎの通りだ。わたしたちの「よりよい」アイデアを支持してくれるように人々を説得できなければ、ほんとうの意味でいいアイデアとはいえない。

では絵はそこにどうかかわってくるのだろうか？　たっぷりかかわってくる。これまで紹介してきたツールはどれも、問題を明確に表現し解決策を見極めるための強力な手段だった。しかし他の人々が同じようにその絵を見てくれなければ、言葉だけの長いリストと同様すぐに忘れられてしまう。

絵をつくる際には6×6ルールが役に立った。わたしたちの脳が世界をとらえる方法とよくマッチしているからだ。そして同じ意味で6×6ルールはわたしたちが絵を見せる時にも有効だ。相手から見て「わかる」絵をつくることは、好ましいスタート地点だ。相手に確実に理解してもらう絵にするには、相手は心の目でどのように視る人であるのかを知っておく必要がある。ここで第1日目の「どんな人か？」という問いかけがふたたび登場し、SQVIDの出番となる。

イコライザー　相手の目で見る

ふたたびSQVIDが登場する。ただし今回の使い方はまったく異なる。5つの問いにこたえて新しいアイデアを考え出すのではなく、イコライザーとして利用する。バーチャルなスライダーを上下させて問いにこたえながら、絵を見る人々にもっともふさわしく、なじみやすい絵のタイプをみつけるのである。★

★といってもカメレオンのように絵を変えていくというわけではないので、どうぞ誤解のないように。目の前にいる相手次第でアイデアに手を加えるという意味ではなく、これぞというアイデアだからこそおおいに柔軟性を持たせてプレゼンテーションに臨むのである。絵を見る人々が全員、隅から隅まで理解するとは限らないが、相手がなにを見ようとするのかをじゅうぶんに知っておけば限りなくわかってもらえる絵を提供できる。

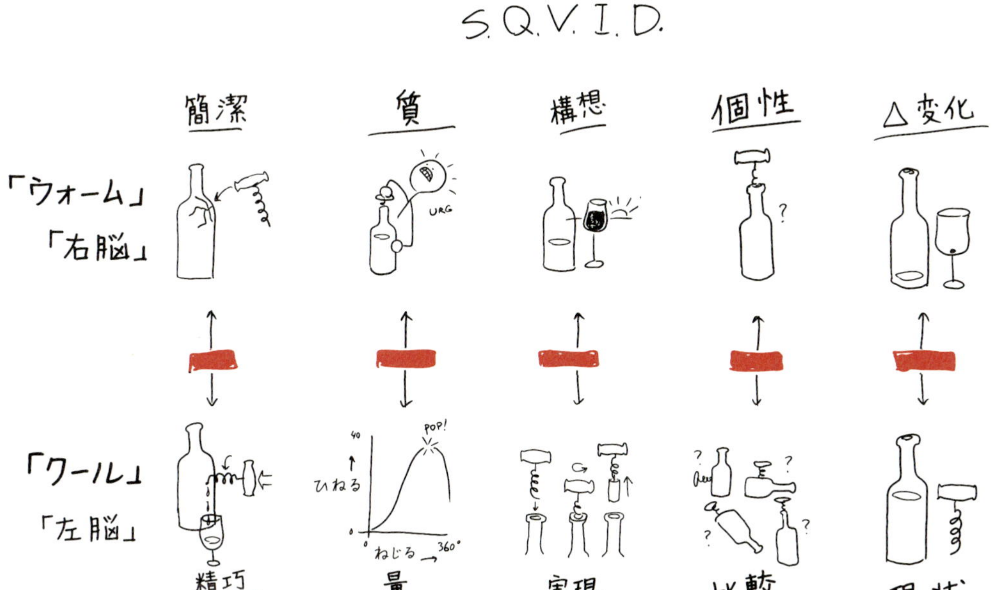

今回はSQVIDをグラフィックのイコライザーとして使い、絵を見る人々にとってもっとも理解しやすい理想的なセッティングを見つける。

具体的に理解していただくために、SQVIDをイコライザーとして使ってセッティングをしてみよう。最初の問いかけは簡潔か、それとも精巧かである。

素人か、それとも専門家か？

SQVIDをイコライザーとして使う方法を実演するために、昨日6×6ルールで作成した絵を1つ選んでみよう。まずはテクニカルアーキテクチャのマップを──ひじょうに明快な絵であり、必要に応じてどこまでも精巧な絵にすることができるのでちょうどよい（精巧にすることが目的ではないのでご心配なく）。

すでに描いた「テクニカルアーキテクチャ」のマップを例としてスタートしてみよう。

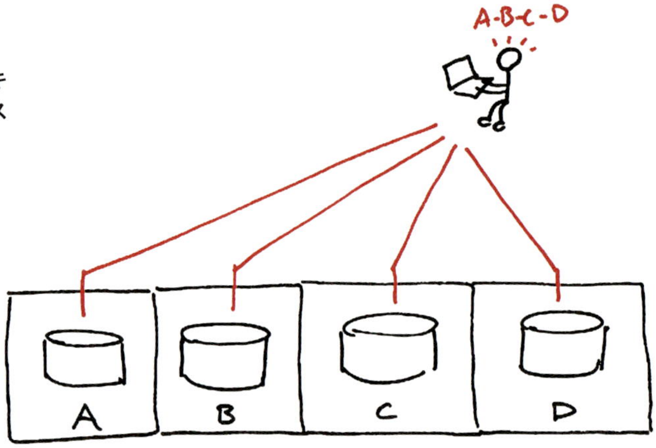

「古いスタイル」

さあ始めよう。たとえばあなたはテクニカルアーキテクチャの達人で、同僚とともにこの分野で名を知られていると想定してみよう。ある日、地元の小学校からあなたの会社に電話がかかってきた。「学校に専門家を呼ぼう」という企画をするので、どなたかに学校に来ていただいて、いちばん低学年の子どもたちにインターネットの仕組みを説明してもらいたいという要請だった★。あなたは志願することにした。

★お子さんをお持ちでない方々、あるいはサンフランシスコ湾岸地帯にお住まいでない方々は驚くかもしれないが、これは決して誇張した例ではない。良し悪しはともかく、当地ではごく幼い頃からITと親しませるのが普通なのである。

マップを見返してみよう。申し分のない絵である。インターネットなどのシステムがどこにどのように配置されているのかを示している。だが6歳の子どもたちが初めて見る絵として、これは適切だろうか？　もっと簡潔で子どもたちの姿が描かれているような絵でスタートするほうがいいだろう。インターネットの回線を利用して2人の人物が相手の顔を見ている絵がいいかもしれない。ちょうどこんなふうに。

6歳児にとってはこの絵のほうがスタートとしてはいいかもしれない。これならすぐに理解できる――自分たちの姿が描かれているのだから、わかりやすい。

さて、ここで少し状況が変わったと想定してみよう。学校に行く途中、会社の販売部門の責任者からメッセージが届いた。今日の午後、売り込みのためのプレゼンテーションに同行してもらいたいという内容だ。サービス志向型の新しいアーキテクチャの製品についてメガコープ社のIT部門が専門家の説明を求めているのである。もしかしたら数百万ドル規模の仕事を受注する可能性がある。またもやあなたは志願した。

オリジナルのマップをもう一度見返してみよう。さきほどと同じく申し分のない絵である。しかし40歳のコンピュータ技術者たちに見せる最初の絵として、これは適切だろうか？　今回はもっと精巧な絵のほうがよさそうだ。もっと要素を加え構成を複雑にして強固なシステムであることを強調しよう。

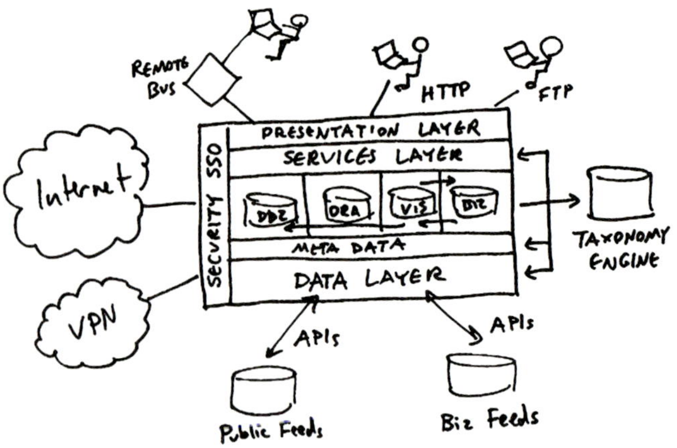

40歳のコンピュータ技術者に見せる絵としては、こちらのほうがいいかもしれない。これは、わたしたちがどれほどの知識を備えているのかを正確にあらわしている。

これがイコライザーのセッティングである。この例からわかるように「簡潔か、それとも精巧か」という尺度1つとっても、何種類もの絵が描ける可能性がある。

「簡潔か、それとも精巧か」の難問とわかりやすさの原則

このような状況で——あるアイデアを誰かに対して示す状況すべてで——共通の法則がある。それを「わかりやすさの原則」と呼ぼう。

絵を見せる相手がその主題についてくわしければくわしいほど、精巧な絵を見たがる。

いいかえると、絵の主題にくわしくない人に最初に見せる絵は簡潔なものであるべきだ。さもなければ、ここでも「ヘッドライトの光のなかにシカが出現」する状況を引き起こしてしまうだろう。今回、身動きが取れなくなるのは〈わたしたち〉ではない（絵を描いた当事者なのだから、絵の意味は正確に理解している）。立ちすくむのは絵を見る側だ。なにがなんだかわからない絵を見せられると、彼らは見るのを止めてしまうだろう。

いっぽう、絵の主題にくわしい専門家に最初に見せる絵は精巧なものであるべきだ。さもなければわたしたちが知識不足だと彼らは解釈し、絵を見るのを止めてしまうだろう。

素人の人々に最初に精巧な絵を見せれば、彼らは見るのを止めてしまうだろう。同様に、専門家たちに簡潔な絵を見せたら、彼らも見るのを止めてしまうだろう！

素人の注目を集めるには最初に簡潔な絵を見せる必要がある。それを見て「なるほど」と思ってくれたら、その後は精巧な絵を見せてもついてきてくれるだろう。専門家の場合はまったく逆だ。最初に精巧な絵を見せてこちらの力量をわかってもらえれば、その後は簡潔な絵を見せてもしっかりと見てくれるだろう。

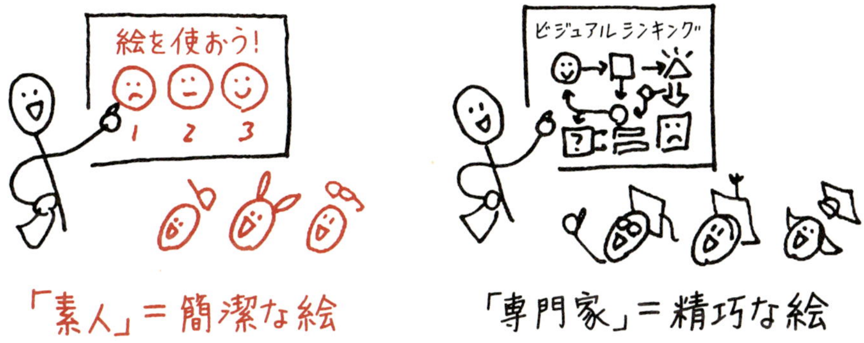

素人には最初に簡潔な絵を見せる。そうすれば彼らは見るのを止めないだろう。専門家には最初に精巧な絵を見せる。さもなければこちらの知識の深さが彼らに伝わらない。

イコライザーを使う、パート１　CEO

このイコライザーをもっと使ってみよう。いったいどんなことがわかるだろうか。SQVID のイコライザーの各スライダーをどのように設定すればいいのか考えてみよう。

（めざすゴールは、見せる相手にもっとも関心を持ってもらえる絵をつくることだ。そのために相手の頭に入ったつもりで絵を検討する）

状況設定

わたしたちはティーポットを製造する大手メーカーのビジネスプロセス管理（BPM★）グループに所属している。経営の効率化を実現し深刻な不況を乗り切るために、製造プロセスを効率化する方法を考案しなくてはならない。

★BPM というビジネス用語になじみがない人のために説明しておこう。BPM とは、マッピングやモデル化を通じて業務をよりよく理解し業務のシステムをより効率的にすることを意味する人気急上昇中の業界用語である。より速やかに、よりよく、より安く業務を行う方法を探している企業のあいだで、BPM のニーズはますます高まるだろう。BPM では多くの絵を使用する。

コンセプト

２日前、グループのメンバーのうち数人で昼食をとっていた時に製造プロセスについてすばらしいアイデアを思いつき、紙ナプキンにその絵を描いた。ティーポットのふたをポット本体と同じラインで製造すればいいのではないだろうか。そうすれば経費を削減できる。あわせて研究開発を促進すれば、会社は危機を脱出できるかもしれない。

経緯

これまではふたとポットを別々のラインで製造し、包装の直前にいっしょにしていた。同じ材料を使いほぼ同じ工程の組み立てラインが２本存在していたのである。注文が減っているのでラインを１本に統合してみてはどうだろう。そうすればライン１本と最小限のスタッフを研究開発にまわせる。画期的なティーポットのデザインをテストするために使えるではないか。

メリット

規模を縮小して業務を継続できる。製造ラインを１本だけにして、節約した分の経費は新製品の開発費用にまわすことができる。製造ラインのスタッフの一部は解雇しなければならないが、製造ラインを完全に停止することに比べればメリットは大きい。

課題

どうしたわけかわたしたちのアイデアがCEOのマージの耳に入ったらしく、興味を抱いたようだ。マージは１時間もしないうちにアトランタに向けて飛行機に乗る予定だ。わが社の工場のマネジャーたちを訪れるのだが、出発前にわたしたちのアイデアについてききたいそうだ。会社を出るまでの５分間で、このアイデアが有望であるとマージが納得できるように説明しなくてはならない。

やるべきこと

〈この状況において〉CEO にとってもっとも説得力のある絵をつくるには SQVID のスライダーをどこに設定したらいいだろうか。〈絵を描かずに〉下の空欄に印をつけてみよう。マージには簡潔な絵を見せる必要があると思うのなら上側に、精巧な絵がいいと思うなら下側に（彼女から与えられた時間は 5 分だけ。そして彼女の頭のなかはすでにアトランタのことでいっぱいだということを思い出そう）。

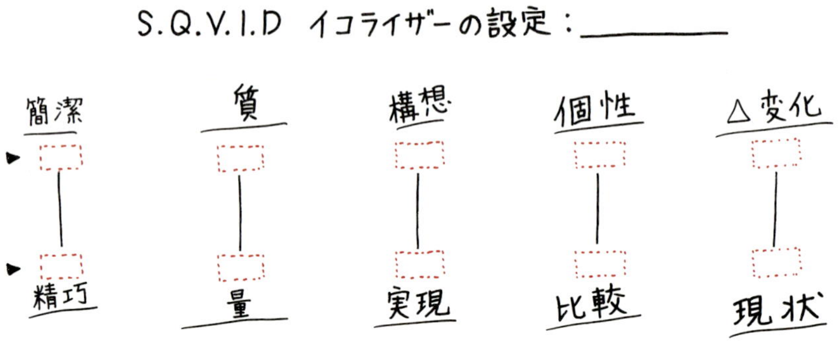

CEO に見せる絵のためのイコライザーの
設定を描き入れよう。

イコライザーを使う、パート 2　プロジェクトマネジャー

状況設定

仮に CEO のマージが新しいアイデアをたいへん気に入ったと想定する。マージは指示を残して部屋から出ていった。「このコンセプトをプロジェクトマネジャーのボブに伝えて、わたしが実現に乗り気だといってちょうだい。彼は反論するでしょう。わたしたちはまったく別の案を考えていましたからね。彼が納得できるように、このアイデアを説明してください」

やるべきこと

プロジェクトマネジャーのボブに見せる絵をつくるためにスライダーの位置を設定してみよう。

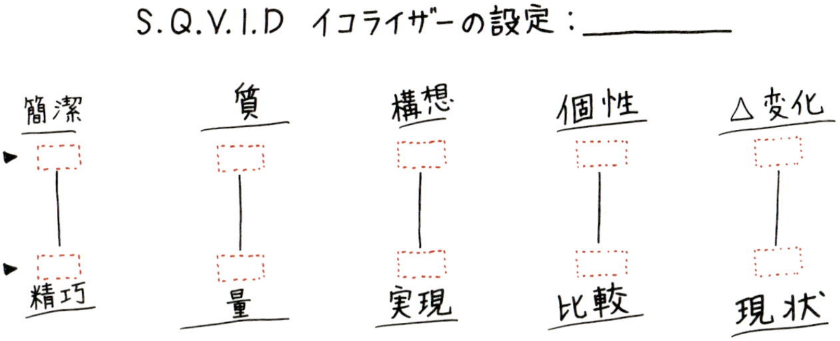

プロジェクトマネジャーのボブに見せる絵をつくる
ためにイコライザーの設定を記入してみよう。

イコライザーを使う、パート 3　財務担当者

状況設定

ボブも納得して後押ししてくれることになった。今度は財務責任者のメアリーに、アイデアを実行するための資金面の相談をしなくてはならない。

やるべきこと

財務責任者のメアリーにわかってもらう絵をつくるためにスライダーの位置を設定してみよう。

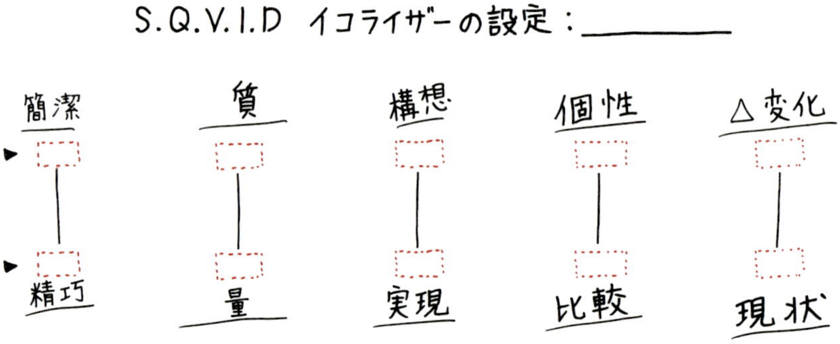

財務責任者のメアリーに見せる絵をつくるために
イコライザーを設定してみよう。

イコライザーを使う、パート 4　製造ライン

状況設定

マージ、ボブ、メアリーはアイデアを気に入ってくれた。幹部の支持をとりつけ、プランができあがり、資金の目処がついた。おめでとう。いよいよ〈ゴーサイン〉が出た。つぎに製造ラインの責任者スティーブにアイデアをわかってもらう必要がある。彼に理解させることができなければ、計画は日の目を見る前に頓挫《とんざ》だ。

やるべきこと

製造ラインの責任者スティーブにわかってもらう絵をつくるためにスライダーの位置を設定してみよう。スティーブは製造ラインの責任者であり製造ラインのスタッフの採用と解雇についても最終的な責任を負う立場にいる。

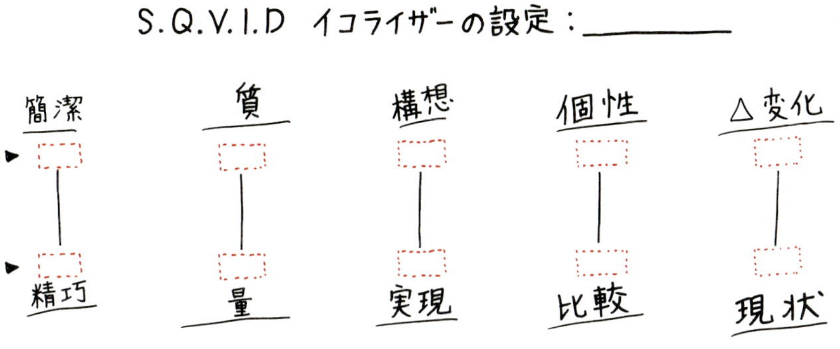

製造ライン責任者のスティーブに見せる絵をつくるためにイコライザーの設定を記入してみよう。

イコライザーを使う、パート 5　取締役会

状況設定

うまくいった。このアイデアを実行に移すことが全社的に認められ支援を取りつけた。絵を活用してアイデアをみんなに納得させたことをマージは高く評価し、翌月の取締役会でプレゼンテーションをするようにとの指示を出した。

やるべきこと

取締役会で見せる絵をつくるためにスライダーの位置を設定する。

（会社、同僚、自社製品、あなたの職の未来がかかっていることをお忘れなく。決してプレッシャーを与えているわけではないが）

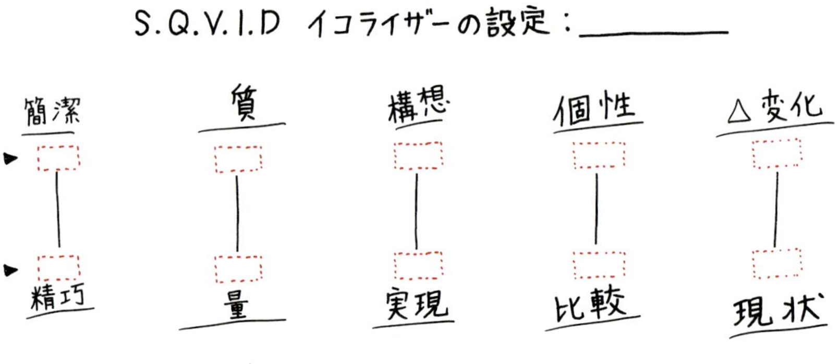

取締役会で見せる絵をつくるために
イコライザーを設定してみよう。

これまでのイコライザーの設定を検証してみる

このエクササイズの意味がおわかりいただけただろうか。昼食を取りながら描いた最初の絵が画期的なアイデアをあらわしていたのはまちがいないだろう。しかし、いきなりその紙ナプキンを誰彼かまわずに見せるよりも、納得させたい相手をはっきりさせ、彼らにふさわしい絵を考えることが大切なのである。

絶対に正しいこたえというものはない。CEO、プロジェクトマネジャー、財務責任者、製造ラインのスタッフ、取締役会のメンバーはみんな、1人ひとりちがう人間だ。肩書きが同じであっても同じ人間はいない。標準的なCEOもティーポットづくりのスタッフもいないのだ。

ということで、ふたたびSQVIDの助けを借りよう。絵を見せる相手になったつもりで、彼らの仕事上の立場に立って絵を見るために。イコライザーのスライダーの設定をほんのわずかに変えれば、他者の視点で見ることができる。

過去の経験をもとに、わたしはつぎのようにスライダーの位置を設定するだろう。型にはまっているかもしれないが、あくまでも経験から導き出したものだ★。

★ここで求められているのは、まさに「人物像をプロファイリング」することだ。これ以外に手はないといってもいいだろう。良し悪しはさておき、わたしたちが誰かを見る時には、その人あるいはその人によく似た誰かのデータをもとに脳が判断を下すようにできている。これはシステムとしては不完全なのでSQVIDを活用して補う。わずかな時間を割いてSQVIDの問いかけをしながらその人物にとってもっとも魅力的〈と思われる〉選択をする。こうして彼らがものごとを見るように見てみるのだ。

CEOのマージ

ティーポットの会社がめざす地点つまり「構想」を設定する責任を誰よりも負っているのはCEOのマージだ。彼女はとても賢明ではあるが、ビジネスのあらゆる面に専門家並みに通じているわけではない。それは彼女にもわかっている。彼女は数字をつかんでおく必要はあるが、むしろビジネスに関する直感を大切にし信頼している。アイデアを明確に表現してもらうことを望み、会社の現状よりもこの先到達できる〈はず〉の地点を把握しようとする。マージはつねに誰かに必要とされ、時間に追われている。

こういう理由から、マージにはスライダーをすべて上の側、つまり「簡潔」「質」「構想」「個性」「変化」に設定する。

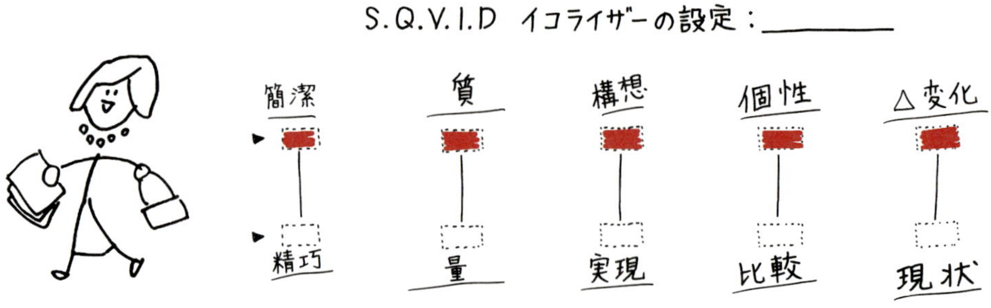

プロジェクトマネジャーのボブ

ボブはなによりも詳細を重視する。たとえていうと、彼は列車を時間通りに運行させ続ける必要があるが、すべての列車を運転することは不可能だと承知している（可能な方法を発見できれば彼は天にも昇る気持ちだろうが）。ボブは自分の仕事の進行に影響する数字には敏感だ。必要な数字を手に入れると、彼はそれをもとにプランを築く。ボブはプロセスを重視する。会社が決定した事柄であれば、どんなことであっても〈どのように〉実行すればいいのかということにボブは最大に関心を払う。彼は新しいアプローチと自分がすでに知っていることを比較したがる——それによって新しいメンバーが彼にこき下ろされる、ということもあったりするのだが。ボブは現在にどっぷり浸かっているので変化を嫌悪するが、もしも変化が到来すればまっさきにその詳細を知ろうとする。そしてその知識をもとにつぎの自分なりのプランを準備する。

ボブのイコライザーは「精巧」「質」「実現」「比較」「変化」に設定する。

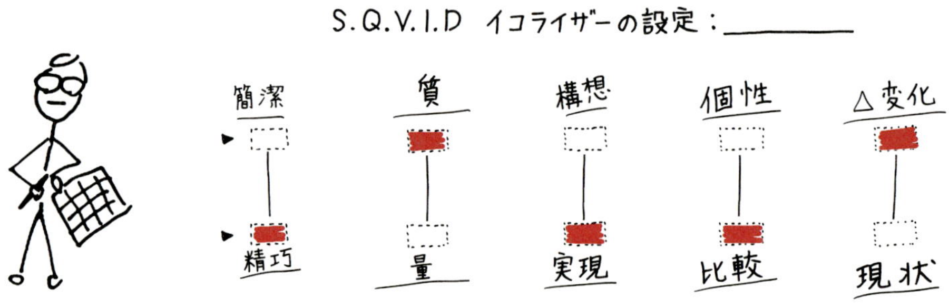

財務責任者のメアリー

メアリーの関心は構想よりも、お金の管理にある。それが彼女の役目だからだ。集計表の詳細とグラフの数字が彼女の世界だ。ものごとが遂行されることがメアリーにとって最大の関心事であり、そこから利益が生まれている限り、赤字にならない限り、遂行されている内容にはさほど関心を持たない。メアリーは複数の数字に目を配りながら、費用を節約できる箇所はないかと目を凝らすのが好きだ。誰がどのように支払いの判断をするのかということに関しては、彼女は現実重視だ。

メアリーのスライダーはすべて下側に設定することになるだろう。「精巧」「量」「実現」「比較」「現状」だ。

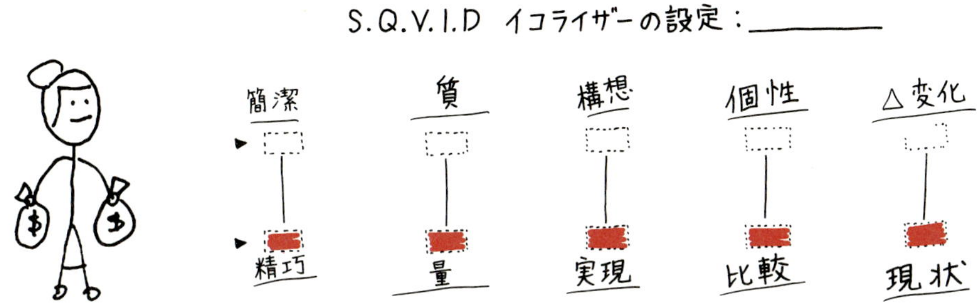

製造ラインのスティーブ

スティーブは自分の部署のスタッフとともに列車を動かす役割にあたる。ボブが制御室でラインのスイッチの切り換えを順調に行っている限り、問題はない。スティーブは多くの人を動かしてたくさんのことを進行させていかなければならない。だから彼はなにかを指示される時には簡潔に表現してもらう必要がある。スティーブは数字を使ってものごとを進めていくことを好み、つぎにすべきことを正確に知っておこうとする。自分の部署の人々が影響を受けない限り、変化と先々の可能性については興味を持たない。スティーブが知りたいのは、いまどうなっているのかということだ。

スティーブの設定は「簡潔」「量」「実現」「個性」「現状」である。

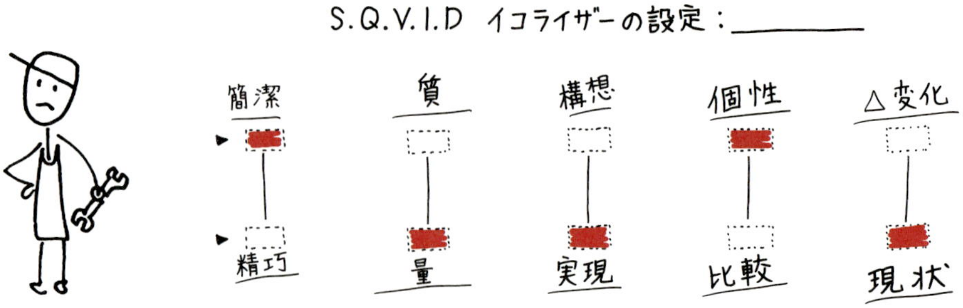

取締役会

取締役会が関心を寄せるのは〈われわれは利益をあげているのか〉ということだけだ。あくまでも簡潔に、あくまでも短く、数字にして見せてくれと要求する。取締役会の設定は「簡潔」「量」だ。〈それだけでじゅうぶん!〉

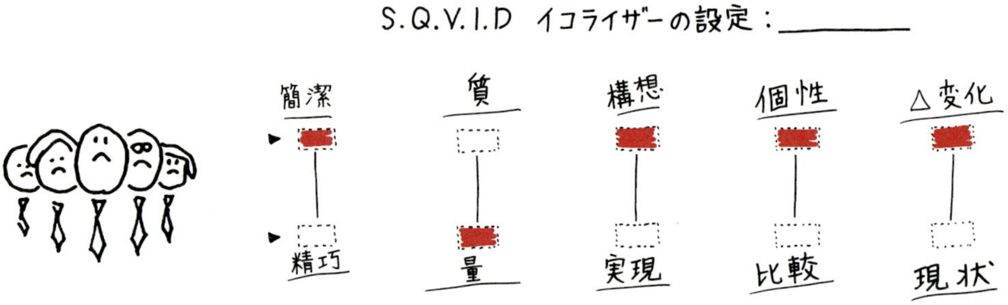

これがSQVIDのエクササイズだ。支持を取りつけたい人々全員を納得させるには、1つの絵ではじゅうぶんではないとわかった。さらに、彼らの支持を得るために必要な絵の種類がわかった。これはなによりの収穫だ。

いつ絵を描くのか？

すでにお気づきだろうが、これまで何度もSQVIDが登場しているがまだなにも描いていない。心配ご無用だ。そもそもSQVIDの役割の半分は、どんな絵を描けばいいのかを考えさせるところにある。たったいま終えたエクササイズでわたしたちの心の目のギアチェンジは活発に行われ、大量のニューロンが放出された。紙にペンで絵を描き、その絵で人々を納得させて支持を取りつける準備はすっかり整った。

取りかかる前にこれまでのツールをもう一度見直してみよう。6×6ルールあるいはSQVIDを使えば問題を明確にできる。もしも「ヘッドライトの光のなかにシカが出現」して立ちすくんでしまっても大丈夫だ。問題を6つの視覚的な要素に分割して1つずつ見ていけば落ち着いて取り組める。1つのアイデアだけにとらわれてしまっていると気づいたらSQVIDの出番だ。想像力の栓を抜いて新しいアイデアを発見しよう。

主要な２種類のツールは視覚を活用して問題を解決する助っ人となってくれる。6×6ルールを使えば突進してくる問題のスピードを緩めることができる。解決するための可能性を広げてくれるのがSQVIDだ。

ここまで来たら、あと一息だ。2つのツールを必要に応じて活用すればりっぱなビジュアルシンカーである。ある時は6×6ルールを、ある時にはSQVIDを使いこなす。それをさらに一歩先に推し進めてみよう。2つのツールをいっしょにしたら、いったいどんな可能性がひらけるだろう。いっぺんに使うと〈あらゆること〉を絵で説明できるようになる。そしてまた〈あらゆる人〉にぴったりな絵をあつらえることができる。これはすごい！　びっくりだ！

両方をいっしょにしたらどうなるだろうか

さあ、自分自身にびっくりしよう。

★思い出していただきたい。6×6ルールに従えば「どこ」にかかわる問題にはマップ、「いつ」にかかわる問題については時系列表など、どんな絵を描けばいいのかがわかる。こうした要素を組み合わせていくとどうなるのかをぜひ見ていただきたい。ビジュアルシンキングのツールを活用することで、わたしたちはあらゆるアイデアを絵であらわすことができる。

すべてをまとめる　ビジュアルシンキング・コーデックス

6×6ルールとSQVIDが重なる部分を見るにはどうしたらいいだろうか？　これは「どこ」にかかわる問題なので、これまでやった通りでマップをつくってみよう★。昨日やったように、どんなマップもまず座標系を設定する。このケースでは6×6ルールの6つの絵とSQVIDの5つの問いを比較する。そのために格子状に30のマス目をつくろう。

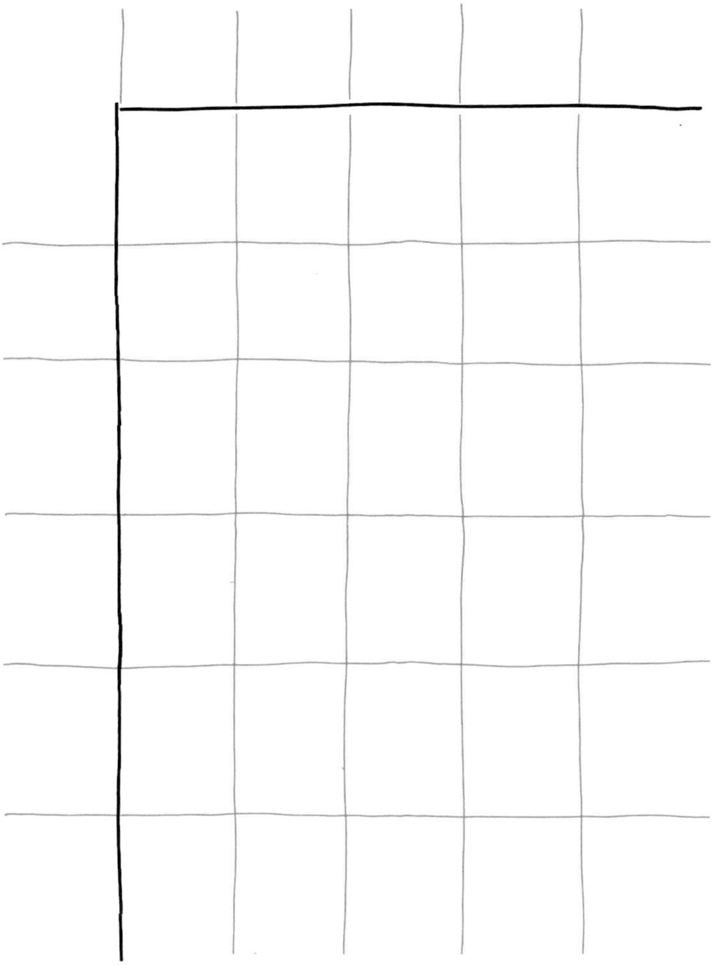

5つの問いと6つの絵を比較するための
マス目がまずできあがる。

このマス目に、座標系の最初の構成要素を描いていこう。6×6ルールの6つの絵つまり「ポートレート」「グラフ」「マップ」「時系列表」「フローチャート」「多変数プロット」を。

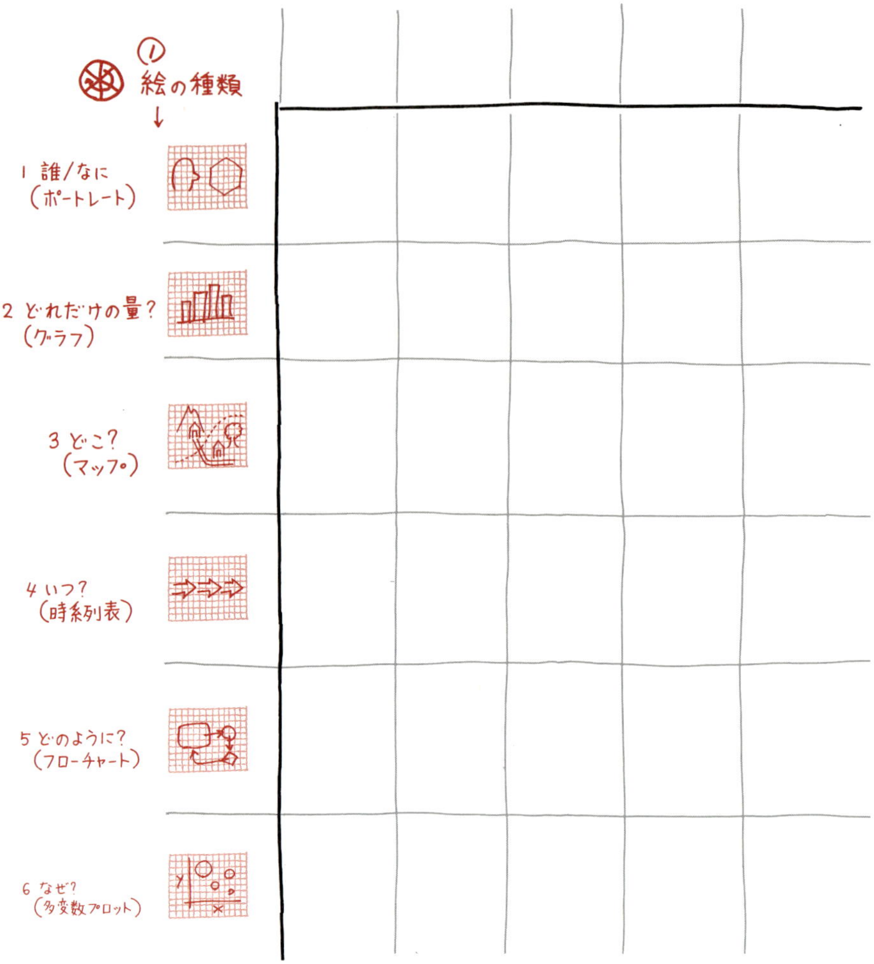

座標系の最初の構成要素を加える、
6×6の6つの絵である。

つぎに座標系に第二の構成要素を加える。SQVIDの5つの問い「簡潔」「質」「構想」「個性」「変化」を。

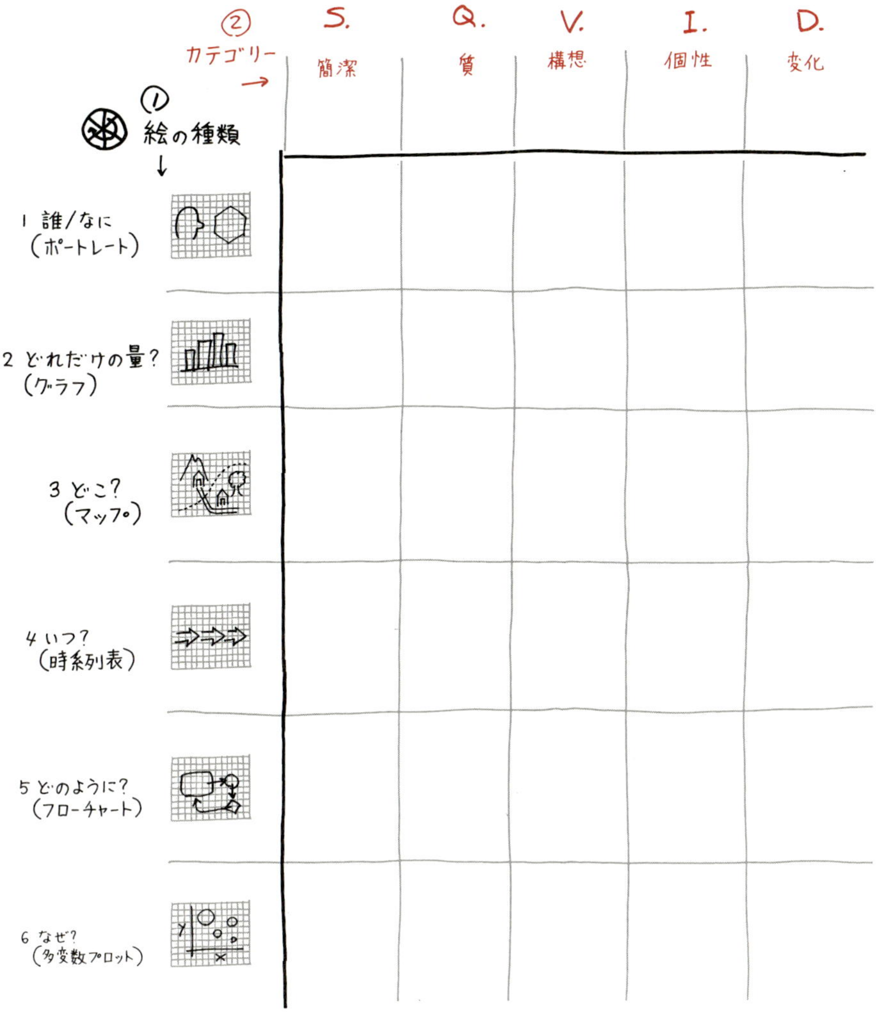

座標系にSQVIDの5つの問いを加える。

基本の6種類の絵とSQVIDのさまざまな設定から導き出される絵をまとめて座標系に描く。なかにはSQVIDから導き出される絵がそれぞれの6×6の絵と一致している場合がある★。またバリエーションが多い場合もある◆。このように6種類の絵をもとに、適切な絵を速やかに選び出せる仕組みになっている。

★ポートレートの5つのバージョンのうちの4つは同じだ。「変化」だけが異なる。これは現在と未来という2種類の状況をそれぞれあらわす絵が必要なためだ。

◆多変数プロットはわたしたちが強調したいもの次第で少しずつ異なってくる。「質」をあらわす多変数プロットはない。この場合は昨日のマイクロソフト／Yahoo!の例と同じく「ポートレート」になるはずだ。

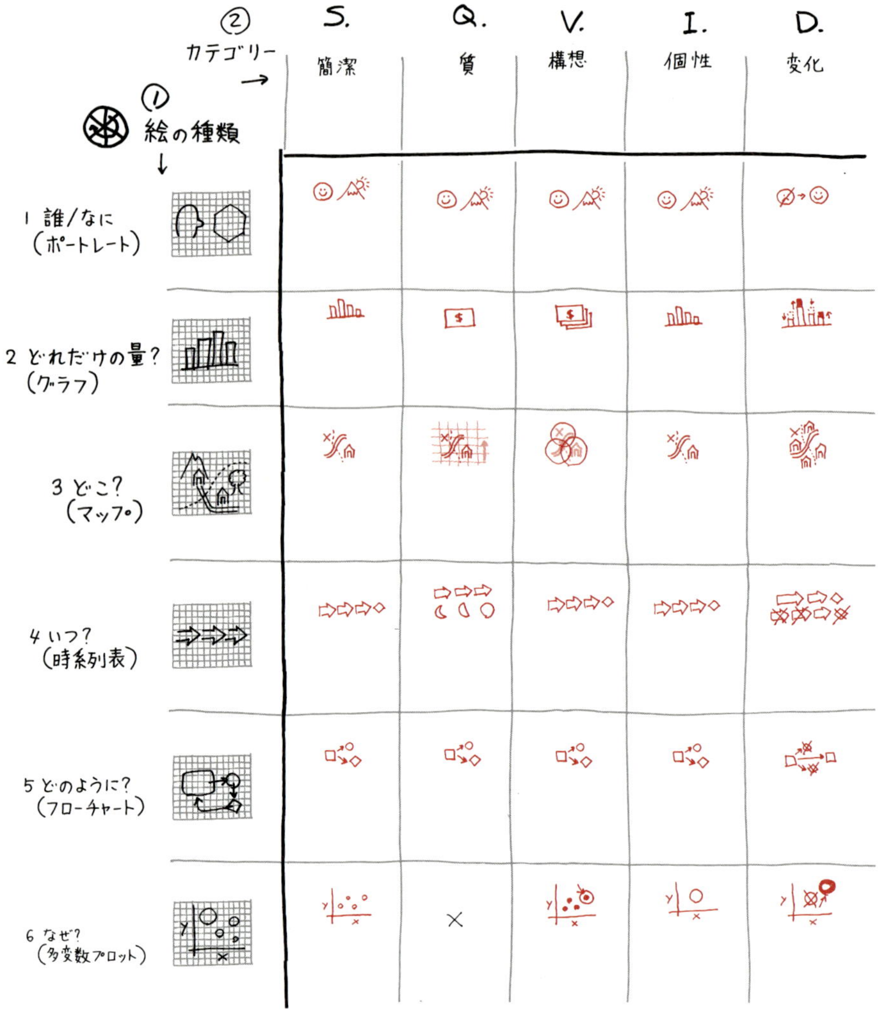

これは、基本の 6 種類の絵と SQVID のさまざまなセッティングをまとめた結果である。

なんとたくさんの絵が並んだことだろう。このなかでわたしたちに描けないものは1つもない。基本の6種類の絵からスタートし、SQVIDのセッティングに沿った絵になるように手を加えていけばいい。ただしこれはSQVIDのイコライザーの上側の設定についてのマップだ。つぎに下側の設定を加え、絵のバリエーションを2倍にしよう。

このマップを「ビジュアルシンキング・コーデックス」と呼ぶ。典型的なダイヤグラムであり、ほぼあらゆるアイデアをあらわす40以上の絵が並ぶ。どれもたやすく描けるものばかりである。

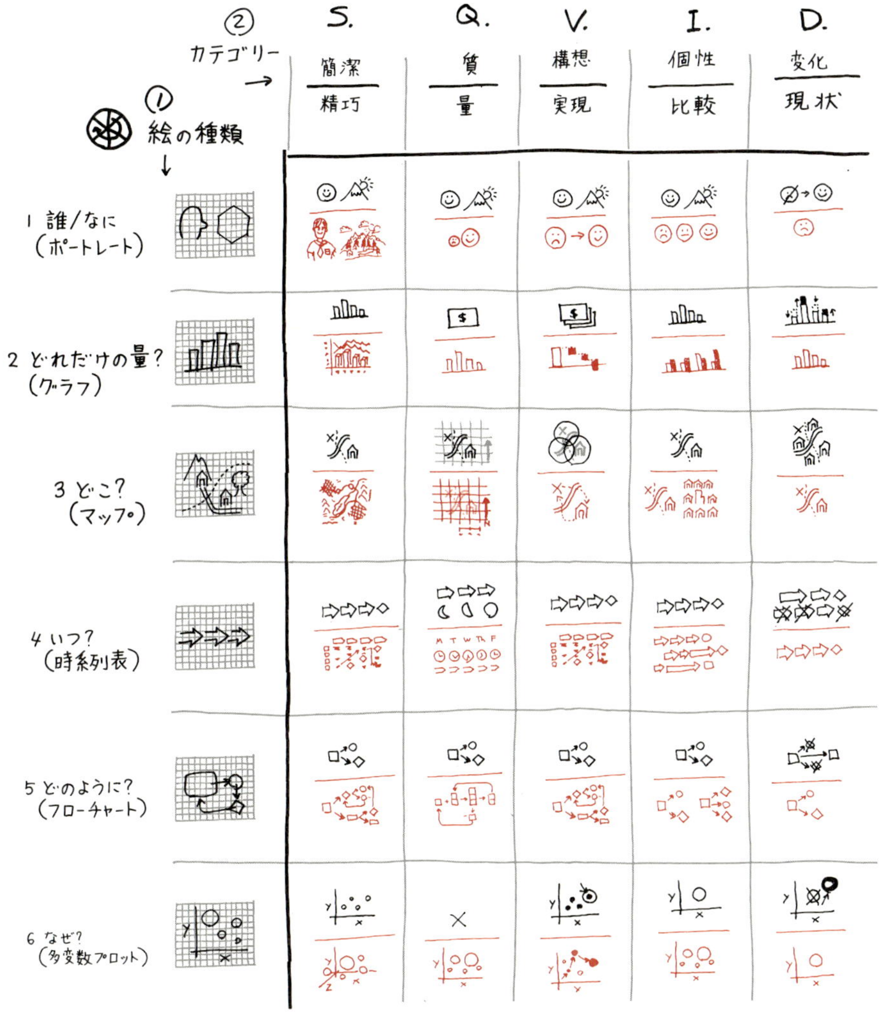

これが「ビジュアルシンキング・コーデックス」である。典型的なダイヤグラムであり、ほぼあらゆるアイデアをあらわす40以上のシンプルな絵が並んでいる。どれもたやすく描けるものばかりである。

ビジュアルシンキング・コーデックスを使う　ふたたびティーポット

ビジュアルシンキング・コーデックスをカンニングペーパーと考えてみよう。新しい発想や手がかりがほしい時にすぐに頼れるシンプルなカンニングペーパーだ。6×6ルールを使えばどの絵を描けばいいのかがわかる。SQVIDを使えば状況に応じて適切な絵であらわすことができる。コーデックスを参考にすれば、すぐに選ぶことができる。

コーデックスの使い方を学ぶ前に、ティーポットのエクササイズに戻って絵を描こう。憶えているだろうか、事の発端は昼食をとりながら製造のプロセスに変更を加えるアイデアを思いつき、絵を描いたことだった。

その時のナプキンの絵がこれだ。フル稼働している製造ラインを実線であらわし、休止しているラインを点線であらわしている。どちらも先端に矢印があり、四角を指している。その四角形は製品をあらわす。限りなくシンプルな絵である。

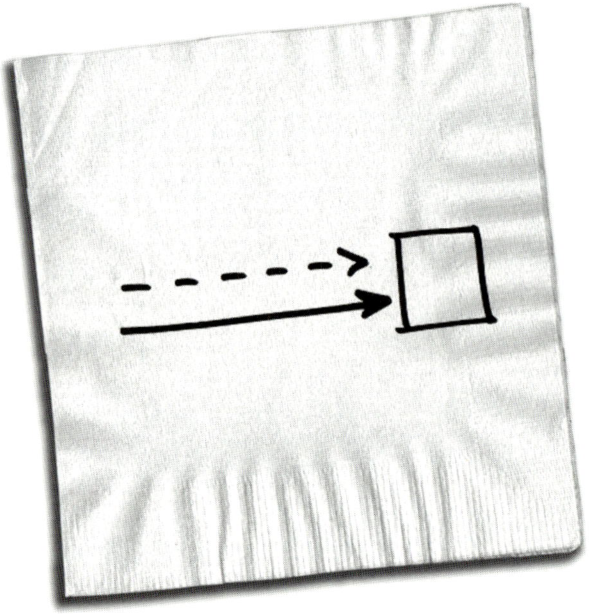

最初にナプキンに描いた絵。フル稼働している製造ラインと休止中のラインが描かれている。どちらも矢印の先には製品がある。限りなくシンプルなポートレートである。

この絵はコーデックスを使わなくても描くことができる。しかしコーデックスにこの絵を当てはめるとしたら、製造ラインの「構想」を、「簡潔」「質」「個性」の観点からあらわしている。つまりこの絵はコーデックスの横軸の5つの項目のうち4つをカバーしている。

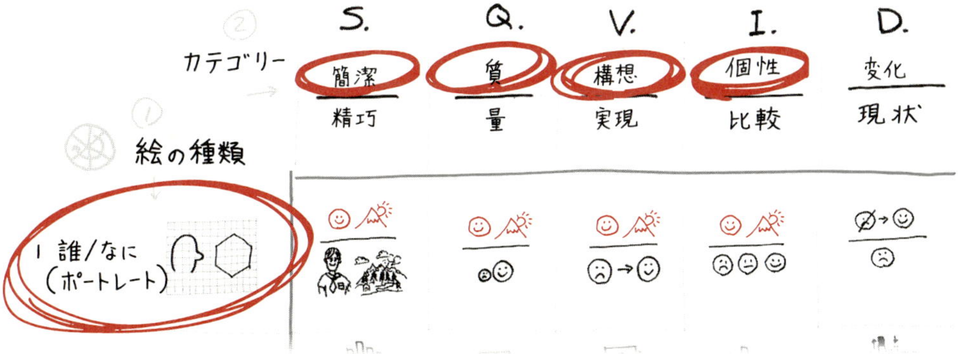

わたしたちがナプキンに描いた絵はコーデックスの横軸の項目のうち4つをカバーしている。製造ラインの「構想」を、「簡潔」「質」「個性」の観点からあらわすポートレートだ。

おお！　これはマージに見せたい絵にひじょうにちかい。ナプキンの絵では変化を見ることはできないが、数本の線と〈×〉を加えれば変化をあらわすことができる。これで〈変化〉を簡潔に、質の観点から、構想を中心に描いた絵の完成だ。CEOにふさわしい絵としてSQVIDから導き出した結果に一致する。

2本の線とXを加えると変化をあらわす絵となり、CEOに見せる絵が完成した。マージが出発する前にこれを見てもらおう。

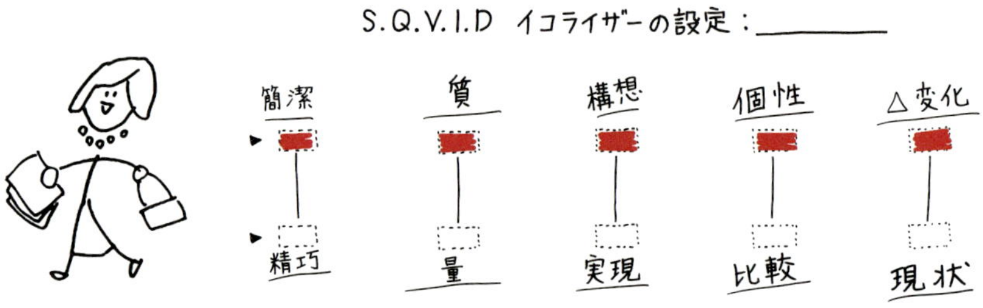

これがコーデックスの機能である。基本の絵の組み合わせのバリエーションと、見せたい相手にふさわしい絵にするためのバリエーションのつけ方をまとめて示し、あらゆる状況にぴったりの絵を描くことを可能にしてくれる。実際に確かめるために、コーデックスを利用してティーポットの残りの関係者に見せる絵をすべて描いてみよう。

ボブが再登場

プロジェクトマネジャーのボブにはもっと精巧な絵が必要だ。ナプキンに描いた製造ラインのポートレートをもっと詳細にするところからスタートしよう。たとえばポット、ふた、スタッフを描き加える。あっという間に現在の製造ラインの精巧なマップができあがる。

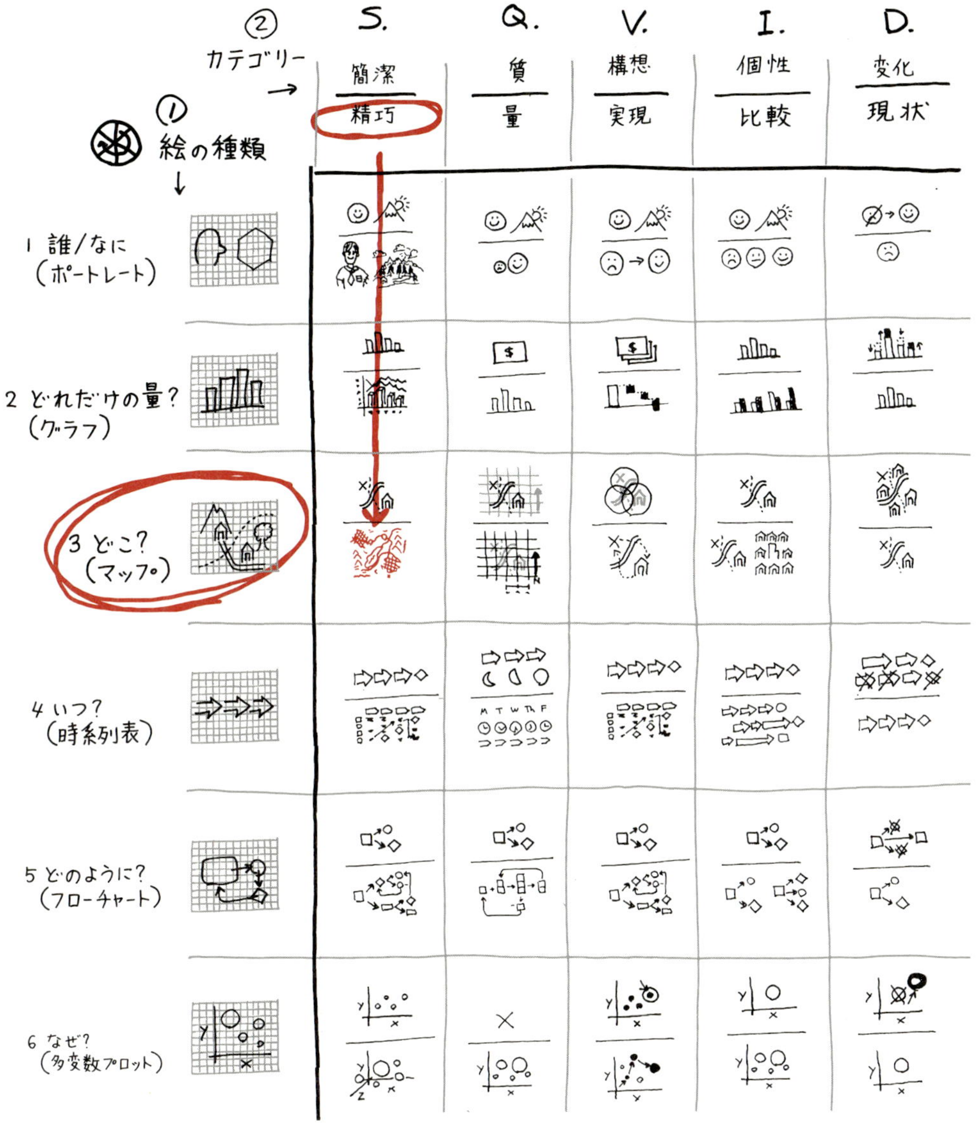

ひとつひとつの要素を「どこ」にあてはめ、さらにSQVIDの「精巧」の観点を加えると……

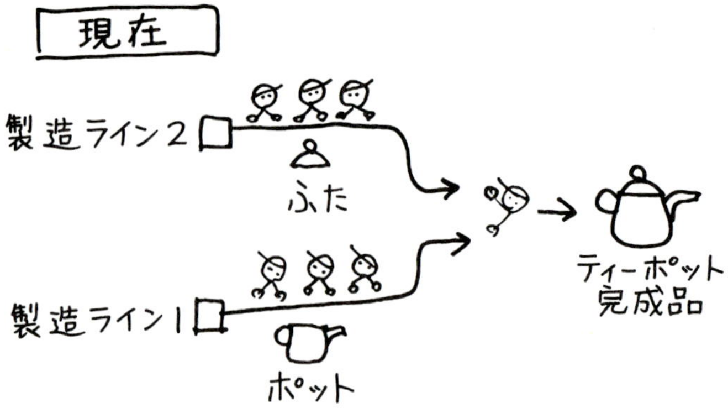

……現在の製造ラインの精巧なマップができあがる。

これがスタートである。ボブがいちばん知りたいのはなにが変化するのかという点である。彼はそれを現在のプロセスと比較したいと考えている。いま描いたマップに手を加えて変化をあらわせば、ボブが求める「精巧」「質」「比較」「変化」を示す絵がほぼできあがる。

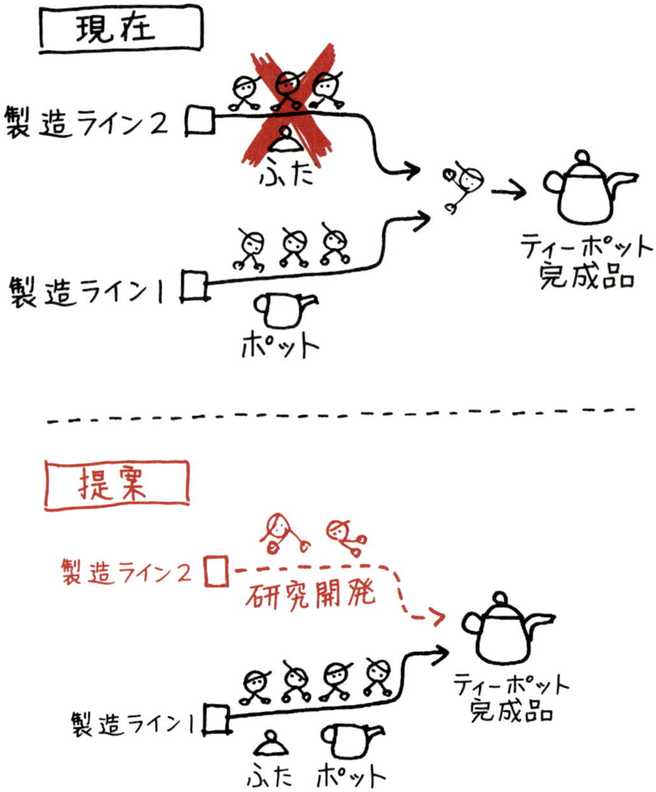

これでボブのための「精巧」「質」「比較」「変化」の絵がほぼ完成した。

これはほぼボブの望みを満たしている。ここでボブは実現を重視する立場にあることを思い出そう。彼の関心はもっぱら遂行に向けられている。この絵はわたしたちがなにをしたいのかをボブに伝えることはできる。それを実際に〈どのように〉実現するのかをボブに見せることができれば、目標達成に大きくちかづく。こういう場合にはフローチャートを使えばよさそうだ★。個々の要素と矢印を配置し直して変化がどのように起きるのかを示そう。そう、これがボブに見せる絵だ。

★「誰／なに」のポートレートに詳細を加えアイテムの相対的な位置をくわしく描けば「どこ」のマップになる。動きを示す矢印を描き加えれば「どのように」のフローチャートになる。このようにより多くの情報を「視て」いくうちに基本の6つの絵が重なっていくことがわかる。

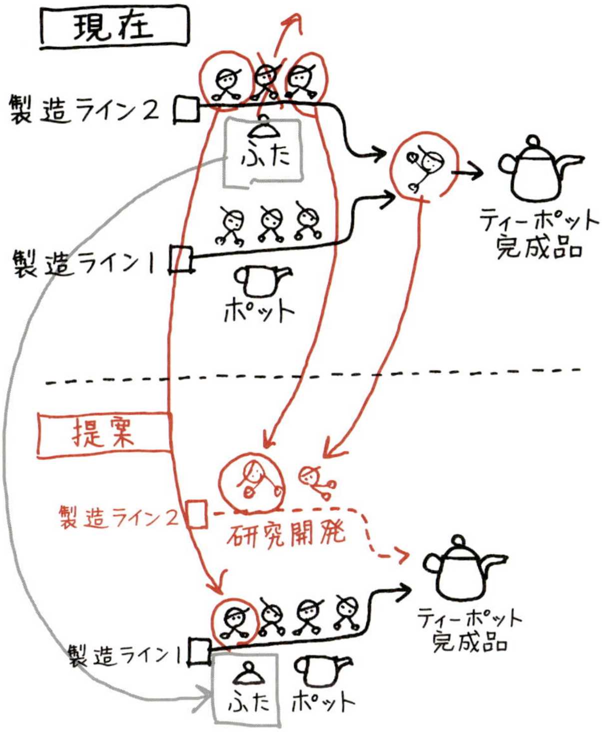

「精巧」「質」「実現」「変化」の観点に立って比較をあらわすフローチャートである。これでボブが望むすべてをうまく組み込むことができた。「いつ」の時系列表は彼にまかせることにしよう。

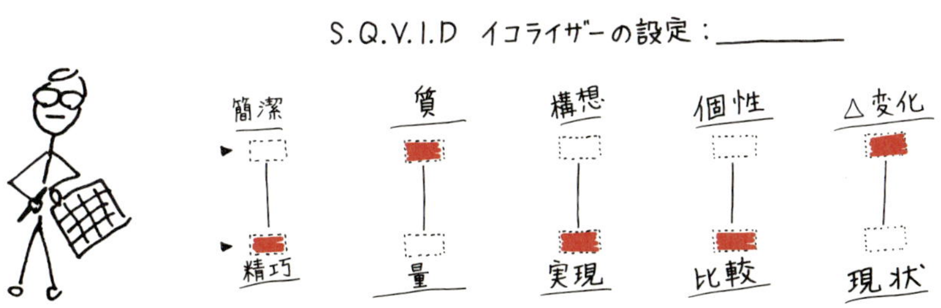

これでボブは状況の流れ、詳細、踏むべきステップを理解し、満足できる。プロジェクトマネジャーの彼にとって締め切りは絶対だ。だから「いつ」をあらわす時系列表は彼にまかせよう。

メアリー 2

コーデックスをもう一度見直してみよう。SQVIDを設定した際に財務責任者のメアリーとマージとは対照的だったことを憶えているだろうか。マージの場合はすべてが上の側で、メアリーはすべて下の側である。マージが関心を抱いているのは、わたしたちがどこに行けるのかという全体の構想だ。それに対してメアリーが知りたがっているのは詳細な数字だ。その数字を使って彼女は財務面の今日の状況と明日の可能性を比較する。

メアリーはわたしたちの提案を費用と便益の側面から分析しようとするはずだ。そのためにはわが社が財務上どれほどの恩恵をこうむる可能性があるのかを知りたいと思うだろう。それならばメアリーがその作業に取りかかれるように、量の観点に立った絵をつくろう。6×6ルールに従えば「量」とは「どれだけの量」を意味する。つまりグラフだ。これまでつくった絵のなかで量に関するデータにはどのようなものがあっただろうか？

人件費の削減はどうだろうか？　そもそもランチルームでわたしたちが絵を描いたのは、業務の効率化を進める方法を探したかったからだ。つまりお金を浮かす方法である。ボブのためにつくったフローチャートを見れば、製造ラインを1本ストップすればそこで働いていたスタッフの仕事がなくなるとわかる★。これは短期間のうちに費用を削減できる方法であり、絵にするのも簡単だ。今日は7人のスタッフが必要だが、これからは6人で足りる。

★この絵からはラインのスタッフのうち3人は配置換えしたこともわかる。2人は研究開発部門に異動して新製品の開発に協力する。1人は稼働中のラインに移る。稼働中のラインは製造量がふえたのでスタッフの増員は適切である。

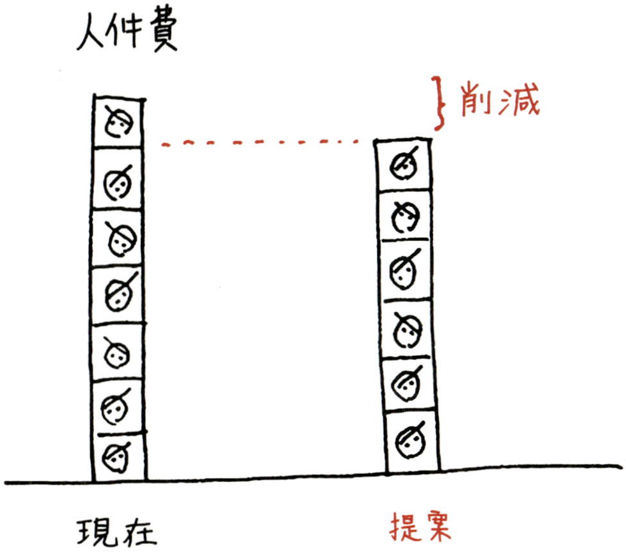

「どれだけの量」を示す最初のグラフは現状の人件費と、減る予定の今後の人件費を比較している。

しかし製造ラインを1本止めれば4人分の仕事が減るのではないのか？　いいえ、なぜならそのラインは研究開発のために使うからだ。そのラインを使えば新製品を開発する能力が高まる。もともとそのラインにいたスタッフのうち2人は研究開発チームに異動、残る1人はふたとポットを製造するラインに移って加勢する。もう1枚のグラフでそれを見ることができる。

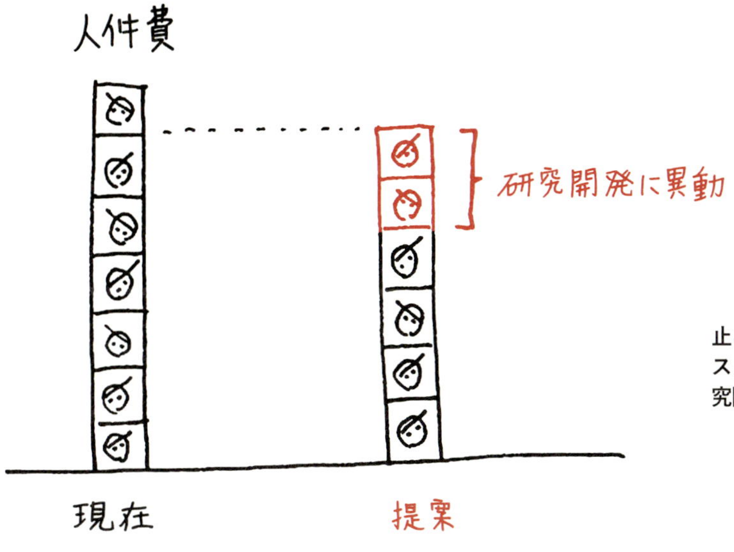

止めた製造ラインにいたスタッフのうち２人は研究開発の仕事に異動する。

量の観点から見て興味深いわが社のデータがある。研究開発のスタッフへの投資と製造ラインのスタッフへの投資を比較すると、長らく前者は3倍のリターンをもたらしていた。これも描くのは簡単だ。2つのタイプのスタッフの投資収益率を比較するグラフをつくる。

長期的に見て、研究開発のスタッフへの投資はつねに製造ラインのスタッフへの投資の3倍の利益をもたらしている。

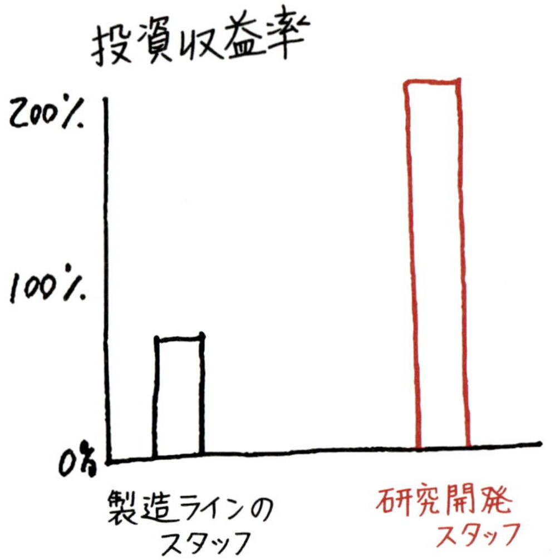

2つのコンセプト――短期に実現できる人件費の削減と、長期的に投資に対するリターンを向上させる――をまとめてみると、製造ラインを1本にして製造能力を落とせば短期的な利益は減るだろうが、新製品を販売すれば長期的に利益がふえていくことがわかる。これこそメアリーのために必要な絵だ。「精巧」「量」「実現」の観点に立ち「現状」と「比較」している。

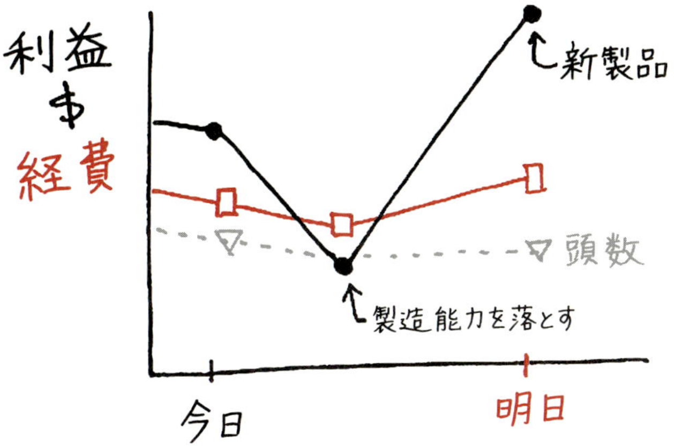

これがメアリーの絵である。「精巧」「量」「実現」の観点に立って利益と経費を「現状」と「比較」したものだ。

これでメアリーにわかってもらえる。あとは同様にスティーブと取締役会に見せる適切な絵をコーデックスからそれぞれ選べばよい。これでいよいよ先に進む準備が整うだろう。

コーデックスを使ってみよう——スティーブと取締役会に見せる絵のために

スティーブあるいは取締役会のどちらかを選び、コーデックスを活用して彼らに見せる絵を描いてみよう。わたしたちの提案に納得し支援を約束してくれるような絵を（複数の絵でもよい）。（ヒント：スティーブと取締役会のどちらを選んでも、これまで描いたものを大幅に活用できるはずだ）

今日はこれまでにしよう。浜辺に飛び出す前にひとことだけつけ加えておきたい。

今日はSQVIDからスタートした。5つのシンプルな問いでわたしたちの想像力を広げてくれるツールだ。そして最後はコーデックスを学んだ。これはこの3日間で学んできたすべてが1つになったものであり、絵を描くためのカンニングペーパーといってもよい。明日はいよいよ最終日。これまでのすべてのまとめとして、誰とでも自作の絵でビジネスの話ができるシンプルな方法を学ぼう。

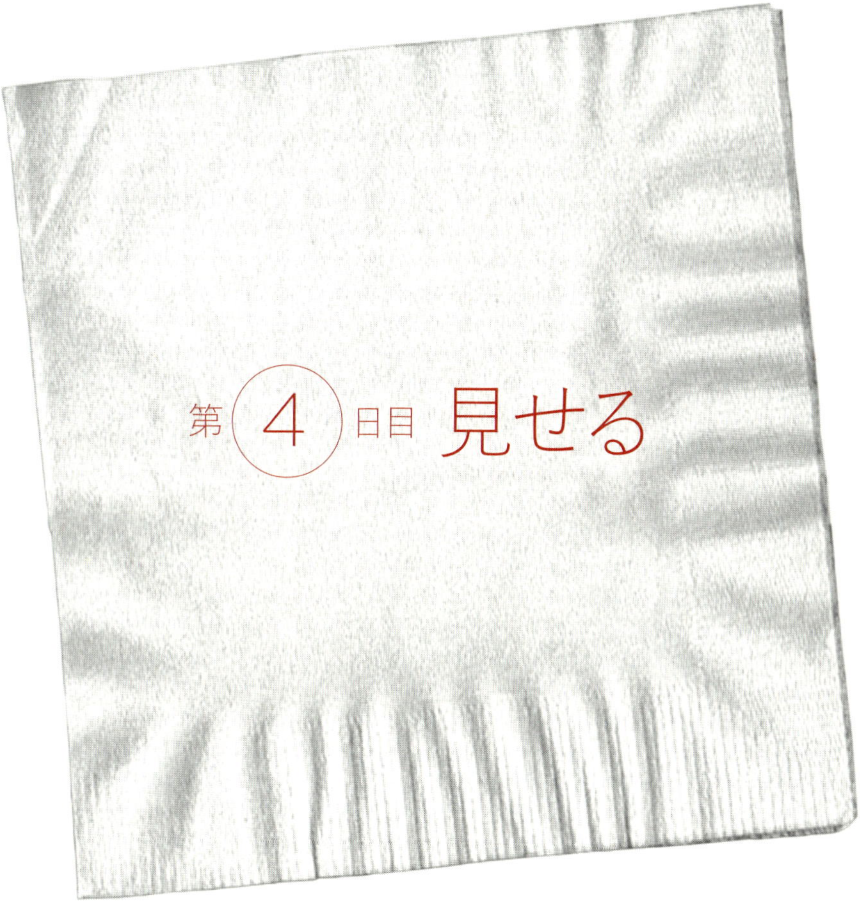

第4日目 見せる

まずは復習

最終日の今日は、まずこれまでの道のりをざっと振り返ってみよう。第1日目は、ビジュアルシンキングで問題解決をするためにはものごとをどう見ればいいのかを学んだ。自信をもってじゅうぶんに視覚を活用するためのパターン、プロセス、ツールを見つけた。第2日目は問題を視る方法を6通り学び、問題を絵であらわすための6通りの方法を学んだ。第3日目には問題を5通りの方法で思い描き、心の目をさらにひらき、人の視点に立って視てみた。今日はこれまでのまとめをする。ビジュアルシンキングのプロセスを完了させるのだ。今日は〈見せる〉ことを学んでいく。

第4日目。いよいよビジュアルシンキングのプロセスの最後のステップに到達した。〈見せる〉時が来たのだ。

ショー・アンド・テル

今日は簡単なショー・アンド・テルからスタートしよう。マイクロソフトがふたたび登場する。昨年、わたしは同僚のチェルシー★とともにマイクロソフトから依頼を受け、同社がデータをビジュアル化する際の難題を解決するお手伝いをした。マイクロソフトのエクセルを使った経験者ならおわかりだろうが、スプレッドシートは莫大な量のデータを収集し、比較し、計算するにはすばらしいツールだ。当然ながらマイクロソフトにはスプレッドシートを扱うことにかけては達人中の達人がぞろぞろいる——なにしろエクセルを発明した会社である◆。そういうエクセルの達人の多くは、事業の舵取りの基盤となる数字を扱う財務グループに配属されている。

財務グループの依頼を受けてわたしたちはワシントン州レドモンドを訪れた。彼らはスプレッドシートから財務上の問題点を迅速に見極める方法、データ分析をより速やかにより直感的にする視覚的な方法を模索しており、わたしたちに協力を求めたのである。さしせまった会議で彼らはデータを示してプレゼンテーションを行う予定だった。その会議では財務ソフトの今後のデザインの方向性について検討されることになっており、そこで発表する試作品のデザインづくりを手伝うことになった。願ってもないチャレンジだった。

★チェルシー・ハーダウェイの著書『Why Businesspeople Speak Like Idiots』はビジネスにおける明確なコミュニケーションを論じた名著である。

◆ITブームとして盛り上がった過去30年間のパソコンの歴史におけるそうしたアイロニーを1つご紹介すると、ビル・ゲイツが開発したエクセルはもともと、当時1歳だったアップル／マッキントッシュ専用のソフトだった。いまとなっては想像することすらむずかしい。

問題が1つだけあった。時間が足りない。会議までわずか2ヵ月。その時間の大半を試作品のプログラミングとテストに充てなくてはならない。ソフトウェアのデザインを手がけたことがある人ならおわかりだろうが——それ以外でもウェブサイト、マップ、レシピなど自分以外の人が使うものをつくった経験があれば——まずは「ユーザー」となる可能性のある人がどれほどの知識を持っているのかを見極めなくてはならない。それが正しいスタート地点だ。ソフトウェアを開発する場合は何ヵ月もかけてニーズをまとめ、その後数ヵ月かけてユーザー・テストを行う。

正しい手順を踏むだけの時間的余裕がなかった。そこで別の手段を取ることにした。財務グループに所属するデータ・アナリストのトップの12名を会議室に招き、ドアにカギをかけたのである。わたしたちは巨大なホワイトボードの前に立ち、ペンを手に宣言した。スプレッドシートのユーザーにとって現在最大のフラストレーションのもととなっている問題を明確にするまでは誰ひとりここから出すわけにはいきません、と。

こうしていよいよ始まった。

悩めるアナリスト――ステップ 1

本書の第1日目で最初のナプキンに描いたように、最初に円を1つ描き名前をつけた。そして第2日目に2つめのナプキンに描いたように、その円を「誰」にした。CFO（最高財務責任者）は最終的に全員から報告を受ける立場にあるので、財務アナリストとしては最高位の「誰」にあたる存在だ。そこでわたしたちは最初の円に「CFO」と名前をつけた。つぎに、部署を率いるトップ2人を描いた。アナリストはこの2人に直接報告する。それから「ポートレート」の詳細を描き加え、誰が誰であるのかがぱっと見てわかるようにした。これで3つのシンプルなポートレートが描けた。プレゼンテーションのためのシナリオの配役が完了した。

最初に円を複数描いて名前をつけた、「CFO」「責任者1」「責任者2」。それをポートレートにした。

アナリストの説明では、CFOが四半期の財務状況についての報告を求める時からプロセスが始まるという。CFOがROBつまり「ビジネスのリズム」を知りたいと告げる時は数字を見たいという意味である。

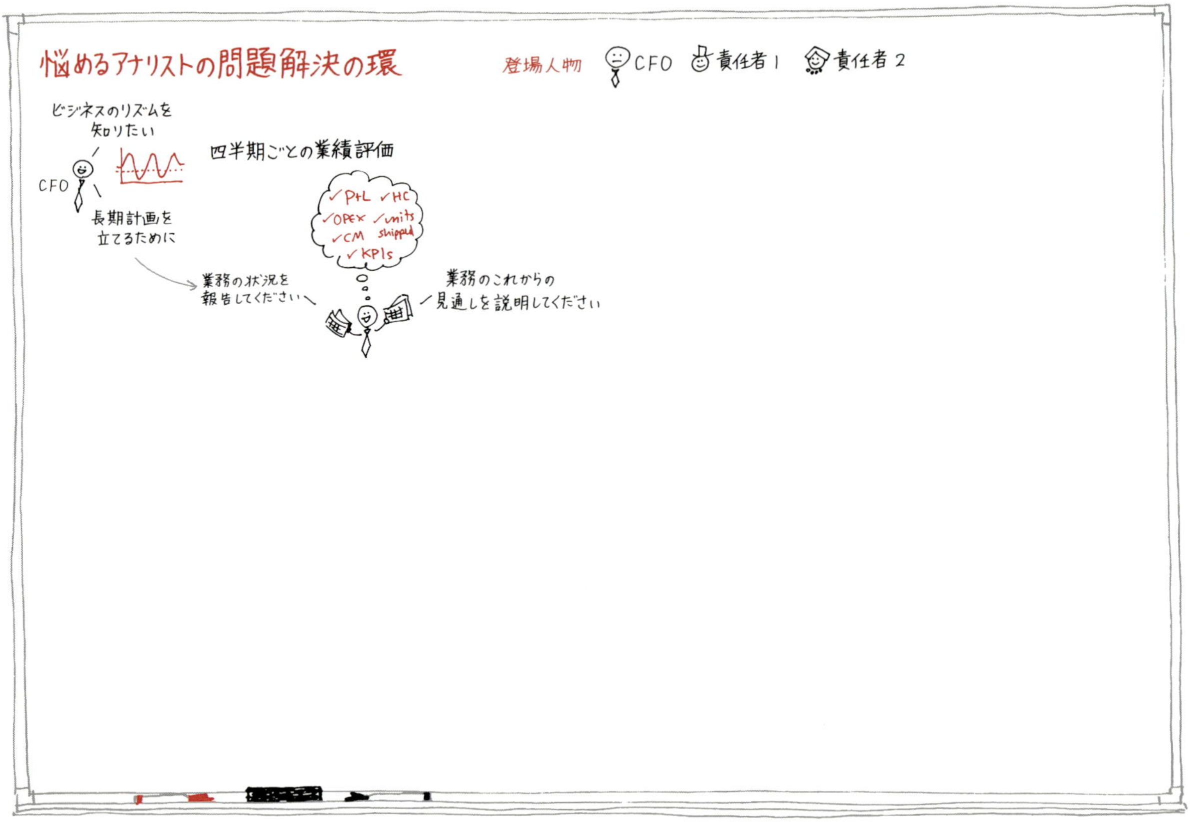
悩めるアナリストの問題解決の環
登場人物
CFO
責任者1
責任者2
ビジネスのリズムを知りたい
CFO
長期計画を立てるために
四半期ごとの業績評価
✓P+L ✓HC
✓OPEX ✓units shipped
✓CM
✓KPIs
業務の状況を報告してください
業務のこれからの見通しを説明してください

四半期ごとにCFOはビジネスのリズムを知らせる報告書を要求する。彼が求めるのは数字である。

ROBの会議で責任者1はこれまでの四半期はすばらしく好調であったとうれしそうに報告する。そしてこれからの四半期は思わしくない状況にあると悲しそうに報告する。責任者2の報告の内容は責任者1とは対照的である★。

★このシナリオはあくまでも想像上のものであり、仮想の状況で起きる可能性のあることを述べている。登場する人物のセリフに登場する会社、部門、四半期はすべて仮想のものである。

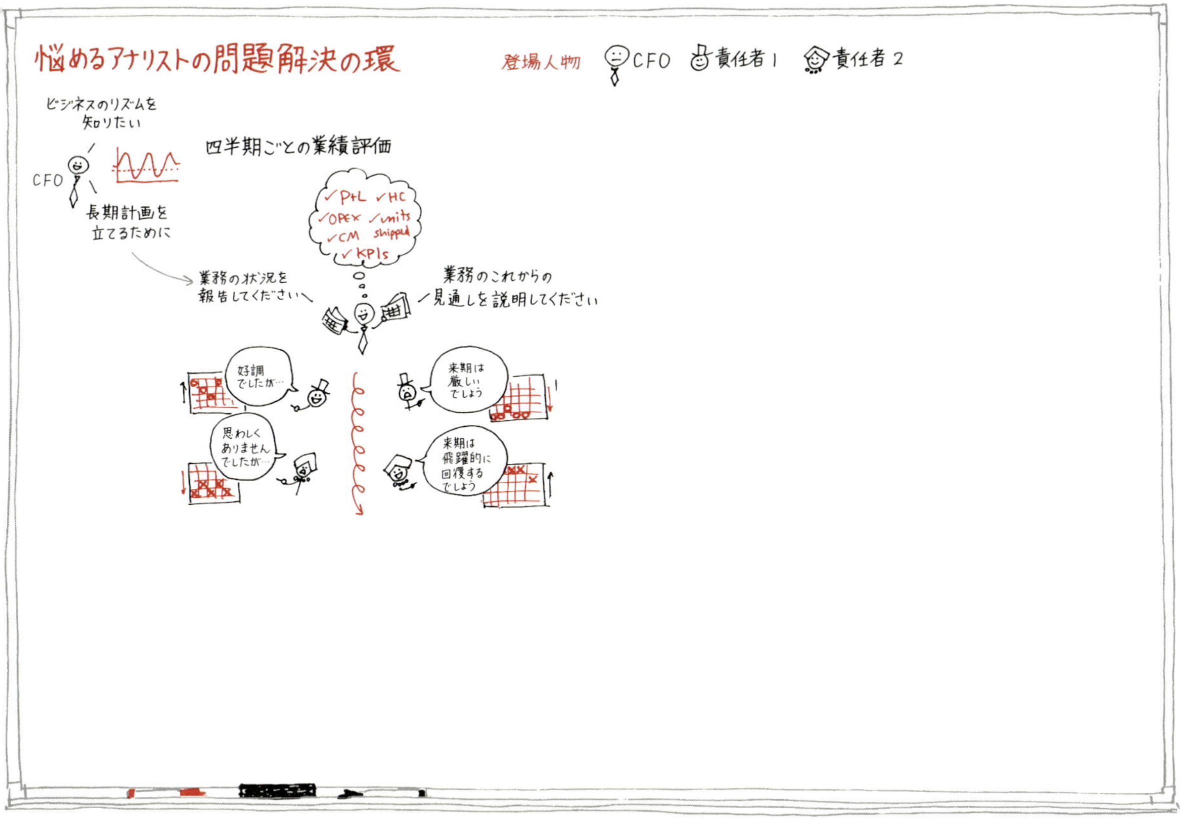
悩めるアナリストの問題解決の環
登場人物 CFO 責任者1 責任者2
ビジネスのリズムを
知りたい
CFO
長期計画を
立てるために
四半期ごとの業績評価
✓P+L ✓HC
✓OPEX ✓units
✓CM shipped
✓KPIs
業務の状況を
報告してください
業務のこれからの
見通しを説明してください
好調
でしたが…
来期は
厳しい
でしょう
思わしく
ありません
でしたが…
来期は
飛躍的に
回復する
でしょう

責任者1は今四半期のすばらしい業績を報告するが、次の四半期は深刻であると報告する。責任者2はまるで反対の内容を報告する。

CFOは数字をざっと一通り見て、責任者2人が異なる財務指標に基づいて報告していると気づく。CFOは2人に対し、報告の基準をそろえて再度報告するように指示する。

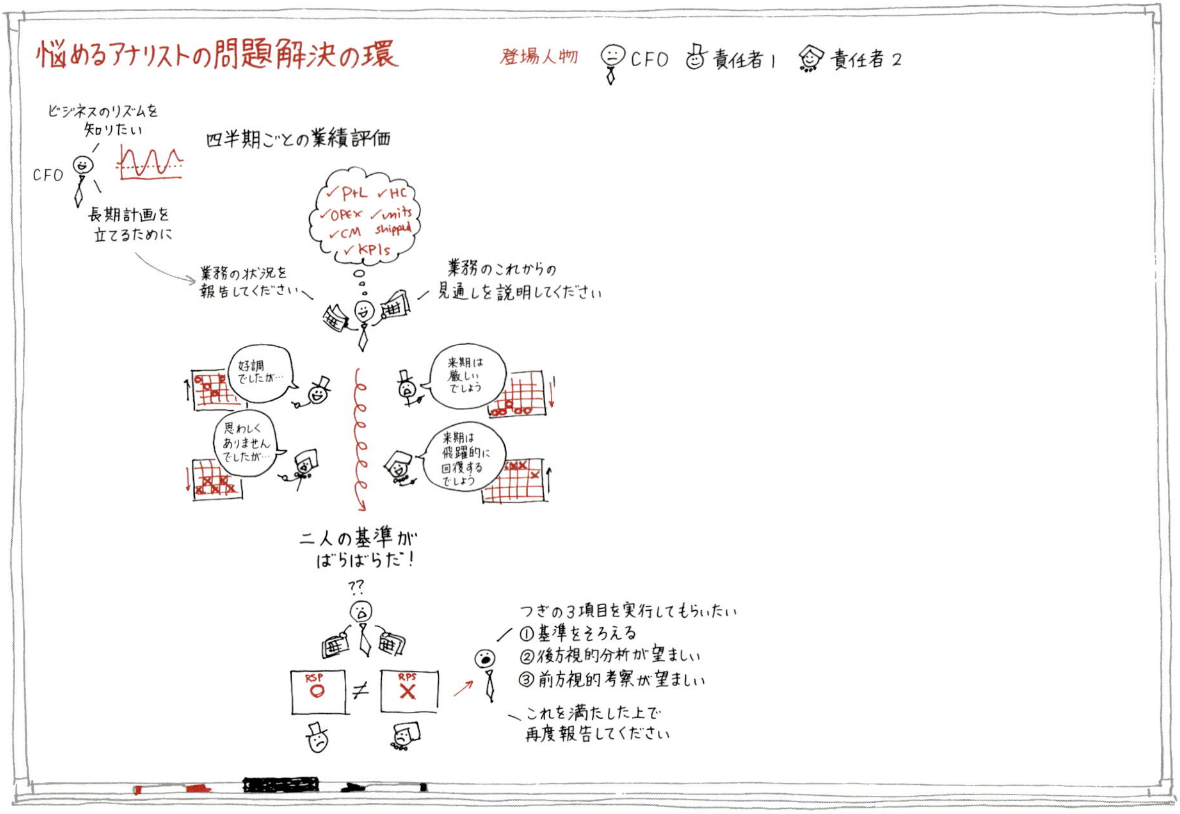

悩めるアナリストの問題解決の環
登場人物
CFO
責任者1
責任者2
ビジネスのリズムを
知りたい
CFO
長期計画を
立てるために
四半期ごとの業績評価
✓P+L ✓HC
✓OPEX ✓units shipped
✓CM
✓KPIs
業務の状況を
報告してください
業務のこれからの
見通しを説明してください
好調
でしたが…
来期は
厳しい
でしょう
思わしく
ありません
でしたが…
来期は
飛躍的に
回復する
でしょう
二人の基準が
ばらばらだ！
??
RSP
RPS
つぎの3項目を実行してもらいたい
①基準をそろえる
②後方視的分析が望ましい
③前方視的考察が望ましい
これを満たした上で
再度報告してください

CFOは2人の責任者が異なった指標に基づいて報告していると気づく。指標をそろえて再度報告するように彼は2人に指示する。

2人の責任者は判断に迷ってしまった。〈今四半期〉のなにがCFOにとってもっとも重要な情報であるのかを推論し指標をそろえて数値を報告するべきなのか、あるいはCFOにすべてを渡してしまうかで迷っているのだ。念のために彼らは後者の選択肢を選んだ。これですべてのプロセスがふたたび一からスタートした。

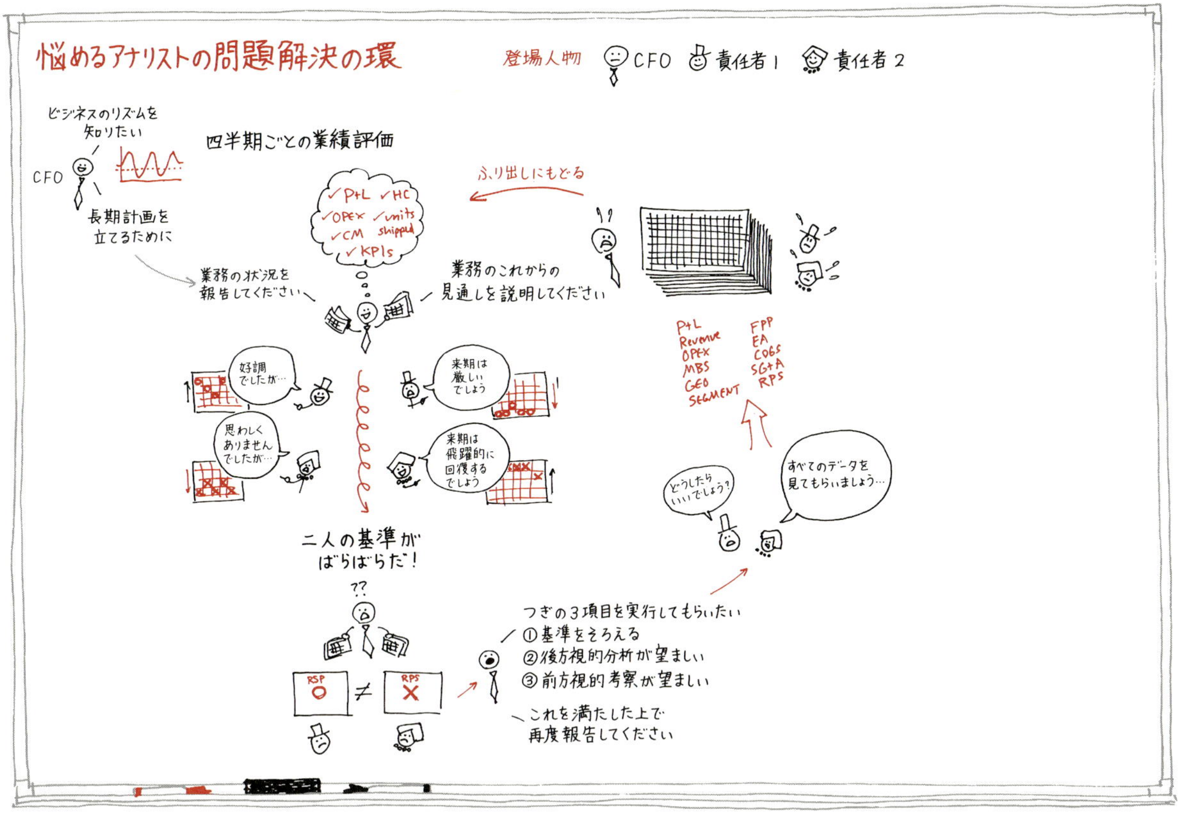

CFO はどの数値をもっとも重視しているのだろうか。
それがわからないので、責任者２人は部下のアナリスト
たちが収集したすべてのデータを提出することにした。
これでプロセスがふたたび一からスタートした。

環が完成した。これでアナリストたちがスプレッドシートに関して抱いている最大の懸念をつきとめることができた。四半期の業績を見直す際に上司が——そして上司の上司が——どのデータをもっとも見たがっているのかを正確に予測できないことが悩みの種となっている。ここでアナリストは退室して昼食をとることになったが、休憩の間に最高の解決策について考えてもらうことにした。

悩めるアナリスト——ステップ 2

休憩の後わたしたちはホワイトボードのところに戻り、話し合った。〈スプレッドシートを改良してこのプロセスのステップを変えるとしたら、どの部分を変えたらいいのだろうか?〉全員が意見を出し合い、話がまとまった。上司が〈CFOとの会議の席上で〉データを選択して示せるようにソフトに柔軟性を加えれば、「すべてを見せる」という事態を避けることができるだろう。変更すべき部分のステップに赤く大きな×印を描いた。

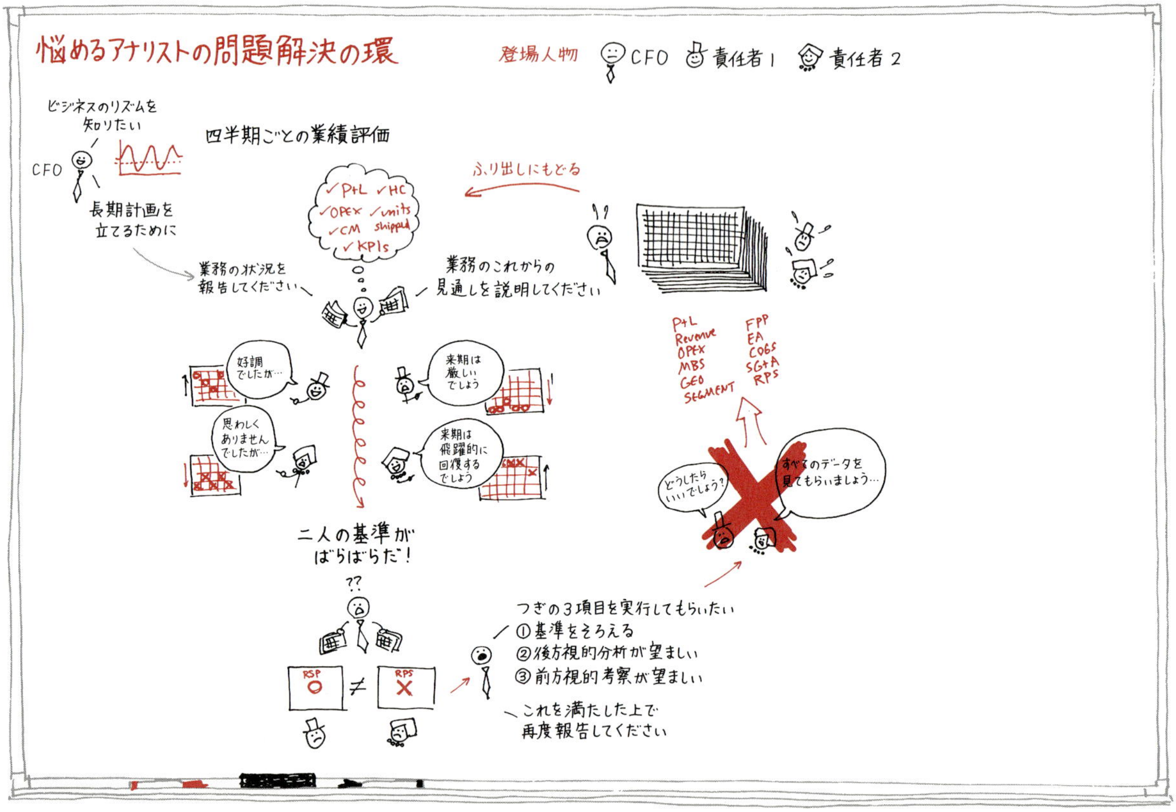

悩めるアナリストの問題解決の環
登場人物
CFO
責任者1
責任者2
ビジネスのリズムを知りたい
CFO
長期計画を立てるために
四半期ごとの業績評価
✓P+L ✓HC ✓OPEX ✓units shipped ✓CM ✓KPIs
業務の状況を報告してください
業務のこれからの見通しを説明してください
ふり出しにもどる
好調でしたが…
思わしくありませんでしたが…
来期は厳しいでしょう
来期は飛躍的に回復するでしょう
P+L Revenue OPEX MBS GEO SEGMENT
FPP EA COGS SG+A RPS
どうしたらいいでしょう?
すべてのデータを見てもらいましょう…
二人の基準がばらばらだ!
??
RSP
RPS
≠
つぎの3項目を実行してもらいたい
①基準をそろえる
②後方視的分析が望ましい
③前方視的考察が望ましい
これを満たした上で再度報告してください

彼らの上司がCFOとの会議の際にもっと流動的にデータを選択し示す方法があれば、「なにもかも見せよう」という事態を回避できるはずだ。

環のどのステップをまず改良すればいいのかを特定したうえで、複数のソースからリアルタイムでデータを取り出して絵でひとつひとつ説明できるスプレッドシートのインターフェースの案を作成した。このシナリオに登場する人々全員にとって有益なインターフェースだ。試作品をつくってプレゼンテーションで披露すれば大成功を収めるにちがいない。

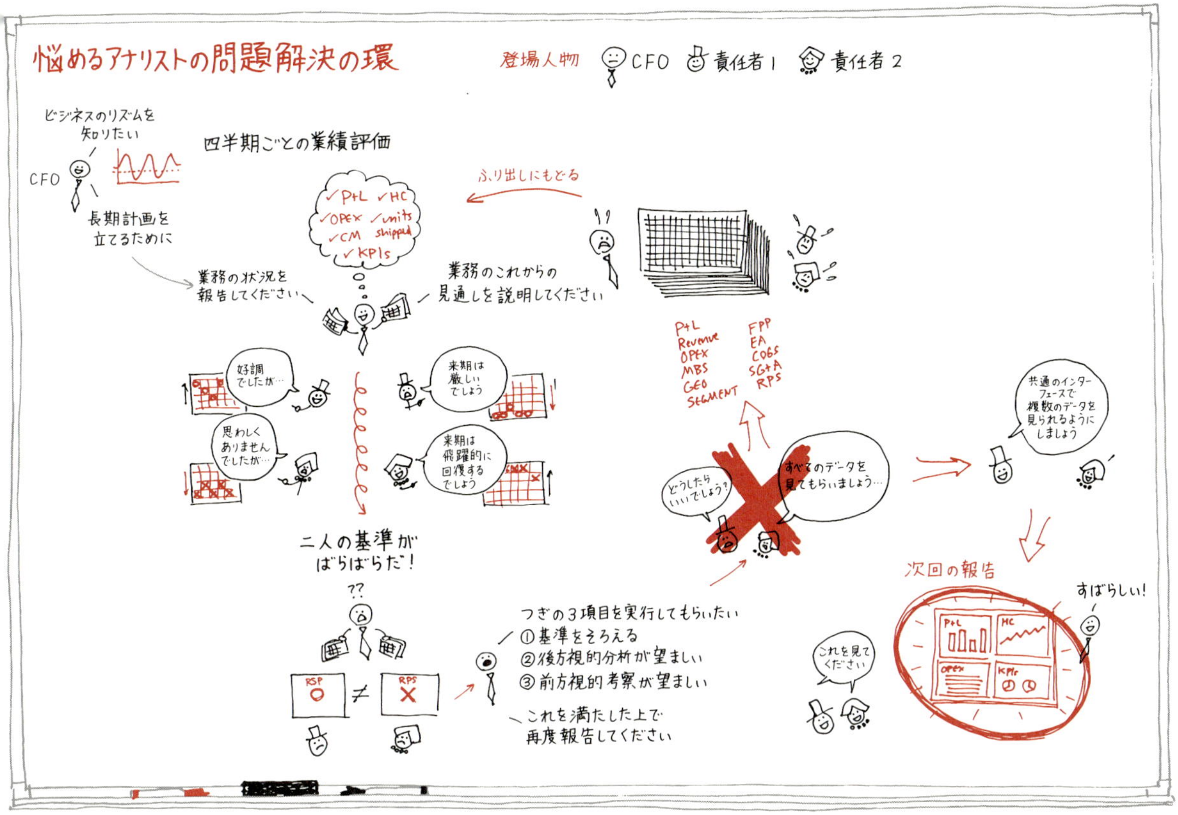

複数のデータのソースからリアルタイムで選択し絵を使った説明ができるようなスプレッドシートのインターフェースをデザインできれば、プレゼンテーションは成功するだろう。

★このようなプロセスを進める際には内容を記録することはひじょうに重要だ——くわしくは今日の午後お話ししよう。また、話をわかりやすくするために、ここでは当日ホワイトボードに描いた絵の一部だけを紹介している。これは簡潔に話を進めていくためだ。そして、ここに載せた絵はセッションの際に実際に描かれたものである。フォトショップで整えて明瞭にしただけで、あとは手を加えていない。

悩めるアナリスト——ステップ 3

ホワイトボードを使った初日の話し合いを終えて、インターフェースのデザインの案を持ち帰って考えた。翌日、ホワイトボードに描いたものをすべて消し（事前にすべてを写真に撮ったうえで★）、スプレッドシートの案を描いた。数年後にIT

★この段階の作業を公にすることをマイクロソフトは快く了承してくれた。同社のオープンな姿勢をこのうえなく高く評価したい。

技術がどこまで進化を遂げているのかを全員で知恵を絞って予想し、それを基盤として練った案だ。

わたしたちが最終的に選んだデザインをお見せすることはできない。選択しなかったサンプルをご紹介しよう★。複数のタイプのデータを同時に提示できる、データを絵にして複数の方法で比べることができる、数字を選択して相互の関係を知るためのツールがたくさんある、というデザインだ。

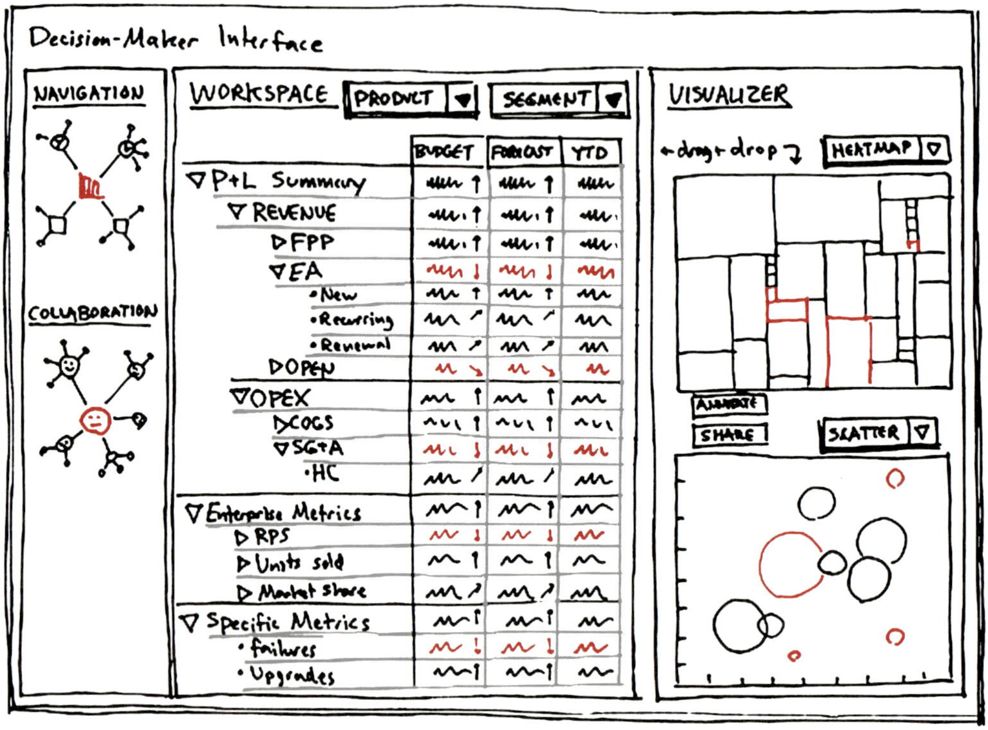

このデザインは採用されなかったが、データの多様な選択の仕方と見せ方に関して最終的な試作品に盛り込んだ要素が含まれている。

最終的な絵を見せることができないのであれば、
ショー・アンド・テルとはいえない？

いまここで重要なのは最終的な試作品のできばえではない。本書で紹介するエピソードのなかでもこのケースはわたし個人にとって、そして専門家の立場からいっても、画期的な発見のあったケースだった★。その画期的な発見は、最終的な試作品に至るまでにチームが描いた絵のなかにあった。いまくわしく見たばかりの絵だ。

★先のことはわからない。あなたのお気に入りのスプレッドシートのソフトが先々バージョンアップし、そのなかにこの試作品の要素が組み込まれる日がくるかもしれない。

マッキンゼーとレゴの時のように、検討会議の際にわたしはマイクロソフトの幹部たちにこうしたラフな絵を見せていいものかどうか躊躇した。どう見ても「専門家らしくない」絵であるとわかってはいたが、コンピュータの描画プログラムでつくり直す時間的余裕がどうしてもなかった。そこで、そのままの状態で絵を見せたのである。

検討会議でわたしたちは幹部に、ホワイトボードに描いたシナリオといくつものインターフェースを紹介しながら説明した。話をしていくうちに驚くべきことが起きた。わたしたちが見せた絵を、誰もがすぐに「わかった」のである。上級幹部を対象としたプレゼンテーションをわたしは長年行ってきたが、そんなことは初めてだった。字体がふさわしくないと不満をもらす人は誰もいなかった。色の選択に疑問を呈する人も。わたしたちが使ったデータの精度や妥当性など、些末な部分にこだわる人は1人もいなかったのである◆。

◆インターフェースの絵をもう一度見て「データ」に注目していただきたい。描かれているのは実際の数字ではない——数字ですらない。つまり山のような殴り書きだ！　それなのに誰も不満をもらさなかった。重要な箇所では話し合いは高度なレベルに保たれていた。

それどころか、幹部たちにゴーサインを出してもらいたいとわたしたちが思っている部分のコンセプトについて語り合うレベルの高い話し合いが行われた。出席者がみな意欲的に話し合いに参加し、意義深いコメントが出され、速やかに結論が出た。

会議が終了するとマイクロソフトの上級幹部2人がわたしのところにやってきた。そしてこういったのである。「すばらしい進行でしたね。それもこれも、あなたたちが見せた絵がとびきりのできばえだったからです。どんなソフトウェアを使って描いたのですか？」

誰がどう見ても手書きだとわかるにちがいないと思い込んでいたので、からかわれているのかと思った。だから相手に調子を合わせてこんなふうにこたえた。「わたしが作成しました。『灰白質1.0』と『ペンと紙1.0』を使用して」

幹部たちは声をそろえてたずねた。「それはどこのメーカーのものですか?」

知られざる知恵 その4

いよいよ知恵その4だ。コンピュータのソフトウェアを使ってこれほど「不完全な」絵を描いたと思い込んだ幹部たちはわたしにどこのメーカーのものなのかとたずねた。彼らの頭には、人間を生み出した偉大な力や約3億年かけて進化してきた視覚のことはいっさいなかった。そんなものは役に立たないはずだと考えていたのだ。コンピュータがなければ豊かな発想でものを考えられないと誰も彼もが信じ込まされているのがいまの世の中である。まさかソフトウェアに頼らずにビジネスの構想を示しビジネス上の決断を下すなどとは、彼らには思いもよらなかった。

しかし、そのまさかなのである。

そして、ぜひともソフトウェアに頼らずにやるべきだ★。自分のアイデアを誰かに見せる時には──〈わたしの頭のなかのアイデアを相手の頭に入れたいという時には〉──目と心の目と小さな手の目を駆使して認知の偉大な力を発揮させるのがもっとも効果的である。

ショー・アンド・テルのエピソードはスプレッドシートの改良の話ではない(もちろん改良はできる)。また、ビジネスにおいて財務分析から真実を読み取る重要性を学ぶためのものでもない(もちろんそれは重要なことだが)。このエピソードが伝えてくれるのは、絵を磨き上げてしまうと問題解決に支障をきたすという教訓である。知られざる知恵その4とは、つまりこういうことである。

★わたしは技術革新に異を唱える者ではない。趣味で米国宇宙協会の宇宙船のためにコンピュータの3次元画像の作成を行っているほどだ。りっぱなコンピュータ・オタクであると自認している。だがここで強調しておきたいのは、本書に登場する絵はトムソンのケースを除いてすべてペンで手書きした絵という点だ。考えなくてはならない時、とりわけ図解して考える必要がある時には、頭によけいな縛りをいっさい加えないことだ。メニュー、マウス、キーボードといった人工的な要素は思考を縛ってしまうのである。

知られざる知恵 その4

絵が不完全であればあるほどいい反応がかえってくる。

あの時の会議を含め、これまでに出席した無数の会議での経験から、わたしは確信を得た。あるアイデアについてほんとうに検討しようという場合には、不完全な絵を使うほうがうまくいく。深い思考をうながし、いい反応がかえってくる可能性がはるかに高い。絵を磨き上げて「完成度が高い」という印象を与えてしまうと――角をきちんと整えたり、線をまっすぐにしたり、完璧な円にしたりする、つまり機械を活用して絵をつくると――「わかる」ことから人を遠ざけてしまう可能性が高い。

その理由について3つあげることができる。

1　よくできていますね。気に入りました。
よくできていますが、気に入りません。

完成度が高く見える絵を目にすると、それ以上なにもつけ加える必要はないと感じてしまうのが人間の心理だ。その絵をまるごと受け入れて同意するか、たった1つの欠点を見つけて徹底的に拒否するか、どちらかになってしまう。問題を解決しようという話し合いでは、どちらの反応も望ましくない。

2　相手の気分を害するようなことをいいたくない。

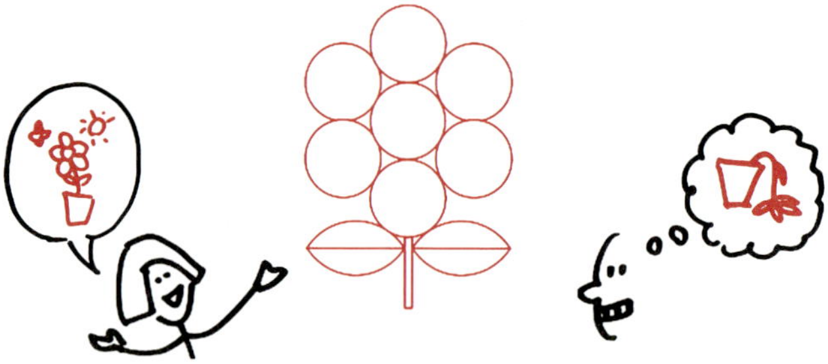

完成度の高い絵を見れば、誰かが何度も取り組んだのだろうと察しがつく。するとわたしたちの「行動規範」遺伝子（自分が人に接してもらいたいように人に接しなさい）が本能的に働いて、批判するなと命じる★。だから「気に入った」と述べるか無言のままでいるかのどちらかなのだ。どちらもアイデアを改善するためには役に立たない。

★美術学校での批評や製品デザインの評価で苦しんだ経験者ならおわかりいただけるだろう。誰かの作品について「悪い」点をいってくれと要求されると、ふだんはおしゃべりな学生も専門家も、とたんに言葉に詰まる。それを避けるにはどうすればいいか？　故意に、まだつくりかけであるように見せればいい。そうすればみんな、待ってましたとばかりに口を挟んでくる。

3　わたしをバカにしているのですか？
そんなことはとうに知っています。

この絵は完成していると思うと、そこに描かれている内容が証明済みの事実であるかのようにわたしたちは錯覚しがちだ。自分が知っている内容であれば悪くない気分だ。しかしそうでない場合は、こんなことも知らないのかと絵の作者に指摘されているように受け止めて気分を害する。どちらの反応も、考えを深める方向には向かわないだろう。

プロフェッショナルという思い込み――洗練度の高さが災いとなる

就職の面接にはスーツを着用して臨むように、時と場所に応じてきちんとすることは大切だ。それに異存はない。しかしスーツを着ればそれだけでプロフェッショナルになるわけではない。同様に線がまっすぐだからといっていい絵になるわけではない。問題解決に真剣に取り組む人々は例外なく、洗練されていても意味をなさない絵よりも、荒削りだが真実を伝える絵に敏感に反応する。

「不完全な」絵の演習

道具を使って描いた絵を見て、その絵が伝えようとしていることを読み取ってみよう。絵のなかから２つ選び、同じ内容を「不完全な」絵であらわしてみよう。

（必要に応じて６×６ルールあるいはSQVIDを活用してみよう。といっても、ここではその必要はないだろうが）

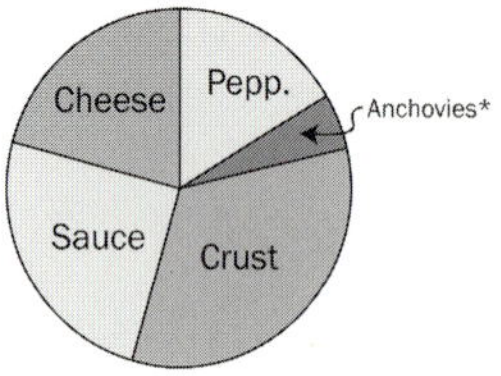

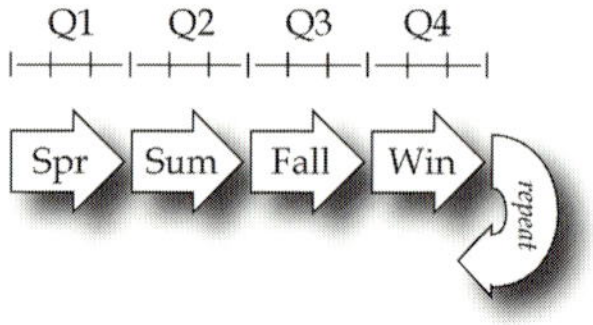

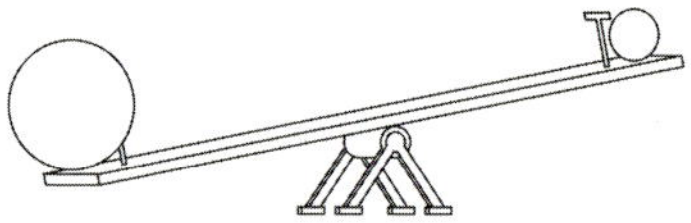

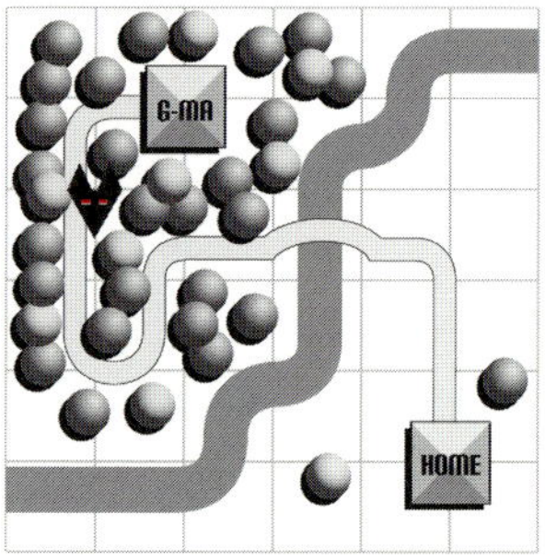

コインを裏返してみる

「〈してはいけない〉」ことについてはここまでにしよう。じゅうぶんに理解していただけたことと思う。つぎは知られざる知恵その4の肯定的な面を見てみよう。本書で学んできた内容すべてが凝縮されているはずだ。

絵が不完全であればあるほどいい反応がかえってくる。

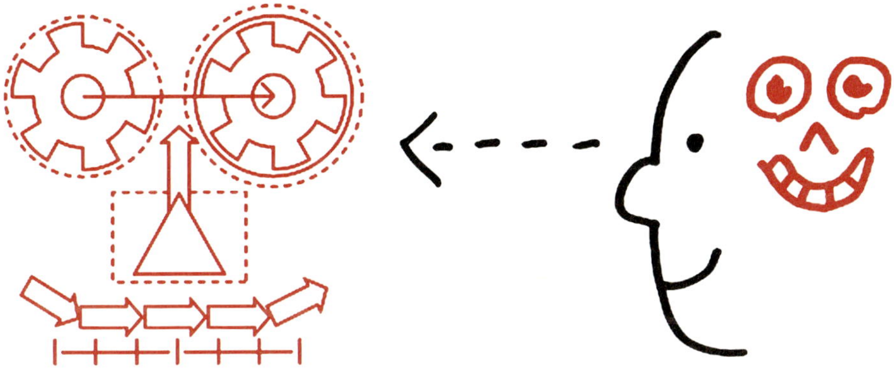

考えるプロセスにぴったり一致するものをわたしたちは好んで見る。

これを具体的に実践する方法はすでにご紹介してきた。6×6ルールはわたしたちの視覚経路と同じプロセスで絵を描くツールだった。SQVIDを使えば、頭のなかの情報処理センターを活性化して絵のアイデアを膨らませることができた。わかりやすさの原則は、あらかじめ知識のない状態で見る場合は簡潔であるほど理解しやすく、知識が多いほど精巧なものを見たくなるというものだった。

どれも、考えるプロセスにマッチする絵を見たがるということで一致している。しかし、なぜ手書きの絵が人の心をつかむのかという根本的な理由は示していない。手書きの絵が人の心をつかむのは、それが不完全だからだ。それに尽きる。不完全な絵は人と人のやりとりをうながす。だから有効なのだ。手書きの絵は不完全で人間味あふれるものだからこそ効果的なのである★。

★わたしたちには自分の周囲のものに人間味を感じようとする性質がある。だから人間になぞらえようとする。車の対のヘッドライト（両目）、時計の針（両腕）、椅子の脚（両足）など、相手が人間でなくても人間らしさを求めてしまう。

問題解決のための絵に興味を持ってもらうには、描いたままを見てもらうに限る。まちがいもなにもかも、そのまま見せる。そうすることで、わたしたちがなにをどう考えたのかが見る人すべてに伝わる。それこそが本書の核心なのである。

わたしたちは手書きの絵に強く引きつけられる。ホワイトボードにびっしりとなにかが描かれていれば、思わず足を止めて意味を理解しようとする――コンピュータで作成された絵が狭いスペースに並んでいても、たいていの人は足を止めたりしない。同じ理由からわたしたちはチケットを買ってコンサートに足を運ぶ。その音楽家の演奏を無料でダウンロードできるとしてもだ。飛行機に乗ってはるばる友人に会いに行くのも同じだ。オンライン上で簡単にチャットできるとしても、会いに行こうとする。わたしたちはやはり人間なのだ。ほかの人々が考えていることをこの目で確かめることが大好きなのだ。

わたしたちはやはり人間なのであり、ほかの人の考えをたどっていける絵に引きつけられる。

ビジネスの現場で「不完全な」絵をどのように描くのか？

　ワークショップもそろそろ終盤にさしかかった。いまわたしたちが話している内容は、ビジネスの会合ではまずお目にかかれない。せっかく準備した箇条書きのリストを放り出して、代わりに手書きの絵を見せてしまおうというのだから。さらに効果的なのは会合の場で絵を描いてみせるのだ。けしからんと思うだろうか？　会議をなんと心得ているのだ、といわれてしまうだろうか★？

　確かにいまどきの会議の形態からはかけ離れている。ビジネスのツールは絵を描くことをサポートしようという狙いでは開発されていない。いや、ここではツールの目的を云々するつもりはない。それよりもいまあるツールでなにが〈できる〉のかを考えてみたい。基本的なビジネス・ツールを活用していくらでもビジュアルシンキングの力を発揮できる。ちょっとだけ発想を変えればいいだけのこと。

★戦場で棒切れで土に戦闘計画を描いて説明する大将、ハーフタイムに×や○を黒板に殴り書きする監督、首都ワシントンDCのバーにいた経済学者アーサー・ラッファーはこれをきいてなんと思うだろうか。最高の実りをもたらす会議とは、自分の考えを絵であらわそうという勇気のある人がいる会議だ。壮大なアイデアはそのようにして伝えられ、そして理解されるものだ。

「パーソナル」「参加型」「プレゼンテーション」
3種類の会議にふさわしい絵を描く3種類のツール

　ビジネスの問題解決をするための絵を描く3種類のツールを見ていこう。たいていの場合、会議は3種類に分けることができる。自分と相手だけで行う「パーソナル」な会議。数人の出席者でディスカッションをする「参加型」の会議。おおぜいの出席者を前にして自分の考えを伝える「プレゼンテーション」形式の会議。どの場合にもシンプルな絵を使えばいいのだが、どこに描くかとなると異なってくる。

パーソナルな会議のためのツール

あるアイデアについて自分だけで、あるいはもう1人の人物とともに絵を使って考えたい時には、たいていは小型のツールを選ぶ。そのほうがおおげさにならず、アイデアとの距離がちかい感覚がある。わたしのお気に入りのツールは膝に乗せて使える大きさのホワイトボードだ。いったん描いたものを気兼ねなく消せるので、気軽にあれこれ試すことができる。これはというアイデアは写真に撮って自分宛てにメールで送って保存すればいい。ボードに描いたものは消してまたほかのアイデアを描いてみる。

これ以外にも簡単に持ち運びできて手軽に描けるものなら、ノートでも紙ナプキンでもなんでもいい。本書で使っている絵は、ごく普通のボンド紙に鉛筆と油性マジックで描いたものだ。それをベーシックなデスクトップ・スキャナでスキャンし、印刷で明暗がはっきり出るようにフォトショップで処理しただけだ。

〈パーソナルな話し合いに使えるツールの例〉

- 紙ナプキン（表あるいは裏）
- 紙
- 小型のホワイトボード

参加型の会議のためのツール

チーム会議、ブレーンストーミングのセッション、毎週のプロジェクトの状況報告会、問題を解決するための話し合い。どれも参加型の会議である。アイデアを出し合い、全員で〈見て聴いて〉検討することが狙いだ。こういう場で絵を描くには部屋のどこからでも見える、そして全員がそこに描き込めるという条件を満たす大きさが必要だ。たいていは大型のホワイトボードを使うのがベストだ。注意すべき点といえば、ホワイトボード消しをたくさん用意すること、必ず専用のマーカーを用意すること。

フリップチャートも使えるが、大型ホワイトボードに比べると使い勝手はよくない。じゅうぶんなスペースがあるような印象だが、5人か6人以上で使うには小さすぎる。2ページを超える絵を描こうとするとお手上げだ。例外は裏に粘着テープがついているタイプのフリップチャートだ。うまく使いこなすためには、あらかじめ数枚切り取って壁に貼り、それから作業を始める。目の前のキャンバスが無限の広さに感じられると、わたしたちはのびのびと絵を描くことができる。

しかしホワイトボードもフリップチャートも全員が同じ部屋にいなければ使うことができない。グローバル化が進んでチームのメンバーが遠隔地に散らばり、自宅を職場とする人もいる。企業は出張代を切り詰めるようになっている。これではますます一堂に会する可能性が低くなっている。各メーカーから出ている

「スマートボード」を使えば、ある場所で描いた絵をリアルタイムにほかの場所で見て修正できる。この先、こうした技術は劇的に進歩していくとわたしは確信しているが、現時点では価格が高く簡単には導入できないので、誰もが利用できるというわけではない。

それよりも安く現時点でユーザーにやさしい選択肢としては、現在の「デスクトップ共有」機能を活用する方法がある。こうしたツールをカンファレンスコールと併用すれば、インターネットを通じてコンピュータ画面を共有できる。全員が同じソフトウェアをダウンロードしなければならない、会議に先立ってインストールしてテストする必要があるなど、まだ技術的には問題もあるものの、全員が一定の性能のコンピュータにアクセスできて高速インターネット接続が可能であれば、スムーズに共同作業ができる。

〈参加型の会議に使えるツールの例〉

- 壁掛け式のホワイトボード
- フリップチャート（とくに裏側に粘着テープがついているもの）
- スマートボード
- デスクトップ共有機能がついたコンピュータと高速インターネット接続

最後の選択肢には大きな課題がある。コンピュータのデスクトップを共有する準備が整ったとしよう。絵を描き、送信し、編集するためにはどんなプログラムを使えばいいのだろうか？　じつはすばらしくシンプルな解決策がある。つぎの会議でも、同じものを使う。

プレゼンテーション形式の会議のためのツール

ビジネスマンはなかなか認めたがらないが、10〜12名以上の出席者で構成される会議はつねにプレゼンテーション形式となる。こうした会議の目的は自由な議論をしたり、あるアイデアを全員で掘り下げたりすることではない。あくまでも、ある特定の人物あるいは少数のグループが他の出席者に対しプレゼンテーションを行う場なのである。そしてたいていわたしたちは自分のプレゼンテーションに満足しない。

理由はさまざまだ。準備不足、緊張しすぎた、パワーポイントの利用が裏目に出た、内容がなかった、などなど。どれも本腰を入れて取り組む問題ではあるが、いまは絵のことだけに絞ろう。他の課題をすべてクリアしたうえでワークショップをここまでやってきたと想定する。となると問題はただ1つ。おおぜいの前でどのように絵を描けばいいのか？

じつは、うれしいことにこたえはあなたのコンピュータのなかにすでにある。

コンピュータの描画ツールのうち最高のものは、すでにあなたのコンピュータに搭載されている

わたしはプレゼンテーションをする際にはタブレット型の小さいPCとプロジェクターを持参する。タブレット型は画面にそのまま描けるすばらしいツールだ。これを使えば「ライブ」で絵を描くことができる。出席者全員が見守るなかで絵を描いていくのだ。当然ながら、プレゼンテーションの準備といっても真っ白のスライドばかりなどということが珍しくない★。なにかを強調したい時には画面に円を描き、棒に手足がついた人物を描く。ビジネスの会合ではめったに見ることのできないレベルのライブのパフォーマンスであり、しかも一方通行ではない。これはほんとうだ。出席者が見ている前で絵を描けば——その絵がどれほど下手でもシンプルでも——まちがいなく彼らの視線を集めることができる。

会議の後ではよく、どんな特殊なソフトウェアで絵を作成しているのかという質問を受ける。実物を彼らに見せても、信じてもらえなかった。ごくふつうのマイクロソフトのパワーポイントだったからだ。そう、画面上で直接絵を描くソフトウェアとしてわたしが知る限り最高のものは、いちばん手軽に入手できるビジネスツールに組み込まれている。それが誰にも知られていないのは「スライドショー」のモードにしている時だけしか描画ツールが使えないからである。「ショー」のモードでスライドをつくる人はいないだろう◆。

★多くの会議で開催者は事前にスライドを要求する。それをプリントして出席者に配布するためだ。わたしがスライドを送ると、折り返し必ず連絡が来る。ファイルに問題が起きたと知らせてくるのだ——半分のページが真っ白なんです！　会議の主催者に説明すると、判で押したように、画面上で描く例などきいたことがないと返事がかえってくる。ならば、わたしがやることは出席者にとってたまらなく魅力的にちがいないと納得する次第である。彼らに、初めての体験を提供するのだから。

◆これまたマイクロソフトの謎の1つである。もっとも普及しているビジネスアプリケーションに、とても優秀でシンプルなオンスクリーンの描画ツールを入れておきながら、なぜ誰にも気づかれない場所に埋もれさせておくのだろうか。レドモンドの人々よ、ほんとうにこれでいいのですか？

パワーポイントを使って「ライブ」で絵を描く方法

わたしが使うタブレット型のPCは画面にダイレクトに絵を描くことができる——これはひじょうに絵が描きやすい——が、通常のマウスを使っても問題なく描くことができる。過去5年以内に発売されたパワーポイントであればどんなバージョンでも、それだけで誰でもオンスクリーンで絵を描ける。その手順はつぎの通り。

1　ふだんと同じようにスライドをつくる（この4日間で学んだように、必ずシンプルな絵にすること。〈長い文章も長い箇条書きも不要！〉）。

2　ライブで描く箇所はスペースを空けておく。

3　ファイルをいつもの通りにセーブする。

4　プレゼンテーションの本番ではファイルをひらいて「スライドショー」のモードにする。

5　ポインターで（タブレット型PCならスタイラスペン、あるいはマウスでも）画面の左下隅に移動する。描画用のパレットがあらわれる。使いたいペンのタイプとインクの色を選ぶ。

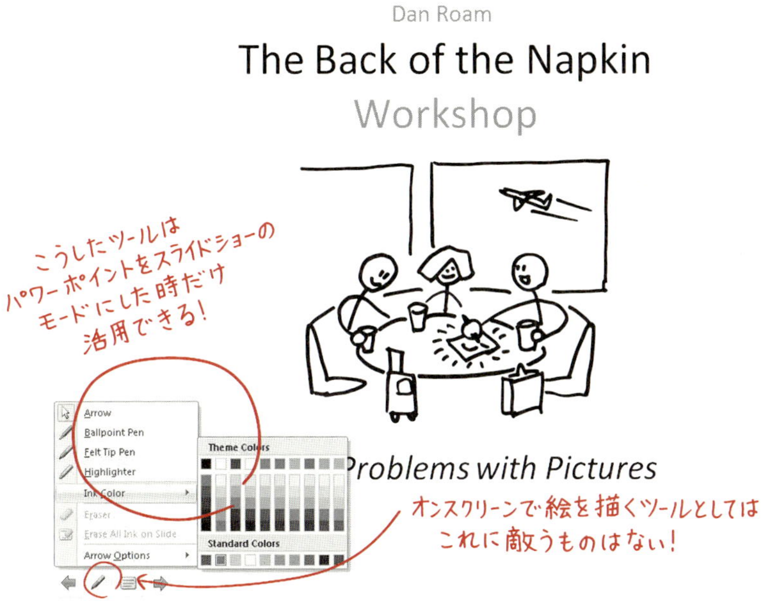

6　ポインターを隅から離して絵を描き始める。

7　ほら、うまくいった！　現代版のオーバーヘッド・プロジェクターだ★！　あらかじめスライドに入れておいた絵や言葉の上に直接描くことができる点が、なんといってもすばらしい。なにもかもライブで描

★これには、さきに述べたデスクトップ共有機能のどれでも使える。つまりあらゆるカンファレンスコールを、参加者全員によるフリーフォームの描画エクササイズへと変えることができる。

く必要はない――スライドの中でよく見てもらいたい箇所にペンで印をつけるだけでも、たいていはじゅうぶんに（視覚に）アピールできる。

8 終了後にはファイルを閉じる。パワーポイントは、描いたものを保存するかどうかをたずねるだろう。空白を残したページをそのまま再度使いたい場合は「いいえ」とこたえる。ライブで描いた絵を保存し、それを使って編集したいのであれば「はい」とこたえる。

〈プレゼンテーション形式の会議に使える描画ツールの例〉

- PC用パワーポイントとプロジェクター（タブレット型PCを使えば簡単に絵を描けるが、どうしても必要なわけではない）。

つまり、問題解決の絵を生み出すためには、ごくシンプルなツールさえあればいいということだ。たいていの人はすでに持っているもので事足りるので、新しくそろえる必要はない。

まちがいのない構成　SQVIDの第3の利用法

いよいよ終わりにちかづいた。あなたが次に出席する会議ですぐに使えるツールをあと1つ残すばかりだ。パーソナルな会議、参加型の会議、プレゼンテーション形式の会議でも、大丈夫。そのためにはもう一度SQVIDに登場してもらう必要がある★。これでビジネスのプレゼンテーションの構成について二度と頭を悩ませることはない。

実際に試してみよう。自分が絵で問題解決する能力の高い政治家であると想定する。第2日目に世界を救うベン図を描いたあの政治家だ。そしていま、自動車業界で起きていることを絵で説明するように求められているとしよう。まず、いま直面している問題はどんなものなのかを見極めるところからスタートする――問題の「誰／なに」「どれだけの量」「どこ」「いつ」「どのように」「なぜ」を特定する。つぎにそのひとつひとつを明確にあらわす絵を描いていく。これで絵が複数できあがったわけだが、いったいどのような順番で見せ

★SQVIDのコンセプトをたいへん気に入っているのだが、記憶しにくいのが難点だとおっしゃる方々がいる。同義語もないし、「憶えやすい」語感でもないと苦情を述べる。わたしは気にしない。意外性があって少々「奇異な感じ」だからこそ、「SQVID」は思い出しやすく、実際に使いこなせるのだとわかっているからだ。スペルにまだなじめないかもしれないが、なぜこのような名称になったのかはおわかりいただけたはずだ。

ればいいのだろうか？

ここで再度、SQVIDが助けとなってくれる。5つの問いかけをプレゼンテーションの構成として活用すれば、ビジネス上のどんな話でも相手にわかるように話すことができる。どんな相手に対しても、考えられる限りもっとも簡潔なところからスタートして詳細なところまで丁寧に案内するように伝えることができる。

「なに」の〈簡潔〉なポートレートからスタートする。デトロイトは死んでいるということを示す墓石の絵だ。これで話の前提を確立した。つぎにフォード、GM、クライスラーの衰退を示す〈精巧〉なポートレートを見せる。

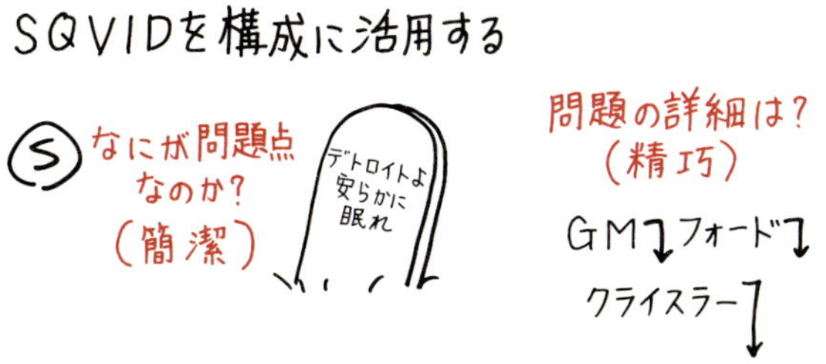
SQVIDを構成に活用する
S
なにが問題点
なのか？
（簡潔）
デトロイトよ
安らかに
眠れ
問題の詳細は？
（精巧）
GM
フォード
クライスラー

簡潔なポートレートはデトロイトが死んでいることを示している。精巧なポートレートはビッグスリー各社が下降線をたどっていることを示している。

それから〈質〉をあらわす絵を見せる。いまにも崖から落ちそうな感じだ。そしてそのような感じをもたらす数字を示して補う。これが〈量〉をあらわす絵だ。

Q
どんな感じ
なのか？
（質）
それを数値で
あらわすと？
（量）

〈質〉をあらわす絵は崖から落ちそうになっている感じだ。それからその感覚を数字で〈量〉として見せて補強する。

つぎに、この状況を救ってくれそうな〈構想〉を見せる。質の高いハイブリッドカーを製造すれば成果があがるもしれない。〈実現〉するためには――現実のものとするためには――いまの世界の趨勢にしたがう必要があるだろう。つまり次世代の車をつくるために設備を一新し、製造ラインをふたたび動かすために再投資する。

質の高いハイブリッドカーを大量生産することを〈構想〉として掲げてもいいだろう。〈実現〉するために、世界の趨勢にしたがい、設備を一新し、再投資する必要があるだろう。

つぎに構想を実現した姿を見せる。新しく売り出すすばらしいハイブリッドカーを買うためにおおぜいが行列しているところを。これは好ましい情景だ（車の生産地デトロイト在住の人にとっても、消費地カリフォルニア在住の人にとっても）。これを他の選択肢と〈比較〉してみよう。ガソリンを大量消費する怪物を買おうという人はいなくなり、高価なスポーツカーを買おうという人も激減する。

〈個性〉という観点で見ると、わたしたちが新しく売り出すすばらしいハイブリッドカーを求めて人々が行列する光景となる。これまでつくっていた燃費が悪くて高額な車を買う者は誰もいない光景と〈比較〉することができる。

さらに〈変化〉を見せる。労働者が雇用され国の経済が再活性化される様子を。最後は〈現状〉を見せる。なにも手を打たなければ大量の失業者が出て経済はさらに悪化するだろうという状態を示す絵を。

デトロイトを救うためのこのアプローチが全員の賛同を得られるかどうかは、また別の話である。重要なのはシンプルな絵とSQVIDを使っていま直面している問題について明瞭にしたことである。それこそプレゼンテーション形式の会議の目的であるはずだ。

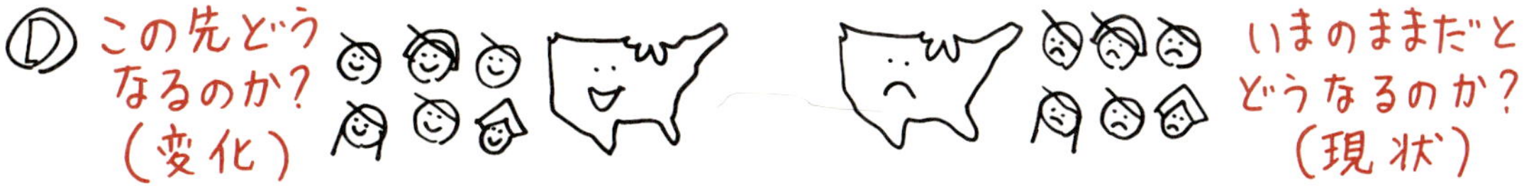

どんな〈変化〉があるのか？　人々を雇用し経済を回復させることができる。手を打たなければ――〈現状〉を続ければ――大量の失業者が出て経済が悪化する。

最終日の昼食　実践のスタイル

最後の課題だ。昼食を注文し食事しながら、3分間のプレゼンテーションの構成を考えてみよう。ビジュアルシンキングとはなにか、なぜうまくいくのかについてSQVIDを使って組み立ててみよう。

習うより慣れろ

とうとう最後まできた。絵で問題を解決するための基本ツールをマスターし、ホワイトボードとペンもそろえた。ビジネスの現場で実践する準備はすっかり整った。が、いざとなるときっかけが見つからないという方に、わたしの魔法の言葉を伝授しよう。10年前にポストイットに走り書きして、以来デスクの前にずっと貼ってある言葉だ。

絵が使える場面では、必ず絵を使おう。

とにかく実際にやってよう。そしてなにが起きるのかを見よう。問題を解決するための思いがけない方法があっという間にたくさん出てくるだろう。

最後にひとこと　ほんとうの魔法の杖

わたしの娘はさいきん初めて『ハリー・ポッター』の本を読み、魔法の杖にいたく興味をそそられた。ある日娘がキッチンのテーブルで絵を描きながら、鉛筆を紙につける時はまるでハリー・ポッターの魔法の杖を使っているみたい、となにげなくいった。思ったことが目の前で形になってそれを見ることができるなんて、ほんとうに魔法みたい、と。

まさにぴたりとくる表現だった。ペンを手にして心の目を解放すると魔法の瞬間が訪れる。娘ソフィーに敬意を表しつつワークショップを締めくくる言葉をお贈りしよう。わたしたちの想像の世界には無限のアイデアがある。それを現実の世界に移す最高の方法は、鉛筆を1本取り上げてその先端を1枚の紙に置き、深呼吸をしてまず円を1つ描く。あとは魔法にまかせればいい。

あなたの魔法の瞬間にこのワークショップがお役に立てるのなら、これほどうれしいことはない。

付録

とりわけむずかしいエクササイズへのわたしの解答

88ページ　能動的に見る　エクササイズ 2

このデータ表は世界中のウォルマート全店の2005年の「二酸化炭素排出量」である。全社規模で実行する持続可能な戦略をまとめるために同社が収集したデータだ。ウォルマートの持続可能な事業と環境へのアプローチを広く理解してもらうために、2006年にわたしはこうしたデータをもとに複数の絵を作成するお手伝いをした。これは88ページのデータからわたしがつくったグラフである。

2005年ウォルマート　国別二酸化炭素排出量

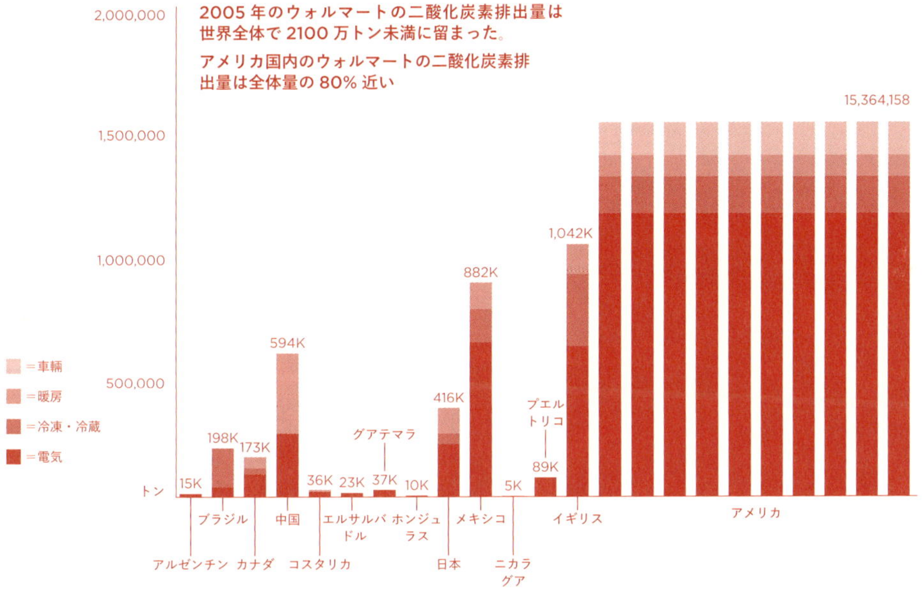

164ページ　つぎのポートレートを描く――リストをつくり、よく考えてみよう

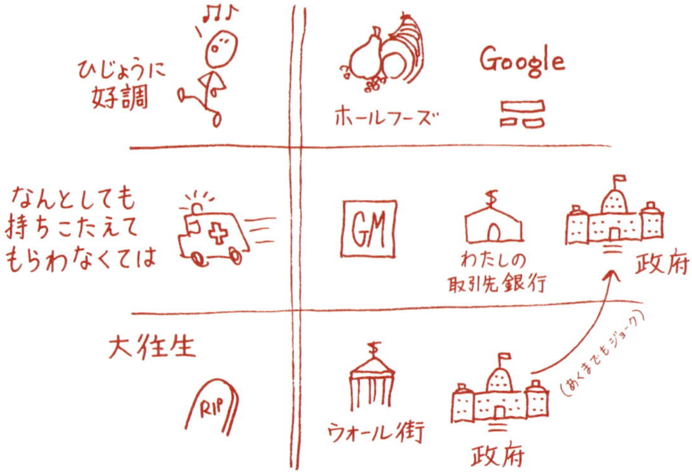

177ページ　グラフを描いてみよう

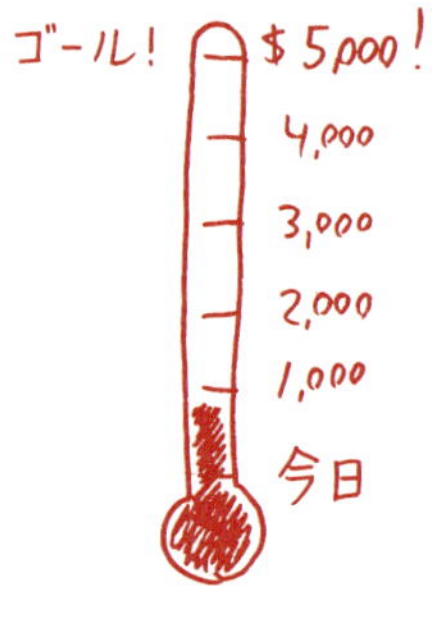

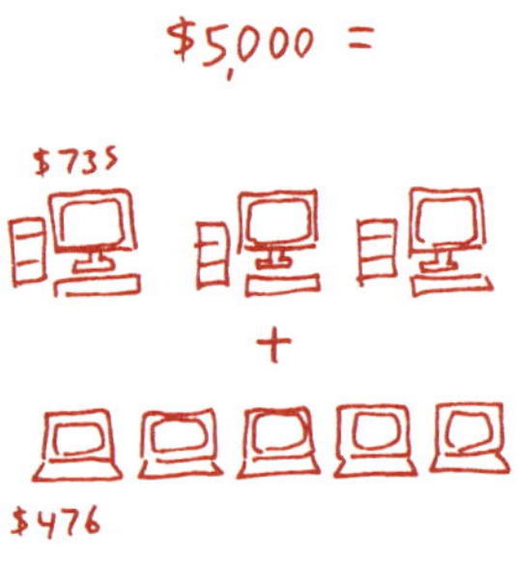

192ページ　マップ 選択肢 2　なにを残し、なにを捨てるか

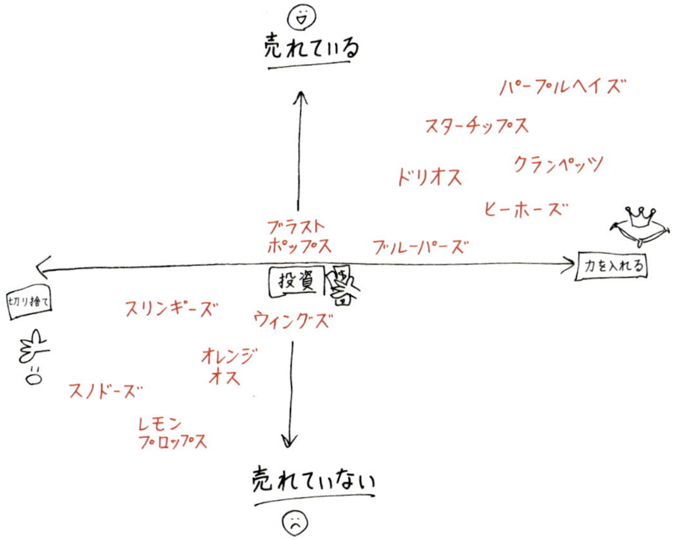

209ページ　「どのように」の絵を描いてみよう 1

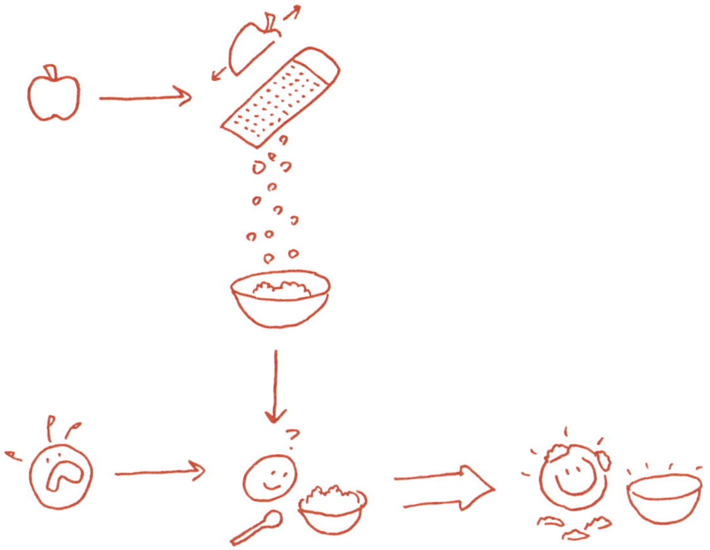

213ページ　「どのように」の絵を描いてみよう 2

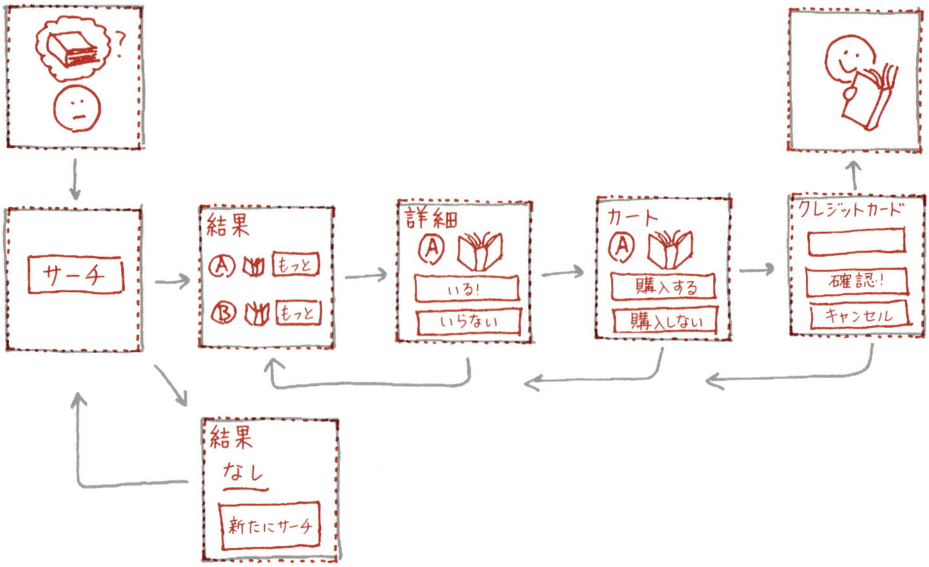

227ページ　あなたの「なぜ」の絵　テーマとバリエーション

1　簡潔な真実

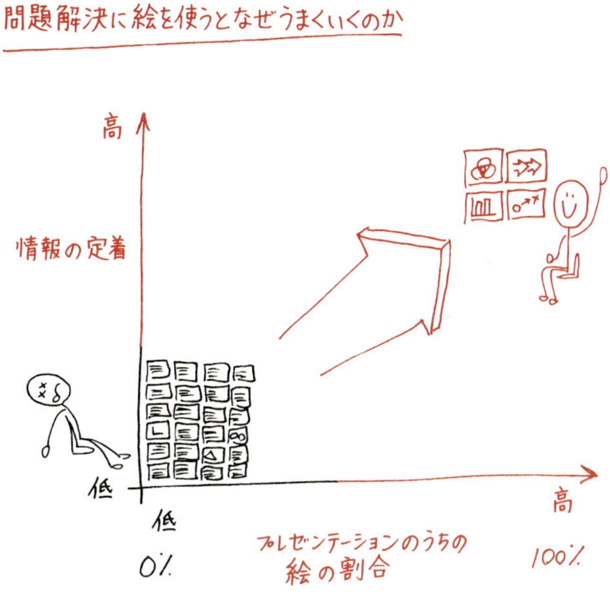

2　系統立てて解き明かすための絵

実際に描いてみよう！

ダン・ローム　Dan Roam

経営コンサルタント会社Digital Roam社長。ビジュアルシンキングというユニークなアプローチで、山積する難問を抱える企業の幹部に問題解決策を指南してきた。顧客企業には、グーグル、イーベイ、GE、ウォルマート、アメリカ海軍、HBO、ニューズ・コープ、サン・マイクロシステムズなどがある。また、ロシア企業のコンサルタントを引き受けた当初はロシア語が話せなかったが、このビジュアルシンキングの手法を用いたところ大成功。言葉に不安がなくなった今でも、この方法を利用しているという。前作『描いて売り込め！　超ビジュアルシンキング』（講談社）は、2008年度amazon.comのBest Books of 2008（ビジネス・投資部門）で5位にランキングされ、Businessweek誌ではBest Innovation & Design Books of 2008を受賞するなど、絶賛を浴びた。

小川敏子　おがわ・としこ

翻訳家。慶應義塾大学文学部英文学科卒業。主な訳書に『フォレスト・ガンプ』『描いて売り込め！　超ビジュアルシンキング』『人生は、意外とすてき　私をいつくしむための50のレッスン』（以上、講談社）、『リッツ・カールトン　超一流サービスの教科書』『人生で大切にすること』（以上、日本経済新聞出版社）など多数ある。

4日《よっか》で使《つか》える
実《じつ》践《せん》!　超《ちょう》ビジュアルシンキング

2011年6月21日　第1刷発行

著者　ダン・ローム

訳者　小《お》川《がわ》敏《とし》子《こ》

発行者　鈴木 哲

発行所　株式会社講談社
東京都文京区音羽2丁目12-21　郵便番号112-8001
電話　編集03-5395-3808
販売03-5395-3622
業務03-5395-3615

印刷所　慶昌堂印刷株式会社

製本所　大口製本印刷株式会社

定価はカバーに表示してあります。

ISBN978-4-06-215962-3